ポストナラトロジーの諸相

人工知能の時代のナラトロジーに向けて1

小方　孝［編］

新曜社

目　次

装幀＝新曜社デザイン室

序言
ポストナラトロジー、その様々な試み
物語生成のポストナラトロジーとの関わりにおいて

小方　孝

1　ポストナラトロジー／物語生成のポストナラトロジー

　本書『ポストナラトロジーの諸相 —— 人工知能の時代のナラトロジーに向けて 1』および姉妹編『物語生成のポストナラトロジーの提唱 —— 人工知能の時代のナラトロジーに向けて 2』で、編者は「ポストナラトロジー」という概念を提唱する。今の日本において、理論的で体系的なナラトロジーの研究はほとんど存在せず、ナラトロジーを現在の状況に照らし合わせながら改変・拡張し、また実践して行こうとする研究も、おそらく途絶えている。しかし、人工知能コンピュータが物語を語り、「フェイクニュース」などで人々を騙り、異国の言葉を翻訳し、人々と対話し始めている今日、さらに終わったと一時期喧伝された「大きな物語」が、一回り大きく成長しつつ世界を覆い始めているかに見える現在、物語の学としてのナラトロジーが本来持っていた（はずの）諸種の（潜在的）可能性を集合させて、いよいよ実践的に活用すべき時、それを全面的に展開すべき時が来たと、編者はそう考える。

　ポストナラトロジーは、上述のようにナラトロジーが本来持っていた潜在力を発揮することを志向するナラトロジーという意味では、決して「ポスト」であるわけではない。しかし、ナラトロジーの持つ領域超越的な力や、世界を物語るための（あるいは物語り直すための）多くの可能性を有効に使用し実践してこなかった、従来の学問としてのナラトロジーに対してはポストであり、また人工知能や認知科学を全面的に取り入れたナラトロジーという意味では、まさにポストナラトロジーなのである。今さら流行遅れの「ポスト」でもあるまい、というような声が聞こえてきそうであるが、特にこの国では、ナラトロジー自体がはるかに時代遅れの、時代錯誤の存在なのであろうから、「ポストナラトロジー」なる言葉は、二重の意味で流行遅れなのであり、むしろ、だからこそ我々は、（後に述べる）「素人」としての特権を生かして、このような書物を世に送り出しているのである。

　さて、編者は特に、人工知能や認知科学の導入ということと並んで、「生成のナ

ラトロジー」の側面、特に「物語生成のナラトロジー」という側面を強調する。編者の物語生成のナラトロジーのいわば実践的目標は、「物語生成システム」という技術的システムの設計・開発と、（多様な方法を駆使して）そのシステムを通じ各種物語コンテンツを産出・展開することである。したがって、もともとポストナラトロジーの概念の中に、物語生成のポストナラトロジーという概念が最も中心的な要素、必須の要素として包含されていた。つまり、ポストナラトロジーはすなわち物語生成のポストナラトロジーなのである。

　特に、『物語生成のポストナラトロジーの提唱 —— 人工知能の時代のナラトロジーに向けて 2』では、単なるポストナラトロジーではなく、明示的に物語生成のポストナラトロジーという概念に基づく議論を、様々なサブテーマの下で展開する予定である。上述のように、編者が提唱するポストナラトロジーにおいて、「生成」という概念 —— 物語生成、小説生成、音楽生成、映像生成、広告生成 ・・・ —— は中核の一つであり、「物語（の）生成」という概念が特権的な位置を占める。しかし同時に、「物語生成」は必ずしもポストナラトロジーの絶対条件であるわけではないということも、編者は認めている。より大きな観点からは、ポストナラトロジーとは、人工知能 —— および後述するように「動乱」—— の時代の中で再編成され再探究される（べき）ナラトロジーであり、それは理論的・思想的・哲学的あるいは批評的・批判的アプローチ、認知科学的・人工知能的アプローチ、分析的・解釈的アプローチ、工学的・構成的アプローチ等々、種々のアプローチを許容し、また狭い意味での物語以外にも様々な対象を含み込み得る。そうした観点からすれば、物語生成もポストナラトロジーという、より大きく包括的な概念に含まれる一概念である、ということになる。

　しかしながら、これとは矛盾するが、ある場合には、物語生成のポストナラトロジーこそが、より一般的であるかに見えるただのポストナラトロジーを包含する、より大きな概念でもある。編者の構想においては、ポストナラトロジー／物語生成のポストナラトロジーは、このような一見複雑な（あるいはねじれた）相互関係の中にある。

　編者はそもそも、ナラトロジーや文学理論への興味と人工知能や認知科学への興味を、ある時期（1980 年代半ばすなわち編者の 20 歳代の半ばから後半にかけて）、同時に持った。そして両者を融合・合体させる研究主題として、「物語生成システム」を位置付けた。そこが編者の研究活動の出発点であった。したがって当初から、編者の研究は「物語生成のポストナラトロジー」を志向するものであった。特に初期の「物語生成のポストナラトロジー」は、編者自身の個人的・私的興味に基づく研究であった。当時も物語生成システムの研究は、認知科学や人工知能の分野の中に幾つか見られたが、一つの学問分野と言うには程遠い状況であった。特に、ナラト

ロジーや文学理論を援用した物語生成システムの研究となると、きわめて少数の例外を除き、ほぼ存在しなかった。編者が姉妹編『物語生成のポストナラトロジーの提唱 —— 人工知能の時代のナラトロジーに向けて 2』で唱える物語生成のポストナラトロジーも、その延長上に構築されたものの成果である。そこから一つの学問分野としての物語生成のポストナラトロジーを生み出すこと、あるいはそのための一つの試行として従来の研究成果を位置付けることが、編者の目論見なのである。編者以外にも、そのようなプランが全く存在しないわけではない。たとえばフェレイラとオリベイラ（Ferreira & Oliveira, 2018）がポストクラシカルナラトロジー（特に認知ナラトロジー）に基づく物語生成研究を提唱しているが、まだ問題提起の段階であり、本格的なシステム開発ともつながっていない。

　物語生成のポストナラトロジーにおいて物語生成という言葉の比重を小さくし、必ずしも物語生成を志向するわけではないポストナラトロジーの側面を強化し、さらにその概念を拡大してやることもできるだろう。文学的なナラトロジーを超えて、たとえば政治的なナラトロジーから経済的なナラトロジーにわたる社会的なナラトロジーを含む、様々な可能性が想定される。しかしその種の試みは、むしろ旧来の文学理論やナラトロジーの世界の中に多様にすでに存在する。本書の結言の最後の部分で述べるように、ナラトロジーの研究対象の、文学のみならず心理学的領域から社会学的領域を包括する越境性は、今後の編者の研究構想において重要な意義を持つが、ただそれだけでは、既存の文学理論やナラトロジーに屋上屋を架すだけのことである。少し狭めて、認知科学を取り入れたという意味でのポストナラトロジー（認知ナラトロジー）もすでに存在するが、それは生成やシステムの実践と強く結び付いてはいない。したがって、全く新しい学問や実践であることを主張するためには、単に「ポストナラトロジー」と言う場合でも、物語生成という概念と結合することが本質的に重要なのである。上述のような意味でのポストナラトロジーをも、本質的な意味では物語生成のポストナラトロジーとすることが重要なのである。

　本書は、『物語生成のポストナラトロジーの提唱 —— 人工知能の時代のナラトロジーに向けて 2』とは違って、当然狭い意味での物語生成のポストナラトロジー＝編者の私的・個人的嗜好によってアレンジされたという意味での物語生成のポストナラトロジーよりも、広い範囲にわたる諸主題を扱うものであるが、同時に、「物語生成」という特徴もまた、すべての章における論文が共有していると言える。

　上に、「ナラトロジーの研究対象の、文学のみならず心理学的領域から社会学的領域を包括する越境性」と書いたが、このような性格を引き継いで、（物語生成の）ポストナラトロジーも、必ずしも技術的システムとしての物語生成システムとのみ結び付くわけではない。編者の構想においては、それは次のような現在の社会的状

況と密接な関わりを持ちながら存立する —— 日本という国家は現在、いわば静かな混乱の渦中にある。と言うより、人々はもはや「衰退」という言葉（のみならず現実）に慣れ始めている、と言うべきか。国土は毎年のように大きな災害に見舞われ、この序言を書いているさ中にも、「新型コロナウィルス（COVID-19）」と名付けられたウィルスが、我々の肉体のみならず社会や経済や精神や生活にダメージを与え続けている。人々の生活意識の中では、おそらく、10年近く前の東日本大震災に伴う福島第一原発の爆発による放射能飛散の記憶と二重化されていることだろう。そんな中で、しかしながら人々は、大きな騒乱を起こすわけでもなく、戦争を希求するわけでもなく（隣国から頻繁にミサイルを飛ばされ、領海を侵犯されているにもかかわらず）、一見静かな日常を送っている、あるいはやり過ごしている風に見える。同時に、このまま何もしなければ国家まるごとどうなって行くのか、という一種悪魔的な興味・好奇心と共に、「社会が巨大な構造的変動のさ中にあること・あるいは巨大な構造的転換を必要としていること」というタイプの物語言説そのものを含めた形で、物語を書き替えていくことが必須だと、かなり多くの人々は感じているに違いない。「大きな物語」の終わりと「小さな物語」の始まりの時代（そのように思われた時代）も、「大きな物語」／「小さな物語」の二者択一の時代もとうに過ぎた後で、大きな物語の生成から小さな物語の生成まで、今こそ社会全体が全面的な物語生成を必要としている。そのような意味で、「動乱」の時代が始まりつつあるとも言える。大から小への物語展開と小から大への物語展開が、流動的に拮抗・衝突する中から、新しい大きな物語群と新しい小さな物語群とが仮に固定的に浮上し、一つの新しい時代が形成されて行く、その過渡期に我々はいるはずである。このような広大な文脈を視野に入れる時、（物語生成の）ポストナラトロジーにおける物語生成とは、技術的システムを含みながらもそれを超えた —— 社会的システムや制度的システムをも含む —— 巨大な構想を意味する。

　編者の個人史において、時間的に見られた関係としては、まず私的・個人的なレベルにおける物語生成のポストナラトロジーが、一般的なレベルにおける物語生成のポストナラトロジーにつながり、それがさらに進み、生成や物語といった概念によって制約をかけられてはいるものの、必ずしも狭い意味での物語生成を志向するわけではないポストナラトロジーが発生する、という順番で概念生成の道筋を描いてみることもできるだろう。ただ、「時間的」と言ったが、これらは時間的進展によって前者が後者に取って代わられるという関係を成すものではなく、それぞれが並存する。すなわち、以下のような三種のポストナラトロジーが空間的に並存する——

①私的・個人的なレベルにおける物語生成のポストナラトロジー

②一般的なレベルにおける物語生成のポストナラトロジー

③必ずしも狭い意味での物語生成を志向するわけではないポストナラトロジー

さらに、それぞれにおいて、どれがより支配的な概念であるか、あるいはより始発的な概念であるか、といった関係にもない。

2　多重物語構造を貫くポストナラトロジーの諸試行の概観

さて、以上を前提として、本書の中身についてこれから述べて行きたい。この本は、『物語生成のポストナラトロジーの提唱 —— 人工知能の時代のナラトロジーに向けて 2』が物語生成のポストナラトロジーを明示的な主題とするのに対して、単にポストナラトロジーを扱い、全体タイトルにもその語が冠せられている。かなりの章が、物語コンテンツ —— ただし、映画、詩、駄洒落、ゲーム、広告、精神現象など広い意味での物語コンテンツ —— の生成の問題を扱っている。編者の「物語ジャンル体系」（本書の結言でその構成を簡単に示すが、詳しくは、小方（2000b）や、Ogata（2020a）の Chapter 2（Ogata, 2020b）による説明を参照されたい）においては、これらもすべて物語である。そしてその中のほとんどの章が何らかのナラトロジーの理論や方法をも扱っている。したがってそれらは、上記②のような意味での物語生成のポストナラトロジーへのアプローチである。同時に、何らかの物語ジャンルの、むしろ分析に焦点を当てた論文も含まれているが、その場合でも、すべての章が生成や物語生成の問題との接点を明示的に記述している。したがって、本書のタイトルには、物語生成のポストナラトロジーではなく、単なるポストナラトロジーという言葉が使用されているが、それは物語生成を含意している。

各章の論文の特徴付けを横断的に行うために、以下のような幾つかの軸を設ける。

①物語の「生成」と「分析あるいは理解・受容」のうち、どちらに着目しているか。

②「システム」構築を実際に行っているのか、「概念的考察もしくはデザイン」の提示か。

③検討対象の分野は、「心理的」、「言語的・文学的」、「社会的」のうち、どの性格（側面）が強いか。なお、「情報」は、より上位レベルの共通概念である。

順序は逆になるが、このうち③の研究の分野・領域との関わりでは、第 1 章から第 5 章までは、言語的・記号的・文学的領域、第 6、7 章は広告という社会的領

域、第 8、9 章は認知と関わる領域（さらに第 1、2 章も同じ傾向を持つ）、そして第 10、11 章が医療・医学や精神療法と関わる領域となっている。この軸は、編者の（物語生成の）ポストナラトロジーを支える思想的・哲学的概念の一つである「多重物語構造モデル」（小方（1997, 2000a, 2018c）や、Ogata（2020a）の Chapter 4（Ogata, 2020c）に詳しい）と関連を持つ。多重物語構造モデルとは、物語生成過程が、個人の心理に焦点化されるべきレベルから（この場合のコンテンツは脳内表現であることが多い）、外的言語もしくはそれに類比される諸記号によって外在化されたレベル ── 言語的・文学的レベル ── を経て、徐々にその生成の集合性という性格を増して行き、制度的さらに社会的なレベルにおける物語生成の段階に到達する（「到達する」と言っても価値の高さは含意していない）、という多重構造をベースとするモデルである。③の検討対象の分野とは、この理論的枠組みと関連し、本書のそれぞれの章は、上記階梯の中のいずれかのレベルにその良い位置付けを得る。

　むろん、これらの用語によって必ずしもすべての章が明瞭に特徴付けられ得るわけではなく、曖昧な領域、またがる領域などが多いことは事実である。そもそもそれらの特徴付けの基準をあらかじめ認識した上で各筆者に執筆を依頼したわけではない。しかし、編者は彼らの論文や研究あるいは仕事内容は長短の別はあれ継続的にフォローしてきているので、ポストナラトロジーや生成、理解・受容などとの関連においてそれぞれの研究者の大体の傾向を知っている。本書は、そのことを踏まえて、「ポストナラトロジー」もしくは「物語生成のポストナラトロジー」という方向付けにおいて執筆を依頼したものである。以上を考慮した上で、編者は各章の配列順序を以下のように決めた ──

第 1 章：映像と現実、その異化（金井明人）

第 2 章：比喩を生成する人工知能は可能か？（内海彰）

第 3 章：笑う人工知能（荒木健治、佐山公一）

第 4 章：詩を計算機で自動生成してみる（阿部明典）

第 5 章：物語自動生成ゲームにおける驚きと物語 ── 驚きに基づくストーリー生成のためのギャップ技法（小野淳平、小方孝）

第 6 章：インタラクティブ広告映像生成システムの開発 ── 点在する生活映像から個人のための映像を生成する（川村洋次）

第 7 章：未来を創るために、ストーリーテリングを解明する ── Creative Genome Project における解析方法とその応用について（佐々木淳）

第 8 章：認知的コンテンツ生成への招待 ── 味覚の多相的なコンテンツ生成の研究事例紹介（福島宙輝）

第 9 章：美術館の中の「ことば」（只木琴音、阿部明典）

第10章：障害者支援のための情報学的物語分析の提案 —— テキストマイニングと
　　　　物語論による混合研究法（清野絵、榎本容子、石崎俊）
第11章：物語受容における「ストーリー」と「背景」への注目 —— 物語生成論に
　　　　よる自閉スペクトラム症の理解（青木慎一郎）

　第３章から第６章までは具体的な物語生成プログラムの開発を踏まえた論文と
なっているが、第１、２章も認知科学や人工知能の理論・方法に基づき、映像や比
喩の生成を実現するための考察である。第１、２章の執筆者らは映像編集システム
や比喩の認知過程シミュレーションプログラムも提案し続けてきた研究者であり、
彼らの研究は本質的に生成と関連している。さらに認知科学や言語学や記号論など
を援用した精緻な対象分析に基づく第７章から第10章の４つの論文は、何らかの
生成システムを直接扱ってはいないが、その分析や解析は生成の問題と常に結び付
いている。さらに、第11章は、自閉スペクトラム症や発達障害という精神医学的
概念を、小方（編者）の「物語生成論」によって検討することを目的とする概念的
論文であるが、小方の物語生成システム研究との結合を視野に入れて進められてい
る研究でもある。以上は上記①および②に基づく整理である。
　各章は、（物語生成の）ポストナラトロジーの具体例であり、それぞれの執筆者の
私的・個人的な（物語生成の）ポストナラトロジーの試行である。これらの個々の
試行の集成を通じて、（物語生成の）ポストナラトロジーという新学問分野が創出さ
れて行く。本書は、そのためのある強度を持った場、環境であることを意図してい
る。

3　各章の要点

　ここでは本書における11の章を、その順序に沿ってあらかじめ紹介する。しか
し必ずしも各章の概要を示す要約ではなく、それぞれの章がポストナラトロジーに
対して持つ関係の観点から見られた紹介である。

第１章　映像と現実、その異化（金井明人）
　金井の研究の一貫した主題は、「受け手に負担を強いる映像修辞生成」の探究で
ある。本章で論じられる「異化効果を伴う映像技法」は、「受け手が、認知的制約
の緩和を経て、現実に対して新たに異なる観点から接するようにさせる技法」を意
味する。本章では、いわば受け手の認知の革新のための物語生成技法が論じられる。
映画もまた物語である。従来の異化の理論の陳腐化を踏まえた上でのその革新と

いう意味もそこには含まれている。ここで展開される議論は、定型的物語を超えて無限の可能性へ開かれた物語生成理論の探究として捉えることができる（編者が金井との共同著書（小方・金井, 2010a）その他で論じた概念対である、「流動（の物語）・固定（の物語）」とも関連する）。ナラトロジーからは異化のほかストーリーの理論が、認知科学からはスキーマやノスタルジアの理論が援用される。また、イーストウッド、ゴダール、ワイズマンらによる、現実の事象に基づくフィクションやドキュメンタリーが題材として利用され、最後の読者案内では、溝口健二の研究文献が紹介される。

第２章　比喩を生成する人工知能は可能か？　（内海彰）

「あるものごと X（被喩辞）を別のものごと Y（喩辞）で喩えることで、X を効果的に描写する表現」としての、比喩を巡る認知・計算科学的研究は従来から行われてきているが、内海はその代表的な研究者の一人である。本章で内海は、比喩を生成する人工知能の実現に向けて、比喩理解に比べ研究例の少ない比喩生成へのアプローチを巡って議論する。特に、慣用的な比喩ではなく、発信者が比喩であることを意識した、より新しい比喩を作り出すための創造的行為としての比喩生成に注目する。カテゴリ化理論やプレディケーション・アルゴリズムを基礎とする諸研究が紹介された後、比喩生成のための重要な論点として、①比喩生成の目的と評価、②比喩生成の多様性、③比喩生成における詩的効果、の三つが提示され、それぞれに関する詳細な議論が行われる。なお物語生成との関わりでは、物語の文章の中で比喩は重要な働きをするのみならず、一つの物語全体が一つの比喩となっている場合もある。比喩ないし比喩的なものを巡っては、いまだ探究されていない多くの話題が潜むだろう。

第３章　笑う人工知能　（荒木健治、佐山公一）

本章で荒木と佐山は、駄洒落の生成モデルを提案し、データベースを含めその実装について述べる。これは、雑談的（非タスク指向的）人工知能システムにおいて必須の要素であるユーモアに接近するための一アプローチであり、また執筆者らの言う「笑う人工知能」に向けた研究構想の一環として行われている。本章では、この研究の主要部分を成す、駄洒落のデータベース（駄洒落の分類と収集）、駄洒落理解過程の認知モデル化、駄洒落生成システムの開発の成果が紹介され、問題点や発展構想の議論が行われる。紹介される駄洒落生成システムは、約70％の割合で任意の「お題」に対して駄洒落を生成する能力を獲得するに至っている。「人工知能が人間並みにユーモアを理解・生成するためには、まだまだ超えなければならない壁は高い」と執筆者らは述べているが、このようなかなり網羅的な生成システムの

実現は、今後の研究を進めて行く上で、駄洒落の面白さやストーリー性、その発信のタイミング（受け手とのコミュニケーション的関係）など、重要な問題を解決するための基盤として機能するであろう。

第4章　詩を計算機で自動生成してみる（阿部明典）

　近年、物語やコンテンツを完全に自動生成する人工知能プログラムではないが、人間との共同作業を通じてコンテンツの制作・創造を支援する、人工知能を使った試みが出現し始めている。本章での阿部の試みは、ナラトロジーにおける間テキスト性の理論や、論理的人工知能の分野におけるアブダクションの理論を用いて、和歌や詩を自動的に生成するシステムに関するものであるが、それは上述のような意味での支援にも関連する。アブダクションとは、「ある観測を説明できる仮説を採用することにより推論を進めて行く」「発想的推論」であり、新しい可能性の生成と関連する。阿部は、中原中也の詩や現実の事件の記述（物語）から、アブダクションを介して、新しい詩を生成する方法を提案し、実例を示す。これらの方法は基本的に自動生成であるが、ある人が好きな題材を与えたり、結果を書き換えるなど、人間とのやり取りも可能なものと考えられ、人間と機械との共同による物語創造支援の一種にもなり得るだろう。

第5章　物語自動生成ゲームにおける驚きと物語
──驚きに基づくストーリー生成のためのギャップ技法

（小野淳平、小方孝）

　人工知能の領域では伝統的にゲームと言えば将棋やチェスであったが、今の若い人達にゲームとは何かと聞いたら、RPG（ロールプレイングゲーム）のようなコンピュータゲームやヴィデオゲームと答えるだろう。その種のゲームは物語の一ジャンルであり、本章で紹介されるように、最近ではナラトロジーとの学際的研究も世界的に増えている。小野（2018）が、人間どうしでプレイするTRPG（テーブルトーククロールプレイングゲーム）にヒントを得て、博士論文で発案した「物語自動生成ゲーム」とは、複数主体のインタラクションによるゲームの進行過程を通じて、物語が自動的に生成されて行くというタイプのゲームであり、ナラトロジー、人工知能、ゲーム研究を融合した新しい研究枠組みである。特に、物語における「驚き＝予測から外れた出来事によって生じる不意の刺激」の意義に着目し、受け手に驚きをもたらすための「ギャップ技法」を定式化し、実際の物語生成を通じてその効果の検証を行っている。本章は、物語自動生成ゲーム研究の全体像を示すと共に、その応用や発展の方向にも言及する。

第6章 インタラクティブ広告映像生成システムの開発
—— 点在する生活映像から個人のための映像を生成する（川村洋次）

　川村は経営学やマーケティング論の研究者としては稀なことに、実際に稼働する、広告の物語生成・表現システムを設計・開発してきた。すなわち、消費者の入力情報に基づいて広告映像を生成し表現する「インタラクティブ広告映像生成システム」の研究・開発を継続し、多くの論文に公表してきた。この場合の生成・表現とは、データベースに用意された特定商品（ここではビール）の静止画像群を、パラメータの値に応じて配列し（一種のストーリー生成）、それを画面上に表現することを意味する。本章はこのシステムに関する研究の続報である。提案されるインタラクティブ広告映像生成システムは、消費者の日常的・断片的な生活映像ショットを格納したデータベースを使って、消費者の生活シナリオに基づき、消費者の生活場面を取り込んだビールの広告映像を生成するが、ここでは特に受け手の「興味喚起」と「購買意欲喚起」という二つの基軸に基づく評価が紹介される。生成システムの構成を通じてマーケティング的知見を獲得するという、人工知能的・認知科学的アプローチの一例を、本章は具体的に示す。

第7章 未来を創るために、ストーリーテリングを解明する
—— Creative Genome Project における解析方法とその応用について
（佐々木淳）

　佐々木が進めている Creative Genome Project は、「どのような映像ストーリーの制作手法によりどのようなコンテンツ体験が生まれ、その結果視聴者がどのような気分（読後感）になるのかを、TVCM（テレビコマーシャル）解析を通じてモデル化する研究」であり、広告におけるストーリーテリングとその受容の関係を解明しようとする。本章は、執筆者自身の広告業界での経験をたどりながら、このプロジェクトの動機付け、意義や価値を説明し、その概要を紹介する。さらに、狭く広告に限定されない領域 —— 体験の価値を重視する社会的コミュニケーション領域 —— に向けた応用可能性についても言及する。佐々木は、現今の統計中心の人工知能（AI）へのアプローチに対して批判的であり、意味論的アプローチ（ナラトロジーや記号論の伝統も含まれる）の復権を期待し、さらに AI が HI（ヒューマンインテリジェンス）である（べき）こと、すなわち AI が人間の能力の増幅と拡大のための装置である（べき）ことを主張する。

第8章 認知的コンテンツ生成への招待
—— 味覚の多相的なコンテンツ生成の研究事例紹介（福島宙輝）

　福島によって提唱された「認知的コンテンツ生成」という概念は、「我々が五感

を通じて感じたもののイメージを何かしらの記号によって表現した」ものであり、福島は特に日本酒の味覚を題材とした研究を続けてきた。日本酒の味覚体験を、言語を代表とする記号によって表現（生成）する方法の開拓がその主題である。本章では、その難しさとして、味覚を直接的に表す言葉がないこと、視聴覚と比較した場合人間の味覚には認知的な能力不足があると考えられること、の二つが挙げられている。これらの困難を認識しながら、福島は、味覚を多次元的に言語表現するための枠組みとして「味覚の多相的コンテンツ生成モデル」を提唱し、実際の日本酒の味覚の言語表現を集成した『日本酒味わい事典』の作成や、味覚表現のためのフレーバーホイールをはじめとした図的表現方式の開発を行っている。本章の目的は、福島の従来の研究を一つのストーリーに沿って紹介し、将来の研究の発展方向を見定めようとすることである。この研究は、味覚という曖昧な対象の感覚を、言語や図を動員して表現・生成することを試みるが、詩や物語も味覚と同じように、言うに言い難い感覚や思想を表現・生成しようとする芸術としての一面を持つ。その点で本研究はナラトロジーの一つの本質に触れている。

第9章　美術館の中の「ことば」（只木琴音、阿部明典）

　本章は、美術館での美術鑑賞にまつわる、言語を用いた諸表現やコミュニケーションの問題を扱う。特に、美術館の展示物の鑑賞者が、作品から受ける非言語的な感覚 —— 特に美的感覚のようなもの —— の言語化活動について考察する。その意味で、福島による第8章の感覚（味覚）の言語（記号）化へのアプローチと類似した志向性を持つ研究であるが、本章の独自の特徴は、作品に対する「思い入れ」の言語化活動に注目する点である。本章の具体的研究内容は、大きく次の二つの方向付けによって組織化される。その一つ、美術館の内（内部）から外（外部）への方向付けに関しては、美術館内部のキュレーターによるキャプションの考察と分析が試みられ、他方美術館の外部から内部への方向付けを持つものとして、美術作品の鑑賞者（外部）による展示物（内部）に関する感想の収集と分析が行われる。内部／外部両方向からの美術館の中の「ことば」の分析と考察は、「ことばとしての美術館」という新しいイメージの創出につながる。

第10章　障害者支援のための情報学的物語分析の提案
—— テキストマイニングと物語論による混合研究法

（清野絵、榎本容子、石崎俊）

　医療、看護、心理、福祉などの対人支援領域を舞台とする、個々の人の個別性や主観性を伴う物語の重要性に焦点化するナラティブ・アプローチが本章の研究背景であるが、それに対して清野らは、テキストマイニングという、人工知能における

自然言語処理の手法を適用する。特に、発達障害のある人々へのインタビューやアンケート調査によるテキストマイニングの研究を彼らはこれまで継続してきた。本章では、障害者の自立と社会参加を支援する障害者リハビリテーションの研究活動の一環として、「統合的エビデンスのための情報学的物語分析」という概念が提示される。これは、テキストデータを量的・機械的に処理するテキストマイニング技術と、ナラトロジーや物語生成研究とを混合した独自の方法である。直接的には分析的方法であるが、その分析を通じて、発達障害の人々が紡ぎ出す物語を見出し、さらにその生成を支援しようとする。具体的には、アンケート調査の結果を、登場人物（役割）・行為・場所・物・時間から成る物語として構成している。また本章では、文学的ナラトロジーと心理学的ナラトロジーとが対比される。ここで言う心理学的ナラトロジーとは、認知科学・人工知能導入のナラトロジーとしてのポストナラトロジーの一つの特質を、より心理学寄りの立場から体系的に整理しようとする試みと捉えられる。

第11章　物語受容における「ストーリー」と「背景」への注目
── 物語生成論による自閉スペクトラム症の理解（青木慎一郎）

　本章は、小方（編者）の「物語生成論」（小方, 2018a）に基づき、自閉スペクトラム症（ASD）の人々の認知の特徴を、改めて理解し直そうとする試みである。青木は、物語生成理論の中の「多重物語構造論」に焦点を当て、社会の物語の「産出-消費」という問題提起を、物語生成の心理社会的文脈と解釈した上で、物語生成論の中の「見える物語-見えない物語」という概念対を手掛かりに、認知情報の「捨象」に注目した議論を展開する。青木によれば、従来、心理的対象の物語生成過程において、「多くの具体的な事柄から共通の属性を抜き出し一般的な概念として捉えること」すなわち抽象（抽象化能力）が注目されていたが、本章では逆に、知覚された情報のうち何を捨象するかという情報捨象能力の重要性が主張される。それに基づいて、従来からしばしば取り上げられている自閉スペクトラム症の画家の絵画が、新しい視点から解釈され直す。青木の考察は、分析的アプローチに基づく従来の ASD 者の理解に対して、その具体的な物語生成過程に着目する構成的アプローチの提案でもある。また、それは小方の物語生成論に拡張や改訂を迫る洞察を含んでいる（「何を描かないか」ということの物語にとっての本質的重要性については、編者も、青木とは別の角度からではあるが、小方・金井（2010a）による著書の第4章（小方, 2010b）の末尾において考察した）。

　編者は物語生成という観点から歌舞伎の研究を進めているが、歌舞伎という物語（詳しくは、小方（2018b, 2018c）、Ogata（2019）や、Ogata（2020d）の Chapter 2（Ogata,

2020e）などを参照されたい）は不思議なもので、それぞれが独立に鑑賞可能な部分の集成として、一つの大きな作品が構成されていることが多い。しかし、それらの部分は大きな共通の概念によって（ゆるやかに）統合されているのである。この喩えを本書に当てはめれば、個々の部分が各章に当たり、共通概念もしくは統合概念が（物語生成の）ポストナラトロジーに当たる。しかしながらこの統合は過度に緊密なものではない。したがって、読者は、書物としての順番を無視して、好きな章から——あるいは興味のある章だけを——ばらばらに読んでも良い。編者は、本書および『物語生成のポストナラトロジーの提唱——人工知能の時代のナラトロジーに向けて 2』を通じて、甚だ粋ではないものの、（物語生成の）ポストナラトロジーという一つの芝居を、試みに制作・上演してみたかったのである。それ自体もまた物語生成の一種であろう。

【参考文献】
・Ferreira, M. C., & Oliveira, H. G.（2018）. Seeking the ideal narrative model for computer-generated narratives. *Proceedings of the 3rd Workshop on Computational Creativity in Natural Language Generation, 5-10.*
・小方孝（1997）. 多重物語構造のモデル.『日本シミュレーション＆ゲーミング学会第 9 回全国大会発表論文抄録集』107-110.
・小方孝（2000a）. 多重物語構造のマクロモデル——シミュレーションとしての物語序説.『シミュレーション＆ゲーミング』10（1）, 35-46.
・小方孝（2000b）. 物語ジャンル体系の網羅的検討. 良峯徳和・赤間啓之・徃住彰文（編）『日本認知科学会テクニカルレポート 00-No.40 文学と認知・コンピュータ 2——文学の拡張』53-71.
・小方孝・金井明人（2010a）.『物語論の情報学序説——物語生成の思想と技術を巡って』学文社.
・小方孝（2010b）.「小説」——流動と固定, 作品の方へ. 小方孝・金井明人.『物語論の情報学序説——物語生成の思想と技術を巡って』（pp.130-169）. 学文社.
・小方孝（2018a）. 物語と人間／社会／機械——多重物語構造から人間／機械共棲系へ. 小方孝・川村洋次・金井明人『情報物語論——人工知能・認知・社会過程と物語生成』（pp.19-44）. 白桃書房.
・小方孝（2018b）. 歌舞伎に向けて（1）——恣意性と編集性の物語から多重性と実存の物語へ. 小方孝・川村洋次・金井明人『情報物語論——人工知能・認知・社会過程と物語生成』（pp.187-208）. 白桃書房.
・小方孝（2018c）. 歌舞伎に向けて（2）——多重物語構造の諸相. 小方孝・川村洋次・金井明人『情報物語論——人工知能・認知・社会過程と物語生成』（pp.209-244）. 白桃書房.
・Ogata, T.（2019）. *Kabuki* as multiple narrative structures and narrative generation. T. Ogata & T. Akimoto（Eds.）, *Post-narratology through computational and cognitive approaches*（pp.192-275）. PA, USA: IGI Global.
・Ogata, T.（2020a）. *Toward an integrated approach to narrative generation: Emerging*

research and opportunities. PA, USA: IGI Global.

· Ogata, T.（2020b）. Areas of narratives or narrative genres. T. Ogata, *Toward an integrated approach to narrative generation: Emerging research and opportunities*（pp.59-161）. PA, USA: IGI Global.

· Ogata, T.（2020c）. Theoretical or philosophical considerations for an integrated narrative generation approach. T. Ogata, *Toward an integrated approach to narrative generation: Emerging research and opportunities*（pp.315-403）. PA, USA: IGI Global.

· Ogata, T.（2020d）. *Internal and external narrative generation based on post-narratology: Emerging research and opportunities.* PA, USA: IGI Global.

· Ogata, T.（2020e）. *Kabuki* as a synthetic narrative: Synthesis and expansion. T. Ogata, *Internal and external narrative generation based on post-narratology: Emerging research and opportunities*（pp.315-403）. PA, USA: IGI Global.

· 小野淳平（2018）.『ギャップと驚きに基づく物語自動生成ゲームの研究 —— テーブルトークロールプレイングゲームと統合物語生成システムを利用したアプローチ』岩手県立大学・博士（ソフトウェア情報学）論文.

【第1章】
映像と現実、その異化

金井明人

1　映像の物語における同化と異化

　本章では、映像における、現実となんらかの対応関係のある物語、さらに、そこでの異化について論じる。異化は、受け手を、慣れ親しんだ視点から新たな視点に導く手法である。たとえば映像では、見るたびに、その映像の見方自体が問い直されるのが異化を内包した映像である。ブレヒト（1996）やシクロフスキー（1971）などにより探究されてきた異化効果とは、媒介するメディア自体の存在を強調し、物語に強くは感情移入できなくすることで、その受け手の認知的な制約に働きかける効果である。映像を特定の物語的な枠組みで処理してしまう、というのも受け手の認知的な制約の一つであるが、それを緩和する効果となる。拡張して捉えれば、異化効果を伴う映像技法とは、受け手が、認知的制約の緩和を経て、現実に対して新たに異なる観点から接するようにさせる技法である。ただ、そうなると、優れた作品は異化効果的な側面をどこかに内包していることにもなり、異化効果というだけでは、もはや何も捉えることはできない。また、異化効果自体に受け手がすぐ慣れてしまう、ということも起こる。多くの作家が作品毎に作風を少しずつ変えていく場合が多いのもこのためであろう。そもそも、ブレヒト的な異化効果自体、根本（1999）が触れているように、マンガなどへの導入などを通して、日常的なものになってしまっているという側面もある。さらに映像環境のデジタル化によって異化効果の強度の減少も生じている。本章では、異化効果を経て現れる映像の物語体験

を、ブレヒトの定義から拡張して現実の出来事との対応関係から分類するとともに、継続的に生じる異化効果について論じる。

　映像と広義の意味での物語の関係は深い。まず、映像を見て、物語を認知しない受け手はいない。そして、複数の物語が共存できるのが映像である。ストーリーという出来事のつながりの物語だけでなく、色のつながり・連鎖や物のつながりの連鎖なども含めた広い意味での物語を考えれば、受け手が映像から物語を認知しないことはありえない。1フレーム（1コマ）のみの映像でもない限りは、映像には何らかの物語が存在する。複数のフレームによって成立する映像は物語的なメディアなのである。複数の要素のつながりを広い意味での物語であるとすることができるため、作品の構造の観点からも、そして受け手の認知の観点からも、映像は物語から逃れることはできない。それゆえ、定型的な物語を用いることで送り手にとっても受け手にとっても映像を扱いやすく、受け入れやすいものにすることができる。根本的には、映像には定型的な物語以外に無限の可能性があるのだが、定型的な物語ではない場合、認知の負荷が大きくなりすぎるので、多くの受け手は、設定と登場人物の行動の目的、そしてその行動の結果をとらえやすい、筋道が明確な、定型的な物語によって、認知処理が限定されることを無意識的に求めるのである。近年の認知科学的な映像研究においても、この種の認知処理のメカニズムの詳細に関するものが多い（Loschky et al., 2020）。

　映像側にも、その受け手側にも本来は無限ともいえる可能性があるわけだが、その中にある種の共通性をもたせるのが物語である。物語として一般的に用いられるのは、出来事の連鎖としてのストーリーであるが、本章では、物語とストーリーを区別する。ストーリーは物語の一つの種類であり、言葉で置き換え可能な出来事の連鎖のことである。そのため、小説やマンガと映像は、ストーリーを共通化することもできる。実話を基にした映像においても、そのストーリーは現実の出来事の連鎖を拡張したものであるということができる。一方、小説やマンガ、現実とは異なる映像の特質は、ストーリー以外の側面にある。映像固有の異化効果も、この特質と関係する。とはいえ、これもまた広義の意味での物語の特質である。

　ここで、受け手が映像を見る認知プロセスを考えてみよう。映像を見るにあたって、受け手には特定の視点が存在し、特に、ストーリー、つまり出来事の連鎖を捉えようとする視点に受け手の認知処理は制約されている場合が多い。そのため、受け手はストーリーの特定の要素に強く同化していく。異化の逆の概念になるのが同化であり、感情移入などにも結びつく。だが、一つの映像を見るにあたっても、その視点は複数有り得るので、複数の視点の取り扱いが映像認知においては重要になる。映像によっては、ストーリーの理解以外の側面から映像に接することが重要になるケースも有り、異化はストーリー以外につながる技法になる。たとえば、ス

トーリーよりも、映像の細部に注目する場合、ストーリーそのものよりも物語の時間の扱い方に注目する場合などである。さらには、ストーリーよりも現実世界との関係を重視する場合である。映像には、要素間を関連づける複数の可能性がある。出来事を中心にした場合はストーリーになるが、その制約を緩和し、認知処理の視点を変更していくことによって、ストーリー以外の様々な修辞的要素を自由につなげていける。映像の認知において、そして映像制作において、認知の制約とその緩和に向かい合うことが重要になる。

　作中の登場人物に親近感をもって映像に接する。あるいは、映像として提示される場所や時間に身近なものとして接するのが同化である。多くの映像において、受け手が定型的なストーリーを認知するにあたって用いる認知方略である。異化効果が強く生じるような映像であっても、同化的な処理の中に、その異化効果が取り込まれている場合が多い。受け手の現実の身体感覚と接点のない、異化だけで成立しているような映像を見続けることは人間には難しい場合が多いので、同化的な処理の中でこそ異化は成立する。

　映像のストーリーに完全に感情移入などで同化することで、登場人物の心理状態を自分のことのように感じられるようになる。オーモンら（Aumont et al., 2000）は、「一次的、および二次的同一化の現象により、観客は表象された場面に取り込まれ、いわば自分が立ち会っている状況の当事者となる」と論じ、これを「現実の効果」としている。この場合、受け手は映像に違和感は覚えていない。バラージュ（1984）が「映画は観客［と作品］の固定した距離を無くしてしまった」と述べているように、映画は、その誕生より、受け手に新たな現実を体験させ、スクリーンの中の新世界に没入させることに成功していた。

　定型的な物語の場合、異化ではなく、同化的な処理によって受け手は認知負荷を減じることができるわけである。これは、明確な主人公や行動の主体が定まることで、受け手が映像上の登場人物に寄り添い、同化することができるようになることを意味する。さらに送り手が場所や時間の設定を受け手に捉えやすくすることで、受け手の同化はより深まる。主人公がどのような行動をするのかについては作品ごとに工夫の余地が残されているとはいえ、受け手に同化を求めてストーリー的な設定を決めていくのが送り手であり、受け手もそれを想定した同化的な認知をまず行うのが通常の作品の在り方であるだろう。それは、YouTubeなどのネット上の多くの動画であっても、テレビでも映画でも変わらない。たとえ、完全にはストーリーを重視しない映像であったとしても、主人公や主な登場人物に関して、ストーリーの前提になるような情報が提示される場合が多い。決まった人物が語りかけ、何か行動する、というだけでもストーリー的な同化処理の手がかりとなる。これは、ニュース映像の認知、スポーツ映像の認知においても可能な認知方略である。

スキーマという概念が認知科学では存在する。スキーマとは、何らかの情報を受け手が処理するにあたっての型や枠組み、手順などのことである。映像の認知においては、ストーリーに関するスキーマが適用される。受け手はあるストーリーをある特定のスキーマに関係した型として処理を行わないと、処理を適度に簡略化することができないのである。これが前述の同化的な処理である。だが、スキーマに適合した映像しか存在しないならば映像の可能性は広がらない。送り手はスキーマからのズレを、異化として作ることになるし、それが作品の個性となる。とはいえ、受け手は同化を伴う、許容範囲内の異化は積極的に受け入れるのであるが、それを超えたものを処理しようとしない場合もある。受け手が映像に、インターネットの配信などで接する場合、異化を大きく含む作品はそもそも避けられがちである。現在においては、異化効果体験を行わせにくくなっているともいえる。その中で、異化効果を追求できているのは、長い年月にわたって作品を作り続けている映像作家である。

クリント・イーストウッド、ジャン＝リュック・ゴダール、フレデリック・ワイズマンは現実を題材にした映画を作り続けているが、その方法論は大きく異なる。それぞれ、現実をフィクションの題材にするか、フィクションと現実を混合させるか、現実から複数の物語を構築するか、である。とはいえ、現実に対して映像を通して何らかの異化をもたらそうとしていることがその固有性であることは共通している。イーストウッド、ゴダール、ワイズマンはフィルムでの映画制作からデジタルでの映画制作に移行し、どちらの領域でも大きな成果を残している映画作家である。これはそれぞれの監督が、それぞれの異化をその監督手法に取り込んでいるからである。本論文では、三つの異化の方法論を分析するとともに、映像素材にこれらの方法論を適用し、生成していく技法について論じる。

2 映像と現実の関係と異化

定型的な物語設定を用い、受け手を同化させていくだけでなく、ストーリー的な処理をさらに容易にするために、実写映像は現実との接点によって、認知を限定している。受け手に、現実と関連した認知を行う、という方向性ができるためである。物語を現実世界、あるいは現実の身体感覚と関連させることで、認知が限定され、別の可能性を考慮する必要がなくなるのである。実写映像にとどまらず、アニメーションや、コンピュータ処理された映像、ヴァーチャルリアリティ（VR）の映像などにおいても、現実の身体感覚や認知のルールが用いられている。

とはいえ、映像が現実の何らかの部分を反映しているとはいっても、デジタル技

術の影響もあり、映像は現実そのままを写すものではなくなっている。高解像度の映像の質感は現実とは異なるし、デジタル的な修正や付加、合成、変更が大きく行われることによるズレもある。ただ、アナログフィルムでもそれは同様であった。アナログフィルムによる映像の場合は、現実がありのままにフィルムに定着できないことが前提でもあり、その中で現実に近づけること、あるいは、照明や撮影、演出によってさらに現実から大きく乖離することがこころみられてきた。

　異化は、見慣れたものを見慣れない形で認知させるための技法であった。ただ、この定義からすると現在の多くの映像は異化効果をもたらすものであるという言い方もできてしまう。前述のように、映像は現実をそのまま写すわけではない。特に現代の映像は、様々なデジタル処理があたりまえになっているため、現実からの修正がなされている。また高解像度化が進み、現実よりも明るくくっきりとした画面が好まれることもその要因である。その一方で、デジタル処理は、一度ルールを決めてしまえば、それを繰り返し続けることが可能な均一的な処理であるという性質がある。受け手は、すぐにデジタル処理された画像になじみ、スキーマ化してしまい、異化を認知しなくなってしまう。論理的には、デジタル映像はもともと異化的なものを内包しているのであるが、その効果は消滅しやすい。近年のほとんどのゴダール作品が複数の解像度・画角の映像をつなげて映像化しているのは、このことを強く意識し、単純なスキーマ化を避けているからであるだろう。

　極端にデジタル的な映像技法が用いられていない場合でも、「笑い」が関係する映像は、様々な異化効果によって成立しているという見方もできる。笑いにつながる言葉や行動の強調は、同化的というよりは異化的なものである。様々なお笑いや、画面のデジタル処理によって、異化があふれている現在では、逆に強い異化効果を起こすことが難しくなっている。異化効果という言葉やその効果に関する再検討が必要なのである。

　映像を見るにあたっては、フィルムやデジタルによる画面を「見る瞬間」における現実との接点と、見ることの積み重ねを経た画面を「見た後」に生じる物語に関する現実との接点がある（金井, 2008）。これらは、空間感覚としての現実との接点と、時間感覚としての現実との接点としても考察できる。異化はその接点をずらしていく効果である。異化といっても、様々な種類があるが、現実と映像の接点としての瞬間の異化、映像の時間的な物語構造にもとづく作品内の異化、そして他作品の物語的経験との長期的な時間感覚にもとづく差異である作品間の異化に分類できるのである。これらを次に論じていく。

3 現実を題材にしたフィクション

　現実をフィクションの題材にすることは無数の作品で行われている。これによって、虚構の作品であっても現実との接点をもって受け手は処理することになる。この現実との接点において、送り手は異化を生じさせることができるのだが、異化が現実に対して行われる瞬間の異化なのか、映像の物語に対して行われる作品内の異化なのかで、受け手の処理は異なる。

　クリント・イーストウッド監督に『ハドソン川の奇跡』(2016) という作品がある。イーストウッド監督の近年の作品は、現実の有名な題材を扱うことが多いが、これも 2009 年の実際の飛行機事故、US エアウェイズ 1549 便不時着水事故を題材にしている。とはいえ、この映画では、事故は単に映像として再現されるにとどまらず、シミュレーションや妄想、記憶として反復される。どこまでが現実なのか、そして妄想であるのかは認知しづらい。そもそも映像で提示されるのは現実の事故そのものではなく、どの場合もあくまでも映像としての再現であり、現実からのズレがある。つまりこの作品では、意図的な異化が追求されている。そしてこれらは、映像の時間的な物語構造を基にした作品内の異化である。

　『ハドソン川の奇跡』の後の作品である、イーストウッドの『15 時 17 分、パリ行き』(2018) は、現実の 2015 年の「タリス銃乱射事件」から 3 年後にフィクションとして事件を再現したものである。さらに犯人を取り押さえたアメリカ人 3 人をそのまま映画の主人公として登場させている。ただ、この映画でも強調されるのは高速鉄道タリスに乗る前の出来事であり、そこでの時間感覚と高速鉄道の事件における時間感覚の差が異化的に強調されている。

　現実を題材にしたフィクションでは、省略の多用や、冗長なシーンをあえて用いること、時間軸のズレなどによって異化が追求される。たとえば、映像として具体的に提示せず、シーンを省略することで、作品内で時間が何日も経過していく技法は、ほとんどの映像で用いられている。さらに回想が用いられる作品では、作品内で時間軸が様々に前後することになる。『ハドソン川の奇跡』とは異なり、回想シーンはないが、イーストウッドの『運び屋』(2018) では、ドラッグを運ぶという行為が反復され、時にはドラッグを運ぶ事象がすべて省略されることで受け手の時間感覚に狂いを生じさせる。ドラッグを車で運ぶ老人が主人公のこの映画では、すべてのドラッグの「運び」が映像上に提示されることが無いため、テロップで提示される「運び」の回数の値が突然増えたりもする。その結果、現実とは時間感覚が異なる物語が提示されることになる。現実からのズレがここに生じる。これが

異化の一つの大きな認知的効果である。その目的は客観的な時間ではなく、受け手が体験する物語としての時間を提示することである。映像は、ストーリーを提示するだけでなく、時間あるいは記憶の感覚を浮かび上がらせることができるのであり、そのために用いられている技法が異化である。『ジャージー・ボーイズ』（2014）から、イーストウッド作品ではデジタル撮影のみを用いるようになった。それも影響しているのか、『許されざる者』（1992）や、『グラン・トリノ』（2008）にあったような主役のイーストウッド自身の凄みは『運び屋』では強調されていない。それによって、瞬間の異化自体は弱くなってきている。残っているのは、時間的構造による異化効果であり、「見た後」の効果としての物語的な効果である。

4 現実を題材にしたドキュメンタリー

　フレデリック・ワイズマンのドキュメンタリー作品では、一貫した出来事が提示されるわけではない。場所やおおよその時代は一貫しているのであるが、複数の出来事や映像が積み重ねられる。その出来事も、現実に進行中の出来事の一部のみが挿入されるので、それがどのような経緯ではじまり、どのような結論になるのかは示されないことが多い。これによって、映像の時間的な物語構造にもとづく作品内の異化が生じている。

　『メイン州ベルファスト』（1999）では、朝もやの中のロブスター漁のシーンから映画が始まる。そこでは一切のナレーションや字幕が無い。この映画はフィルム撮影であるため、海のシーンなど霧の画面にはフィルム的特質が特に前面に出ている。フレデリック・ワイズマン作品は、『クレイジーホース・パリ　夜の宝石たち』（2011）から完全にデジタル撮影になるので、このような画面の特質は消えることになった。つまり、フィルム撮影時にはまだ残されていた、瞬間の異化は減じられてきている。だが、ワイズマン作品における、デジタル撮影になっても、フィルム撮影時から変わることのない、共通した特質は、その編集的な特質である。ワイズマンのドキュメンタリーでは、一連の出来事に続いて、野外のショットが挿入されるのが特徴である。特に、夜のショットが提示される場合においては、その後に朝の時間が提示され、これによって時間の流れを疑似的に受け手に認知させている。ここで、実際にどれくらいの時間が経過しているのかはテロップやナレーションが挿入されていないので不明である。画面上で夜が示され、その後に朝になるので、受け手は疑似的に日の流れの感覚を体感することになる。たとえば『大学』（2013）では6回夜のショットが挿入される。受け手はそれを、朝から夜への物語として認知していくことになる。とはいえ、実際にどれくらいの時間が経過しているのかは

明確ではない。『大学』は、カリフォルニア大学バークレー校が舞台となり、大学の様々な活動が提示される。その中では、複数の会議の場面が提示されるが、発言者の役職や固有名が映画中で示されることがない。そのため、どのような会議なのかがすぐにはわからない。どのような文脈での発言なのかを受け手が理解するには、注意深く、画面に接する必要がある。たとえば、当時の学長のロバート・ビルゲノーがたびたび画面には登場するが、この人物が学長である、という知識がなければ、その役職をすぐには把握することができない。この作品は、大学という組織そのものから生じる固有の体験を作り上げているのであり、それは映像全体の物語構造から生じる異化によって生じている。この種の異化は、『ニューヨーク公共図書館　エクス・リブリス』（2017）での、図書館を通してニューヨークの姿を浮かび上がらせる近年の作品まで共通している。

　フレデリック・ワイズマンは、受け手に、時間設定を特定させないことで、単純なノスタルジア、あるいは、デイビス（Davis, 1979）の言う素朴なノスタルジアを生じさせていないのだといえよう。これによって、過去の、ある組織や地域の物語体験を再構築している。デイビス（1979）の『ノスタルジアの社会学』は、ノスタルジアには三つの属性が存在するとし、肯定的要素のみならず、否定的要素も含むものとしてノスタルジアを捉えている。ここでのノスタルジアは、一般的に捉えられているような、過去を肯定的に賛美することに留まるものではない。ノスタルジアは、過去に対する受け手の感情であり、ストーリーが存在しない物語に対しても生じる。たとえば、時間や場所がテロップとして表示された過去の写真や映像が物語として提示される場合、現在と過去の関係を探る認知が受け手に発生し、受け手にはノスタルジアに関する認知が生じる。

　ノスタルジアの第一の属性は「素朴なノスタルジア（simple nostalgia）」である。これは、否定されるべき現在に対し、賛美されるべき過去を求めるものであり、最も生じやすいノスタルジアである。たとえば、古い街並みや建物に対して無意識におこるノスタルジアの多くがこれに分類される。現在と過去の関係がはっきりしている場合に生じ、これは、物語を提示していくにあたって、時間の変化を一つの流れとして明確にすることで可能になる。ここでは異化は生じていない。同化的なノスタルジアである。

　第二の属性は「内省的ノスタルジア（reflexive nostalgia）」である。これは、過去に比べて現在を否定するが、再考し、時代を遡及することで、その過去に対しても現在にあてはめて疑問を持ちはじめるという、否定的な要素をもったノスタルジアである。昔の良かった時代と比べて今を否定するが、さらに、過去への賛美に対しても疑問を持ちはじめ、過去への賛美を確かめるために再度過去との比較を行っている場合を指す。廃墟に対するノスタルジアや、戦争の傷跡が残るものに対するノ

スタルジアなどはこれにあてはまる場合が多い。現在と過去の関係が何度も問い直される場合なのであるが、これは、物語を提示していくにあたって、時間の変化を複数設定することで可能になる。異化を強くは意識させないが異化的な要素を含むノスタルジアであるといえる。

第三の属性は、「解釈されたノスタルジア（interpreted nostalgia）」である。これは、内省的ノスタルジアからさらに発展したものである。過去に疑問を持ち、さらに、その疑問を持ちはじめた意味さえ問いはじめるものであり、否定的要素が重なり合い、混乱した状態を表している。現在と過去の関係がはっきりしていない場合である。これは、物語を提示していくにあたって、時間の変化の流れを明確化させないことで可能になる。つまり異化を強く伴うノスタルジアである。

一般的にノスタルジアとされているのは素朴なノスタルジアであるが、これは同化的なノスタルジアなのであり、それ以外の種類のノスタルジアを生じさせる、あるいは、ノスタルジアに関する処理を受け手にさせなくするためには、異化の導入が必要になる。過去を題材としていたとしても、それを一つの物語として現在において体験するには、時間感覚に対する異化が有効であり、ワイズマンはそれを全作品で徹底している。ただし、その結果として、ワイズマン作品間の異化は生じていないとも言え、異なるワイズマン作品に接しても技法の差異を認知しづらくはなっている。

5　ドキュメンタリーにおける同化と異化

異化とは、送り手が作品を通して受け手の認知的制約を緩和し、現実や映像作品をありのまま、あるいは別の姿で見せ、体験させるための技法であるだろう。受け手は映像作品に対し、役者・出演者に対する予備知識や、定型としての物語に基づいて処理をしてしまう。映像に接していても、映像そのものを処理するよりも、同化して映像を透明なものとして処理をする傾向がある。VR 映像などの、没入体験が目指される現在の多くの新しい映像ではさらにその傾向が強い。その制約を緩和するのが異化である。これによって、一つの方向性では無い、様々な可能性の探究が可能になる。デジタルという均一的な処理が一般化している現在においては、むしろ異化を意図的に探究することがこれまで以上に重要になる。

認知を決まった方向性でのみ処理することを止めた先に立ち上がってくるものは様々であり、一般化はできないが、過去と映像の関係でいえば、先述したノスタルジアの三つの属性が手掛かりになるだろう。さらに、過去と現在の関係を超えて一般化できるのはスキーマの緩和や無効化に関する技法である。それは、切断技法と

してまとめることができる。

　ある特定の認知の緩和や無効化のための技法である、映像の切断技法には、三つのアプローチが存在する（金井・小玉, 2010; 小方ほか, 2018）。まず連続するショット間の要素の間に差異（非連続性）を設けることによる技法（アプローチ1）がある。これによって、受け手は、ストーリー的側面を中心とした処理から、それ以外の側面を中心とした処理に変更せざるをえなくなる。

　連続するショットの要素間に非連続性が一切見られなくても、同一ショットにおける要素間の関係が映画の規範から逸脱していることで、非合理的になっている場合があり、これによっても、受け手の認知は切断される。ストーリー的側面からの認知が可能で、かつ、それ以外の側面に関するイメージの蓄積も生じている場合である。たとえば、起こっている事象と映像または音の間に非合理的関係が存在する場合（アプローチ2）、音と映像の間に非合理的関係が存在する場合（アプローチ3）である。多くの作品では映像と音という二つのメディアがまず存在しているので、この二つのみを例にしたが、原理的には、ほかのメディアを導入する場合や、画面の分割、さらには複数のディスプレイなど映像環境を変化させることによる切断も有り得る。アプローチ1は映像内の要素の時間的関係における切断技法、アプローチ2は映像内の要素そのものによる切断技法、アプローチ3は映像内の要素の空間的関係における切断技法、と言い換えることができるので、様々な応用が可能である。多くの映像で見られるのは、たとえば以下の技法であり、これらによってストーリー以外の側面が強調される。まずアプローチ1の例としては、事象の連続性を壊すことにより、編集そのものを強調する。また、アプローチ2の例としては、対象を極端な構図から撮影することによってイメージそのものを強調する。さらにアプローチ3の例としては 音声・視覚相互間の関連性をなくすことにより、音そのものを強調する。それ以外では、たとえばアプローチ2では、色を極端に強調させることや、舞台装置のしくみを意図的に明らかにすることによって、物語内容を強調しない演出や撮影が適用されている場合も多くある。またアプローチ3では、一つの場面に別の場面の音を被せることや、音声を中途で遮断するなど、音とイメージの関係によってストーリーの連続性を切断している場合がある。

　切断技法は特殊な技法ではない。人間の記憶とその想起、夢や無意識は深く切断と関係している。人が、ある記憶を想起する時、そのイメージは、出来事が生起した順番ではなくなり、ある出来事は誇張され、さらに実際の現場とは異なる音が付加されたり、あるいは無音だったりする。それ故に、記憶や過去、夢を扱った映像の多くには切断技法が用いられているのである。同化的なストーリーでは、出来事の一つの流れを強調することはできる。だが、そこでは複数性が削られてしまう。切断技法によって一つのストーリーに留まらない物語が可能になる。

切断技法によって、現実に向き合うのがゴダールの作品である。ゴダールは、現実をフィクション的な物語の中に取り込む。あるいは過去の映像素材を組み立てなおし、新たな物語構造の中に置く。ゴダール作品は「わかりにくい」とよく言われるが、むしろ、受け手がストーリーだけではない処理を行わなければならないこと自体は明白であり、その意味では、ほかの監督による映画よりもわかりにくさによる効果はわかりやすい。ゴダールは同化的な処理に留まることのない映像を作り続けてきているのであり、受け手の認知においては、歴史あるいは現実とつなげていくことが求められる。ゴダールの長編監督デビュー時の1959年から1968年ぐらいまでの作品は異化的な映像を含んでいるとはいえ、同化的な処理を中心とした認知方略が可能であったともいえるだろうが、政治との結びつきが高まるとともに、さらに異化的な映像が増加していった。そして、異化的な処理を伴う映像と音のみで構成され、もはや異化という言葉では何も説明できなくなってきているのが、21世紀に入ってからのゴダール作品である。

たとえば『ゴダール・ソシアリズム』(2010) の第一部では、様々な解像度の映像が次々に登場する。目的を持った主要人物がある目的を持って行動する、という意味ではストーリー自体は存在するが、その解読は行いにくく、そもそも解読する必要がないともいえる。ゴダール初の全編デジタル撮影による長編映画であり、フィルム上映が行われなかった『ゴダール・ソシアリズム』では、それまでの作品よりもデジタル的な側面が、より強調されるようになっており、高解像度映像と、低解像度映像が混在している。これによって、瞬間の異化が強調される。さらに、3D作品『さらば、愛の言葉よ』(2014) では、左目と右目の画像が効果的に結合し立体的効果をもたらすという一般的な3D映像のしくみに逆らった作りをしている。左目と右目の画像にズレが作られている場面が存在し、これは瞬間の異化そのものであるといえるであろう。

様々な瞬間の異化は作品内の画面の質に多様性を持ち込むことによって、際立つ。ゴダールは1970年代からテレビでのアナログ・ヴィデオ作品を大量に作っているし、代表作の一つともいえる『映画史』(1988-1998) もヴィデオ作品であって、フィルム作品ではない。だが、ヴィデオであれフィルムであれ、多様な画面の質を追い求めていることに関しては一貫していた。さらに、異なる質の素材を用いることでゴダールの場合は作品間においても、異化を行っている。『映画史』で使われた映像がさらに加工されたり、音声のみが用いられたりすることで、デジタル的な処理が強調されている『イメージの本』(2018) では、作品間の異化がさらに追及されている。『映画史』からの素材でなくても、『イメージの本』は、アナログの素材をダビングした上で、コンピュータ上で加工しているので、画面の質の一貫性が、作品内で破棄されている。ダビングの仕様などで、同一映像もスクリーンサイズが途

中で変化したりもする。これによって、断片の煌めきが様々に強調され、受け手は、一貫したストーリーにはたどり着かない。

　では、一貫したストーリーではなく、何に向かっているのか。ゴダール自身が『映画史』の2Aの中で語っているように、映画はスクリーンに投影（プロジェクション）する。現実社会を、歴史を投影するのが映画である。ゴダールは映画だけが投影するのだと言う。映像とプロジェクションの関係に最も意識的な監督は、おそらくゴダールであるだろう。異化という手段によって、結果として現実社会と歴史そのものの投影に受け手を導いているのであり、『イメージの本』では、そのこと自体が映画のタイトルにもつながっている。文字による本を乗り越えるものとしてのイメージの本として。

　多くのドキュメンタリー作品では、「見る瞬間」の現実との接点によって同化が行われがちである。そこで異化による切断が行われなければ、個人の認知に留まってしまい、社会や歴史、その哲学・思想には結びつかなくなってしまう。ゴダールが突き詰めているのはこの問題であり、異化はそのための手段である。とはいえ、作品中の異化の存在自体がルール化してしまっているようにも捉えることができ、それが受け手を制限してしまっているとはいえるだろう。また、異化の多様性も、多くの受け手にとっては、認知しにくいものであるのかもしれない。『映画史』以降のゴダールが、長編映画において用いている手法は毎回異なる。章立てがなされ、ストーリーを重視せず、新たに撮影された映像と過去の映像を同列に扱い、音も映像と分離させ、すべての切断技法を用いる、という意味では同じ手法ではあるが、それは、多くの映画監督が、ストーリーを毎回用いて映画を制作している、というのと同じ程度の意味にすぎない。異化によって、導かれる物語は毎回異なる。作品毎に関連する現実が異なり、その時間的構造も異なるのであるから、それは必然である。たとえば、『ゴダール・ソシアリズム』では、その3部構造の作品の第3部である第三楽章において、『ゴダール・ソシアリズム』撮影時にデジタル撮影されたオデッサの階段の映像とともに、アナログフィルムからデジタル変換されたエイゼンシュテインの『戦艦ポチョムキン』のオデッサの階段のシーンが流される。オデッサの階段を、現実社会、特にヨーロッパおよびソ連あるいはロシア・ウクライナと、革命や戦争、紛争の歴史の中に投影（プロジェクション）している。だが、それを知らなければ、ただの階段の映像の連鎖になってしまうかもしれないし、ゴダールの定型的処理だと認知するだけかもしれない。それでも、映像に向き合ってさえいれば、何らかの違和感は受け手に残り続ける。個人の認知とは別の認知が有り得ることの気づきにはなりえるであろうし、それによって、体験する新たな物語や想起、連想へのきっかけにはなる。オデッサの階段が登場するのは、第一楽章の舞台となる豪華客船の、到達地の一つであるオデッサの象徴としてなのであるが、

間の第二楽章においては豪華客船とは直接的につながりの無い部分が挿入されているため、受け手は一つの見方に定めることができない。これによって、瞬間の異化だけでなく、映像の時間的な物語構造にもとづく作品内の異化が同時に生じている。このあり方が作品ごとにさらに異なるのがゴダール作品であり、多重な異化を引き起こす。複数の異化によって、作品そのものを歴史化することで、現実世界とその歴史の多重性を投影しているのである。

6　フィクションにおける同化と異化

　ワイズマンやゴダールの映像をふまえて、もう一度、フィクション作品にもどって考えてみよう。ドキュメンタリー的な現実とのつながりからの異化よりも、物語の構造から生じる異化がさらに多用されるのがフィクション作品である。これは、フィクション作品では、時間感覚が、現実の時間感覚とは異なるためである。たとえば上映時間が2時間の映画で、2時間だけの出来事が描かれることは稀である。近年ではそういった作品も多々存在するとはいえ、長い年月の出来事を圧縮して提示する場合がほとんどである。

　前述の『ハドソン川の奇跡』は、飛行機墜落事故という非日常を扱っているが、飛行機事故の経験のない受け手にとっても同化しやすく、強い現実感がもたらされる作品となっている。その理由として、ストーリー的な違和感が少ないことが一因としてあげられる。飛行機事故、不時着、脱出、救出という一貫した流れが存在するため、受け手はこれらに違和感を覚えることなく、映像に集中することができる。さらには、飛行機墜落の場面においては、数多くの人物が登場し、多視点映像の形を取っている。とはいえ、映像に同化できないわけではなく、乗客や乗務員や操縦士など数多くの人物を登場させることによって、受け手が各々感情移入の対象を発見することが容易になっている。だが、様々な手段によって、飛行機事故の映像が反復されることによって、作品内に異化が生じている。飛行機事故や機長、そのほかのスタッフや乗客への同化は、作品内の異化として何度も問い直される。同化的な処理の中にあったとしても、その記憶や傷痕の中にまで入り込んだものとしての処理であり、異化を内包した同化となり、ストーリーのみに留まらない、現実との関連した処理となる。

　イーストウッド監督作品にくらべれば、例えば、スティーブン・スピルバーグ監督のフィクション作品は、異化の程度が少ない。『ペンタゴン・ペーパーズ／最高機密文書』（2018）では、『ハドソン川の奇跡』において、事故機の機長役として主役であったトム・ハンクスがワシントン・ポストの編集主幹を演じている。この作

品は 1971 年のアメリカ政府とジャーナリズムの関係によって、映画制作・公開時のトランプ政権とジャーナリズムの関係を暗示したものである。現実とのつながりはあるが、物語上の時間の異化、すなわち作品内の異化がなされていないため、現在とのつながりがやや単純化されているとはいえるかもしれない。イーストウッド監督も『リチャード・ジュエル』(2019) では、現実の事件とジャーナリズムの関係を扱っているが、主人公のリチャード・ジュエルの立場の変化がそのまま作品内の異化につながっており，様々な認知に受け手を導く。

7　異化の実践

　異化は、クリント・イーストウッド、ジャン＝リュック・ゴダール、フレデリック・ワイズマンといった、有名な作家だけが行うものではない。スマートフォンなどによる映像撮影や、その SNS への投稿が一般的になる中、異化の実践はどのように可能になるのだろうか。

　2011 年の東日本大震災を基にして、岩手県出身の学生であった西川は、卒業論文において、4 種類の映像を制作することによって、異化の実践を行っている（西川, 2018）。このような大災害を映像として物語化する場合、特に本章の議論を応用することができる。大災害そのものが、現実の時間の流れに対する切断であるので、映像による物語化においては、異化を内包させることの必要性が高いためである。異化の実践の方法論は、瞬間の異化を用いるのか用いないのか、作品内の異化を用いるのか用いないのかということでまとめることができる。複数作品を制作する場合では、さらに作品間に異化を用いるのか用いないかも問われる。異化を用いない場合は、同化によるストーリータイプになり、西川（2018）では、制作映像 1 になる。瞬間の異化を減じて作品内の異化を追求しているのがフレデリック・ワイズマン的なアプローチであり、制作映像 2 となる。瞬間の異化と作品内の異化をともに追求したのがゴダール的なアプローチになり、制作映像 3 となる。さらに東日本大震災以外も素材にし、ゴダール的に作品間の異化を追求したものが、制作映像 4 となる。これにさらにフィクション的要素を導入することで、クリント・イーストウッド的なアプローチとなるが、役者を用いるこのアプローチによる映像は西川（2018）では制作していない。また、瞬間の異化を用い、作品内の異化を用いない場合は、制作映像 1 を部分的に置き換えることで可能になるので、これについても制作では省略している。

　ストーリータイプの制作映像 1 は、日本で多く見られるような典型的なドキュメンタリー作品をイメージして制作されている。ナレーション、地図を使った演出、

テロップによる解説、さらには、震災から復興というストーリー性やメッセージ性を介入させた映像となっている。わかりやすさを強調し、違和感を極力排除した映像となっている。

制作映像2は、フレデリック・ワイズマンの作品を参考にして制作された映像である。制作映像1とは対照的に、ナレーション、わかりやすい演出、テロップを排除することで、受け手が感情移入などで同化せずに、映像そのものを見るようにしている。さらには、カットとカットのつなぎに違和感を覚える箇所や切断的に花や海の映像が挿入される場面も存在する。ストーリーよりも、映像そのものに注目させる意図をもって制作されている。強いメッセージ性はなく、ただ被災地をそのままに映し出した映像である。その結果、映像の生々しさが増大し、受け手の認知の拡散が生じる。

制作映像3は、はっきりとしたメッセージやストーリー性を読み取ることは難しい映像となっており、痛々しさや、震災の混沌とした恐怖を一番強調した映像になっている。一つ一つのショットは極力短く、様々な映像を組み合わせられるように編集され、さらには、映像の速度を細かく変えることによって映像のリズムを変速的にしている。

制作映像4は、受け手に制作映像3からの作品間の異化を生じさせ、映像の生々しさや新鮮さ、さらには、切断による認知の拡散をもたらすことを目指した制作映像である。制作映像3は津波や震災に関連する映像のみを切断的に繋いでいるが、犬、白鳥、車内、室内、雪、川、南国の海、滝、をさらに導入している。切断に関しては、制作映像3のように細かくカットを刻まず、緩急をつけた切断をするようにこころみている。受け手の認知を一瞬ストーリーに引きつけてから、切断技法を用いるよう編集を行っている。

これらの制作は、大学生の卒業論文に向けた映像制作であるが、それでも4種類の方向性の異なるアプローチを実践できることが示されている。

とはいえ、異化を伴う映像に対しては、映画館などにおいて、集中的に長時間接することが必要なのかもしれない。映画館で特定の席に座ること自体が、日常からの異化である。一方、Netflixなどで映像にパソコンやスマートフォンといった日常的な環境で接する場合、異化は減じざるをえない。映画館の将来が、映画も含むインターネット上の映像の一般化により危ぶまれているが、異化の観点から、その意義を追求できる。シネマコンプレックスなどでその映画館による異化も多様性が失われ、固定化されてしまっているともいえるが。

さらに現在はSNSなどの普及によって、映像に対する反応は、簡単な言葉による口コミやコメント、メッセージによって言語化されることが多い。これによって反応が単純化せざるをえないため、異化などの良い意味での違和感であっ

ても、広がりのある多様性のある反応を起こしにくくなっているといえる。また、YouTube など、動画サイトでは、見る動画を次々に変更していくことができる。テレビのチャンネルを変えていくことも同様である。これもある種の切断ではある。だが、この切断は、社会や歴史に結びつくものではない。単純で画一的な切断に留まらない方法論が求められる。

　本章では、フィルムとデジタルの両者で制作を行い、ともに大きな成果を挙げている監督作品を取り上げた。フィルムとデジタルの差異を特に受け手側から論じることは、その差異を認知しない受け手が多いため、実際のところ難しいが、デジタル映像が主流になった今、異化のあり方が変化してきているとはいえるであろう。現在では、フィルム映像が主流だったころの認知の多様性を体験しづらくなってきている。そもそも、現在フィルム撮影された映画をフィルム上映で見る機会が限られている。さらにフィルムは、プリントごとに状態が異なるし、映写技師の技量もあり、同一の認知になりにくい。フィルムは1本につながっているわけではないので、上映時にはフィルムの掛け替えに関する認知も生じる。フィルムは冒頭部分が特に痛みやすく、上映された画面に様々な傷が出る。昨今の映像の分析では、もともとはフィルムのものであってもデジタル化された映像で分析が行われることがほとんどである。それらは、フィルムとしての特質が失われ、デジタルとしての特質が前面に出たものである。フィルム作品をフィルム上映することによる特有の凄みや危うさは、デジタル変換時に失われている場合が多い。フィルム作品は撮影時・現像時・上映時などにおける機械の状態や、かかわる人の技術力、そしてフィルムの状態などを要因とする多様性の積み重ねがあり、それが上映時に一つに定まる。一方、デジタル技術はその多様性を少なくし、固定していく。デジタル化された映像で、フィルム作品を評価するのは危険である。アナログがもっていた凄みは、「見る瞬間」に生じる異化であり、また、その積み重ねの物語としての異化であった。これはネット上で映像を見るにしろ、DVD やブルーレイで見るにしろ、既にデジタル技術によって固定化されることによって減じられ、同化的な処理に近づいている。ここからあらためて異化の実践を行うには、そこからのズレをアナログ的要素によって付加していくしかない。たとえば、野外上映や複数のスクリーンへの上映を行うことは新たな異化を生成するこころみになる。

　さらに、今後主流になるかもしれない VR 映像は、その場所への疑似的な同化であるといえる。異化をそこに全面的に取り込むことは倫理的にも難しい。だが、現実からの異化が大きく可能なのも VR であり、様々な実験が求められる。

　異化効果は、すべての人に同じようにもたらされるわけではない。受け手それぞれに固有な効果としてもたらされるものであるし、毎回同じように生じる固定的な効果であるわけでもない。これは、研究上の複数人のデータによる統計的な処理で

は、打ち消されてしまいがちな効果である。つまり、統計的な処理を行いにくいのが異化である。異化効果は根本的には、複数人のデータの平均値ではなく、その平均値からのブレの中にひそむ効果である。そのため、そもそもデータを取得すること自体が難しい。さらに受け手の視点の問題もある。視点設定によって、映像からの効果は変わってくるが、どの視点設定による処理なのかを定めることが難しい。人物を追うこと、ストーリーを追うことから逃れることが認知的制約によって難しいためである。異化の認知研究は課題が多い。

　昨今のデジタル化された映像は、人間が細部までコントロールできるように理論化したものであるといえ、人間の心や認知を基準とする中枢性が強化されている。この場合映像と現実との関係も中枢的になる。だが映像には人間の心や認知を基準としない非中枢的特質に関する側面もある。アナログのカメラでのフィルム撮影による作品のフィルム上映では、この非中枢的特質が強く顕在化し、その結果、現実の非中枢的側面にも結びついていた。デジタル化された映像においても、映像の非中枢性を高めるためには、異化が強く求められることになる。ゴダールの『イメージの本』はその大いなる成果である。複数の質の映像の混在が、デジタル技術の悪しき画一性を破る大きな方法論となっている。

　映像の意味が受け手にとって一つに定まることが目指されている作品と、それに逆らう作品がある。いつの時代においても、意味が一つに定まることに強く逆らうことを目指す作品が存在することは重要であるだろうし、それが異化を伴う作品である。結局のところ、異化はあくまでも手段なのであり、異化によって、それぞれの映像作品に、一つに定まることのない固有の物語が生じる。映像の中で、一部のものだけが、高い評価を受けたり、人気が出たり、あるいは歴史的な作品となる。それは定型にとどまらない側面があるからである。簡単には認知処理できず、どこかに違和感やひっかかりが残るもの、戸惑いが生じるものが、経験したことの無い新しい認知を生み出す。現在に限定された個人の意識に留まる視点を抜け出し、社会や歴史、無意識や夢、身体の論理に近づくためにも、異化が必要である。

〔読〕〔書〕〔案〕〔内〕

木下千花 (2016).『溝口健二論 —— 映画の美学と政治学』法政大学出版局.

　本章では、溝口健二監督について論じなかったが、溝口作品を大きく意識しながら考察している。フィルム撮影の特性が強調されている溝口作品は、映画館でフィルム上映されたときにこそ最も深く異化が生じるといえるであろう。溝口作品は、異化を通して、受け手を「感情同化」ではなく、観察に導くことを本書では論じている。日常生活における権力を「距離」として溝口は視覚化する。溝口作品は、長回しの撮影が特徴ともいえるが、長回しそのものより

も、長回しによってカメラの存在を意識せざるをえないことによって生じる「距離」の効果が際立っている。それは本章での異化効果に近い。溝口作品ではカメラの「距離」による瞬間の異化がまずあり、長回しによってそれが持続することの異化もある。さらには、溝口作品は作品毎に撮影と編集の関係も異なるため、作品間の異化も存在している。その「距離」による異化効果は遺作となる『赤線地帯』（1956）から数えても60年以上が経過した今、さらに増幅し、受け手を強い異化に導き続ける。だが、多くの受け手は溝口作品を映画館でフィルムによって見ようとはしないし、見ようとこころみたくても、映画館においてもデジタル化が進む一方の2020年においては、機会自体がきわめて限られている。見ることができなければ異化効果は生じない。あるいは、パソコンやスマートフォンの画面で、デジタル化と画面の縮小化によって効果の薄まった状態で溝口作品に接したとしても、弱い異化しか生じない。

長門洋平（2014）.『映画音響論 ── 溝口健二映画を聴く』みすず書房.

　溝口健二の『赤線地帯』では、本書で論じられているように、黛敏郎による音楽の異化効果も用いられている。音楽の異化効果について本章では論じなかったが、フィルムによるデジタル化では減じられがちな異化効果も、映像と音楽の関係については、アナログからデジタルに変換しても、依然として強く残り続ける可能性があるとはいえるのかもしれない。

金井明人（2013）.「映像環境の物語と切断による規範理論 ──「わかりにくさ」の認知をめぐって」金井明人・土橋臣吾・津田正太郎（編）『メディア環境の物語と公共圏』（pp.193-229）. 法政大学出版局.

　映像と音楽や、上映環境など、複数メディアが存在する場合は、その関係を基に異化効果を作りだせる。それには本書で扱われている、劇場や映画館、特殊上映環境が必要になる。

小方孝・金井明人（2010）.『物語論の情報学序説 ── 物語生成の思想と技術を巡って』学文社.

　ブレヒトの異化効果は、根本的には演劇についての理論であるから、場所の重要性は必然的なことではある。さらには、本書のキーワードの一つである「流動と固定」を意識することで場所に留まらない偏在的な異化が可能になる。そういった意味では、フィルムの溝口作品一つ一つにおける異化、そしてその作品間の異化を、読書を通して意識し続けること自体が現実の異化に繋がる。

【参考文献】

・Aumont, J., Bergala, A., Marie, M., & Vernet, M. ／武田潔（訳）（1983）.『映画理論講義 ── 映像の理解と探究のために』勁草書房.
・バラージュ，ベラ／佐藤基一・高村宏（訳）（1984）.『映画の精神』創樹社.
・ブレヒト，ベルトルト／千田是也（編訳）（1996）.『今日の世界は演劇によって再現できるか ── ブレヒト演劇論集《新装復刊》』白水社.
・Davis, F. (1979). *Yearning for Yesterday: A sociology of nostalgia,* New York: Free Press. （間場寿一・細辻恵子・荻野美穂（訳）（1990）.『ノスタルジアの社会学』世界思想社.）
・金井明人（2008）.「映像編集の認知科学」金井明人・丹羽美之（編）『映像編集の理論と実践』（pp.13-38）. 法政大学出版局.
・金井明人・小玉愛実（2010）.「映像編集のデザイン ── ストーリーと切断をめぐって」『認知科学』**17**(3), 444-458.

・Loschky, L. C., Larson, A. M., Smith, J. T., & Magliano, J. P.（2020）. The Scene Perception & Event Comprehension Theory（SPECT）Applied to Visual Narratives. *Topics in Cognitive Science,* **12**（1）, 311-351.

・西川飛成（2018）.『リアリティの認知 —— 異化効果がもたらす映像のリアリティと、その作用について』法政大学社会学部 2017 年度卒業論文.

・根本萌騰子（1999）.『身ぶり的言語 —— ブレヒトの詩学』鳥影社.

・小方孝・川村洋次・金井明人（2018）.『情報物語論 —— 人工知能・認知・社会過程と物語生成』白桃書房.

・シクロフスキー, ヴィクトル／水野忠夫（訳）（1971）.『散文の理論』せりか書房.

【第2章】
比喩を生成する人工知能は可能か？

内海　彰

1　比喩とは

　爆音のようなアラームで目を覚ますと、もうすでに9時過ぎだった。急いで身支度を整え、パンの耳をかじりながら、大学に向かった。教室に滑り込むと英文学の講義の最中で、教授が『ロミオとジュリエット』の Juliet is the sun という名文句を熱心に解説していた。昼休みには、友達のつまらない駄洒落に「それ、さむ〜い」と笑いながらおしゃべりを楽しんだ。自宅に戻ってテレビをつけると、化粧品のCMでタレントが「女優色リップで釘付け！」と言いながら微笑んでいた。

　ある女子大生の一日を記した上記の文章には、多くの比喩が用いられている。比喩とは、簡潔に言うと、あるものごと X（被喩辞）を別のものごと Y（喩辞）で喩えることで、X を効果的に描写する表現である。たとえば、Juliet is the sun という文は、被喩辞であるジュリエットという女性のある側面（「欠かすことのできない存在である」、「希望や喜びをもたらす」など）を、それとは異なるカテゴリーに属する「太陽」で喩える典型的な比喩である。また、「女優色」という表現は、ことばの通常の使用では表現することのできない色合い（被喩辞）を、「女優」ということばを用いて感覚的に表す創造的な比喩である。「つまらない」という意味を表す「さむい」という表現も、もともとは温度感覚を表す「寒い」という形容詞を転用した比喩と見なすことができる。なお、この例のように、被喩辞が明示されない比喩表現も少なくない。「教室に滑り込む」の「滑り込む」も「どうにか間に合う」

という状態が被喩辞であり、それを「滑り込む」という喩辞で表現していることになる。

　このように、比喩は小説などの文学作品や広告はもとより新聞記事や論説などの様々な文章や日常会話など、至るところに見られる表現である。現在では文字通りの意味だと認識される表現（上記の「パンの耳」の「耳」や「教室に滑り込む」の「滑り込む」など）においても、比喩がことばと意味の関係を規定している。なお、「爆音のようなアラーム」も比喩表現であるが、今までの例とは異なり、比喩であることを示す標識（「のような」）が言語化されている。このような比喩は直喩と呼ばれ、今までの例のような比喩標識のない隠喩とは修辞学においては区別される。しかし、本章では両者の違いについては基本的に考慮せずに、直喩も隠喩も比喩としてまとめて扱う。

　また、比喩は言語だけではなく、画像や映像などの表現においても利用される。たとえば、映画『そして人生はつづく』（1992. 監督：アッバス・キアロスタミ）[1]のラストシーンでは、小高い丘のふもとから山頂にいたる急なジグザグ道を一台の古びた自動車が苦労して登っていく様子が、引きの映像で印象的に映し出される。これはまさに「人生は旅である（Life is a journey）」という認知言語学でよく用いられる概念メタファー（概念間に成立する比喩的な関係；Laokff & Johnson, 1980）が映像化された例である。

　私たちは日常的に比喩表現に出会い、多くの場合には意識することなく、その意味を理解している。小説や映画に出てくる創造的な比喩表現の場合には意識的に解釈する必要もあるが、それでも理解することに特別な困難を感じることはない。比喩理解の認知過程については、認知科学をはじめ、心理学や言語学などの分野で多くの研究が行われており、多くの知見が蓄積されている（Gibbs, 2008; Holyoak & Stamenkovic, 2018）。また、人工知能や自然言語処理の分野でも、比喩表現を検出・認識したり、その意味を理解したりする計算論的な手法が多く提案されている（Veale et al., 2016; 内海, 2018）。

　一方で、何かを比喩で表現する、もしくは比喩を作り出すという行為は、日常生活において私たちにはそれほど馴染みがあるわけではない。比喩理解に比べて、比喩生成の研究は、認知科学と人工知能のいずれの分野においても、少ないのが現状である。もちろん、すでに単語の語義として一般的に認知されている「死んだ」比喩を私たちは日常的に用いている。たとえば、表情が固まるほどつまらない状況

---

[1] アッバス・キアロスタミ監督のコケル三部作の第二作目。1990年にイラン北西部で起きた大地震後に、一作目の『友だちのうちはどこ？』に出演した子役の安否を確認するために、テヘランからコケルへと向かう監督と息子が描かれている。映画全体を通じて人生とは何かを考えさせられる内容になっていて、そのことがラストシーンの比喩によって効果的に表現されている。

を「さむ〜い」と表現するような場合である。しかし、このようなケースは通常の言語使用と同じであり、特に比喩であることは意識されない。そこで本章では、比喩であることを意識して、より新しい比喩を作り出すという創造的な行為に注目したい。本章の以下では、上記のような死んだ比喩の使用も含めて、比喩生成という行為にかかわる人間の認知過程の研究を概観したあとに、コンピュータ（人工知能）によって比喩を生成するこころみについて論じる。そして、それらの問題点を指摘した上で、比喩を生成する人工知能の実現に向けて議論したい。

2 比喩を生成するとはどういうことか

本節では、比喩を生成するとはどのような行為かを明確にした上で、その生成過程のモデルを提示する。まずは比喩理解との対比によって比喩生成を考える。

図 2-1 は、比喩の典型的な形式である「A は B である」という比喩表現に対する、理解過程と生成過程の入出力を示したものである。比喩理解は、比喩表現（被喩辞と喩辞）が入力として与えられたときに、その解釈を出力する過程と捉えることができる。ここで言う解釈は、狭義には比喩によって強調される（表現される）被喩辞のある側面（特徴）である。一方で、比喩生成は、入力として与えられた被喩辞と解釈（強調したい被喩辞の特徴）から喩辞を作り出す（選択する）過程として定式化できる。なお、前述した「教室に滑り込む」のような、述部が比喩性を有する動詞比喩や形容詞比喩の場合には、喩辞（「滑り込む」）から被喩辞（「どうにか間に合うように入る」）を求めるのが比喩理解であり、逆に被喩辞から喩辞を生成するのが比喩生成ということになる。

比喩生成における研究は、ほとんどの場合、この定式化に従っている。比喩生成を対象とした心理実験では、たとえば図 2-2 のような枠組みを提示して、実験参加者に下線部の穴埋めを行わせることで、どのような比喩（喩辞）が生成されるかを観察する。同様に、人工知能などの計算論的研究では、図 2-2 における「計画」と「予定通りにいかない」を入力として、下線部に当てはまる表現（単語や句）を出

図 2-1　比喩理解と比喩生成

計画は_____のようだ。なぜならば、予定通りにいかないから。

図 2-2　比喩生成課題の実験に用いられる刺激文

図 2-3　比喩とカテゴリ化

力する手法・アルゴリズムを開発する。

　では、被喩辞と強調したい特徴が与えられたときに、そこからどのような過程で喩辞が生成もしくは選択されるのだろうか。いくつかの比喩生成の研究は、生成過程の理論的基盤としてグラックスバーグとカイザー（Glucksberg & Keysar, 1990）のカテゴリ化理論を用いている。カテゴリ化理論では、比喩は喩辞を典型事例とするカテゴリに被喩辞が属することを意味する表現であると考える。たとえば、「煙草は時限爆弾である」という比喩を考えると、喩辞である「時限爆弾」を典型的な事例とするカテゴリとして「いつ起こるか予期できないが、人を死に至らすもの」が想起され、被喩辞である「煙草」がそのアドホック・カテゴリのメンバであることが示されることになる（図2-3）。この理論を元に比喩生成を考えると、まず「いつ起こるか予期できないが、人を死に至らす」という特徴を有する概念が探索される。そのような概念の候補として、「時限爆弾」のほかに「脳卒中」や「飛行機事故」などが考えられる。しかし、「脳卒中」は被喩辞「煙草」と強く関連している（私たちは煙草から様々な疾病を連想する）ので比喩として不適切であるし、「飛行機事故」から想起される特徴の中で「いつ起こるか予期できないが、人を死に至らす」はそれほど顕現的な特徴ではない。結果として、「時限爆弾」が「煙草」を喩える適切な比喩を生成する喩辞として選択される。よって、カテゴリ化理論の枠組みからは、以下の二つの過程が比喩生成に必要であると言える。

①探索空間を決定して喩辞候補を探索する処理
②探索された喩辞候補のうちでどれが適切な比喩を生成するか（もしくは、どれが不適切な喩辞候補か）を判断する処理

なお、比喩理解におけるカテゴリ化過程の計算モデルとして、プレディケーショ

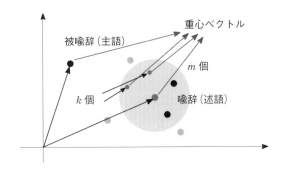

図2-4　プレディケーション・アルゴリズム

ン・アルゴリズム（predication algorithm）が知られている（Kintsch, 2000, 2001）。このアルゴリズムは単語ベクトルから文ベクトルを求める一般的な計算モデルであるが、比喩理解過程を適切に模倣することが示されている（Kintsch, 2000; Utsumi, 2011）。具体的なアルゴリズムは以下のとおりである（図2-4）。

1. 述語（喩辞）の意味ベクトルとの類似度上位 m 個の単語（隣接語）を選択する。
2. これらの m 単語の意味ベクトルのうちで、主語（被喩辞）と類似度の高い上位 k 個の単語を選択する。
3. 選択された k 個の単語、喩辞、被喩辞の意味ベクトルの重心（平均）ベクトルを、文（比喩）の意味ベクトルとする。

　これから紹介するいくつかの研究では、カテゴリ化理論やプレディケーション・アルゴリズムが利用されている。

3　比喩を生成する行為の認知過程

　前節で示した比喩生成の枠組み（比喩生成課題）を用いた心理学研究のほとんどは、生成された比喩（もしくは喩辞）の性質の分析やその個人差に関するものである。前者の代表的な研究として、カッツ（Katz, 1989）は、図2-2に示したような（ただし「なぜならば」以降はない）刺激文と21個の喩辞候補を提示して、空欄に入るべき適切なものを選択させる課題を用い、選択された喩辞の傾向を分析した。その結果、①具体的な内容を表す喩辞が抽象的な内容を表す喩辞よりも好まれることと、②被喩辞との意味的な近さが中程度の（適度に類似していない）喩辞が選択さ

れやすいことを示した。これらの結果は比喩の性質から見ても妥当である。比喩は被喩辞をより具体的な内容をもつものごとで喩えるという一般的な傾向をもつ。また被喩辞と喩辞は同じカテゴリーに属さないが、何らかの点で類似するという点も、一般的に観察される比喩の性質である。

　個人差の研究においては、比喩を生成する人間の様々な要因が生成に影響を与えることが示されている。チアッペとチアッペ（Chiappe & Chiappe, 2007）は、前述したカテゴリ化理論を基盤として、個人の作業記憶（ワーキングメモリ）容量の違いが比喩生成に影響を与えることを予測し、それを心理実験によって検証した。作業記憶とは、何らかの認知処理を行う上で一時的に情報を保持するための短期記憶のことであり、その容量には個人差がある。よって、作業記憶容量の大きい人のほうが、より多くの喩辞候補を保持することができるので、多くの候補の中から適切な喩辞を選択することができる。したがって、作業記憶容量の大きい人のほうが、小さい人よりも、適切な（良質な）比喩を生成すると予想できる。そして実際に、高容量と低容量の実験参加者に喩辞を生成してもらったところ、この予想が正しいことが示された。さらに、作業記憶容量のほかにも、文章を書く経験の多さ（Williams-Whitney et al., 1992）、語彙知識の多さ（Chiappe & Chiappe, 2007）、推論能力（Katz, 1989）などが、生成される喩辞の良さに影響を与えることが明らかになっている。

　筆者らは、比喩生成の目的・動機にあたる談話目標の違いが、比喩の生成過程や生成された比喩の質に与える影響を調べた（Utsumi & Sakamoto, 2015）。談話目標として説明的な目標（特徴をわかりやすく伝える比喩を生成する）と文学的な目標（詩的な印象を与える比喩を生成する）の2種類を設定し、比喩生成課題を行った。表2-1はこの実験で生成された喩辞の例である。生成された喩辞を分析した結果、文学的な目標を与えて生成された喩辞のほうが、説明的な目標を与えて生成された喩辞よりも、表現すべき特徴に対して典型性が低いことがわかった。この結果を前節の比喩生成モデルで考えると、文学的な比喩を生成するときのほうが、説明的な比喩を生成するときよりも、より広い探索空間から典型性の高くない喩辞も選択していると言える。さらに、文学的な目的で生成された比喩のほうが、新奇性が高いが、喩辞と被喩辞の類似性は低く、比喩としての適切さも低くなった。すなわち、文学的な比喩を作る際には、比喩としての良さを多少犠牲にしても、新奇性（新しさ）を求めていると言える。

　さらにこの研究では、人間が比喩を生成している際にどのような喩辞候補を頭に思い浮かべたかを、プライミング実験を用いて調べている。その結果、文学的な用途を考えて比喩を生成する際には、表現したい被喩辞の特徴を典型的にもつ喩辞だけではなく、非典型的な喩辞も活性化する（つまり探索対象となる）ことが明ら

表 2-1　生成された喩辞の例（Utsumi & Sakamoto, 2015）

被喩辞	特徴	喩辞（説明的）	喩辞（文学的）
川柳	世の中を表す	風刺，テレビ，社会	新聞，学校，ゴシップ
浮気	いずればれる	カンニング，嘘，夢	ガラス，かつら，神経衰弱
結婚	束縛される	牢獄，檻，墓場	罠，刑務所，牢獄

かになった。これは前段落で述べた、文学的な用途で比喩を生成する際には広い探索空間から典型性の低い概念も喩辞候補として考えるという仮説を支持するものである。また、時間を限定して比喩を解釈させる場合に比べて、十分に時間をかけて比喩を解釈させるほうが、人々は比喩がより詩的に感じるという別の実験結果（Utsumi, 2012）とも整合性があると考えられる。

4　比喩を生成する人工知能

今までに提案されている比喩生成の計算モデルやアルゴリズムでは、2節で示した枠組みにしたがって、被喩辞とその特徴（観点）を入力として受け取り、喩辞を出力する。そこで問題となるのが、喩辞候補の探索空間（過程①）と、喩辞の適切さ（良さ）の判断基準（過程②）である。多くの手法では、探索空間の範囲は特に限定せず、比喩としての適切さの計算方法に焦点を当てている。

比喩生成の初期の研究である北田・萩原（2001）では、情緒・感覚的類似度、カテゴリ的類似度、共起度の三つの尺度の積によって、比喩としての適切さ（比喩度）を計算している。情緒・感覚的類似度とカテゴリ的類似度は、心理学における楠見（1995）の研究によって明らかになった比喩（処理）の特質である。楠見によると、まず被喩辞と喩辞のカテゴリ的な非類似性によって、（文字通りの表現ではなく）比喩表現であることが認識される。カテゴリ的な（非）類似性とは、被喩辞の属するカテゴリと喩辞の属するカテゴリがどれだけ離れているかを意味しており、WordNet などのシソーラス上の距離として定量化できる。たとえば「ソフィー・マルソーはフランスの薔薇である」という表現では、被喩辞の「ソフィー・マルソー」の上位概念は「女優」とか「人物」であるが、喩辞の「薔薇」の上位概念は「植物」であるので、カテゴリ的には非類似度が高くなる。情緒・感覚的類似度は、被喩辞と喩辞で顕現的な特徴がどのくらい共通するか／似ているかを示しており、この類似性が高いほど、比喩が理解しやすくなる。前述の例では、「美しい」、「華やか」、「赤が似合う」などの特徴が共通しているので、喩辞と被喩辞は感覚・情緒

的に似ていると言える。3つ目の共起度は、表現したい特徴が喩辞においてどのくらい顕現的かを、コーパスでの共起頻度を元にして定量化している。

　人工知能分野における比喩研究を継続的に行っているユニバーシティ・カレッジ・ダブリン（University College Dublin）のトニー・ヴィールのグループは、比喩の理解と生成の両方が可能なシステム Aristotle[2] を開発している（Veale & Hao, 2007）。このシステムでは、比喩（喩辞）としての適切さを、ウェブ検索で得られる喩辞・特徴間や喩辞・被喩辞間の共起頻度から計算している。図 2-5 に示すように、比喩生成においては、まず強調したい特徴「solemn（厳粛な）」と共起する名詞 V を喩辞候補として取得する。そして「V-like wedding（V のような結婚式）」のようなクエリを用いて喩辞候補と被喩辞の比喩としての共起頻度を見ることで、適切な喩辞を選択する。

　以上の研究はコーパスやウェブにおける単語分布や共起情報をそのまま用いているが、近年では、コーパス中の単語分布情報から学習した単語の意味空間（単語ベクトル）を用いた比喩生成が主流となっている。阿部ら（Abe et al., 2006）や寺井ら（Terai & Nakagawa, 2009）の研究では、トピックモデル（統計的手法を用いて文章に明示されていない潜在トピックを推定する手法；Griffiths et al., 2007）から間接的に得られる単語の分散表現を用いている。これらの比喩生成手法では、まず入力された被

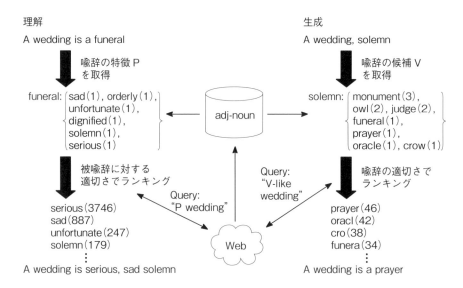

図 2-5　ウェブを利用した比喩理解・生成システム Aristotle

---

[2] http://afflatus.ucd.ie/aristotle/ で公開されている。

喩辞と特徴が各潜在クラスに属する確率が計算される。そして、それらの潜在クラスの確率と、各喩辞候補が潜在クラスに属する確率から、最終的に喩辞候補の適切さが決定される。

　寺井らの手法は、上記の手順の前段階で、相互結合型ニューラルネットを用いて入力された特徴を含む特徴間の相互関係を計算し、それを潜在クラス確率の計算に反映させている点が独創的である。たとえば「transient hope（一時的な希望）」という入力に対して、相互作用を行わないと、「request（依頼）」、「interest（興味）」、「conviction（確信）」のような抽象的な概念を表す喩辞が生成されてしまうが、特徴間の相互作用を計算することで「fire source（火元）」、「light（光）」、「glim（ろうそくなどの光)」のような、「はかなさ」を表す適切な喩辞が生成されることが示されている。

　筆者のグループでも、単語ベクトルを用いた比喩生成手法を提案している（中條他, 2017）。この研究の大きな特徴の一つは、被喩辞と特徴だけでなく、比喩が用いられる文脈（文章）も考慮した比喩を生成する点にある。たとえば図 2-6 のように、文章における下線部（喩辞）を埋めるという課題を設定する。ただし、被喩辞（「人間」）やその特徴（「もろく亡んで行く」）は、入力として指定されているとする。

　このような比喩生成課題に対して、この研究ではカテゴリ的類似度による探索空間の決定（過程①）と、3 種類の評価指標の線形和で喩辞候補の良さを定量化して、喩辞を決定する（過程②）。評価指標としては、喩辞候補の具象度のほかに、入力文（被喩辞＋特徴）と喩辞候補の類似度と、文脈と喩辞候補の類似度を用いている。喩辞の具象度は、喩辞として具体的な内容を表す語が選ばれやすいという、3 節で述べた心理実験の結果を反映するものである。残りの 2 指標では、潜在意味分析（LSA; Landauer & Dumais, 1997）で計算された単語ベクトルを用いてコサイン類似度を計算する。入力文のベクトルを求めるために、2 節で述べたプレディケーション・アルゴリズムを用いている。また、文脈ベクトルは、被喩辞を含む文の前後の内容語（図 2-6 の例では、「熾ん」、「自然」、「奇体」など）の重心ベクトルとして計算される。この手法を図 2-6 の例に適用すると、文脈を考慮しない場合には「老婆（人間が老婆のようにもろく亡んでいく）」が出力されるが、文脈を考慮すると「昆

「人間には、生きようという意志と一緒に、滅亡に赴こうという意志があるような気がするんですよ。どうもそんな気がする。此のような熾んな自然の中で、人間が ＿＿＿ のようにもろく亡んで行く。奇体に美しいですね」

図 2-6　生成する比喩が用いられる文脈の例
（『桜島』（梅崎, 1989）より引用、筆者が一部を改変）

表 2-2　遺伝的アルゴリズムを用いて生成された比喩の例

m=50	m=300
爽やかな指輪のような女優	親密な情念のような女優
清澄なスマイルのような女優	上品なシンバルのような女優
饒舌な花弁のような女優	不条理な響きのような女優
小さい野花のような女優	甘美な英知のような女優

虫（人間が昆虫のようにもろく亡んでいく）」が出力される。ちなみに、原文では「蛾」
が喩辞として用いられている。

　さらに、今までの手法では基本的に喩辞として名詞しか選択されないが、筆者ら
は修飾語を伴う名詞句を喩辞として出力できるように拡張する研究も行っている
（内海, 2009）。しかし任意の名詞句を探索するのは非現実的であるため、遺伝的ア
ルゴリズムなどの手法を用いて探索空間を限定しながら適切な比喩を生成していく。
一例として、被喩辞「女優」と特徴「美しい」に対して生成された比喩を表 2-2（プ
レディケーション・アルゴリズムのパラメータ k は k=5 に固定）に示す。この手法では、
プレディケーション・アルゴリズムによって、入力文（「美しい女優」）と比喩候補
文（「○○のような女優」）の文ベクトルをそれぞれ計算して、それらの類似度によっ
て比喩候補の良さを判断している。表 2-2 を見ると、プレディケーション・アルゴ
リズムのパラメータ m（喩辞から想起される概念の広さ）に応じて、生成される比喩
が異なることがわかる。

　ここまで述べてきた研究はすべて「A は B（のよう）である」という形式の名詞
比喩を対象としているが、動詞比喩（「噂が漏れる」のように動詞が比喩性を有する表
現）の生成もわずかながらこころみられている（Miyazawa & Miyao, 2019）。宮澤ら
の研究では、入力として主語、目的語、動詞のペア（たとえば「彼が気持ちを考慮す
る」）が与えられ、ほかの動詞で置き換えることで比喩が生成される（たとえば、「彼
が気持ちを汲み取る」）。ここでは入力される動詞が被喩辞であり、出力される動詞
が喩辞である。喩辞候補を選択する基準としては、類似性（被喩辞と喩辞候補の単
語ベクトルのコサイン類似度）、比喩らしさ（比喩表現か文字通りの表現かを学習した分
類器による判断）、希少性（目的語と喩辞候補の相互情報量）が用いられている。

5 人工知能による比喩生成の可能性

前節では、コンピュータによる比喩生成の現状を紹介したが、私たち人間が作るような創造的でかつ良質の比喩を生成するまでには至っていない。本節では、きわめて創造的な活動である比喩生成を人工知能で可能にするために取り組むべき課題が何なのかを論じる。論点として、少なくとも以下の項目が考えられる。

1. 比喩生成の目的とその評価
2. 比喩の多様性
3. 比喩の詩的効果

本節の以下では、これらの論点について、比喩生成の難しさや可能性を議論する。

5.1 何のために比喩生成を行うのか

コンピュータによる比喩生成の目的として多くの研究で挙げられているのは、文章作成支援（北田・萩原, 2001; Veale et al., 2016）、すなわち私たちが文章を作成する際のツールとしての利用である。このような用途を考えると、現在の多くの人工知能研究で採用されている、事前に用意された正解データから機械学習を用いて学習を行うというアプローチは比喩生成にはそぐわない。なぜならば、生成された比喩に対して、明確に正解／不正解を決定することができないからである。もちろん、生成された比喩の良さを評価する何らかの基準は必要であるが、その評価基準を考慮しつつ多様な比喩が生成されるのが望ましい。

では、どのような比喩が文章作成支援に有効なのであろうか。一般的に比喩の果たす役割として、表2-3のようなものが挙げられる。これらを大別すると、「説明のための比喩」と「文芸のための比喩」の2種類にまとめられる。すなわち、文章作成支援という文脈では、内容を正確に伝える文章を作成するか、もしくは小説や詩など文芸的な文章を作成するかという違いに該当する。3節で述べた筆者らの心理学的研究（Utsumi & Sakamoto, 2015）は、まさにこの2種類の役割による比喩生成過程の違いを明らかにしたものである。

よって、どのような比喩が適切なのかは、これらの目的に応じて評価されることになる。説明のための比喩では「理解しやすさ（comprehensibility）」が求められるであろうし、文芸のための比喩では、「新奇性（novelty）」や「詩的効果（poetic

表 2-3　比喩が果たす機能・談話目的

Robert & Kreuz (1994)	Harris et al. (2006)	アリストテレス『詩学』
明確にする	類似性を比較する	明瞭さ（clarity）
興味を加える	強調する	快さ（sweetness）
雄弁に語る	否定的な感情を示す	斬新さ（strangeness）
類似性を比較する	思考を刺激する	
思考を刺激する	注目させる	

effect)」が評価基準となるであろう。ちょうど表2-3のアリストテレスによる三つの性質である明瞭さ、快さ、斬新さがそれぞれ対応する。

　ただし、これらの評価基準が両方の比喩に関係ある点も注意する必要がある。説明のための比喩であっても、理解しやすさだけを考えると、日常的に用いられるありふれた表現を使えばよいということになってしまう。文章作成支援としては、新しいけれど理解しやすい比喩のほうが読み手に与える印象も強くなるため、そのような比喩が望まれるであろう。一方で、文芸のための比喩であっても、ある程度のわかりやすさは必要であり、単に奇抜な表現であれば良いわけではない。しかし、一般的に言って、理解しやすさと新奇性はトレード・オフの関係にあるので、両方を満たすような比喩を生成するのは困難である。

　生成された比喩の評価の難しさを示す一例として、ヴィール（Veale, 2018）の研究を紹介する。この研究では、2種類のツイッターボットで生成される比喩を評価した結果について報告している。一つは *MetaphorMagnet* と呼ばれる比喩生成機構を備えたボットで、もう一方は、喩辞と被喩辞（やその解釈）をランダムに選択して比喩とする *MetaphorMinute* というボットである。これらのボットで生成された比喩表現の理解しやすさを4段階で評定してもらったところ、高評価（適度に高い＋とても高い）を受けた比喩は *MetaphorMagnet* で全体の75％、*MetaphorMinute* でも54％となり、大きな差が見られなかった。一方で、生成された比喩の新奇性の評定結果は、*MetaphorMagnet* で全体の71％、*MetaphorMinute* で78％が3以上の評価となった。特に、*MetaphorMinute* で生成された比喩の63％が新奇性がとても高いと判断された。この結果は非常に示唆的である。入力として被喩辞とその特徴を与えるだけの限定された比喩生成では、その良さを理解しやすさや新奇性などの一般的な指標で評価することは困難であり、ランダム生成器と変わらない性能になってしまうのである。このような結果となった原因としては、比喩生成の目的が評価者に明示されなかったという点のほかに、比喩表現の非字義性ゆえに、評価者（比喩を解釈する人）が意味の通じるような解

釈を行った（つまり、生成側ではなく理解側で比喩解釈を創造した）ということも考えられる。私たち人間がもつこのような創造力こそが、比喩という表現技法を支えているとも言えるのである。

よって、受け手がどのように解釈できるかを考慮して比喩生成を行うのが望ましいかもしれない。似たようなアイデアは、敵対的生成ネットワーク（GAN; Goodfellow et al., 2014）と呼ばれる深層学習手法に用いられている。GAN はデータを生成する生成器と、実際のデータか生成データかを識別する識別器という二つのニューラルネットから構成される。識別器を騙すようなデータを生成するように生成器を学習すると同時に、正しくデータを識別するように識別器を学習することで、結果として優れた生成器を得ることになる。生成器を生成者、識別器を解釈者と見なせば、まさに解釈者が生成された比喩を解釈して評価し、その結果を生成者に反映させるということになる。すでに GAN は五言絶句という漢詩の生成（Yu et al., 2017）などの言語生成に応用されている。もちろん人工知能が比喩を解釈すること自体が難しい現状では、GAN を適用して直ちに優れた比喩生成が可能になるわけではないが、一つの可能性としては考えられるであろう。

5.2　生成される比喩の多様性をどのように確保するか

現在の比喩生成の枠組みは入力や出力に大きな制限が課されているため、生成される比喩の多様性を確保するのが難しい。文章作成支援への応用を考えると、多様な種類の比喩を提供する必要がある（Veale, 2018）。また、本質的に比喩は多様な解釈を促す表現でもある（Utsumi, 2007）。

前節までで述べてきたように、比喩生成の入力として与えられるのは言葉である。つまり現状の比喩生成は、言語表現を言語表現に変換する問題になっている。しかし、比喩を生成するという行為は、言葉で書かれた表現を比喩表現に変換するという記号列変換だけではとうてい捉えることのできない豊かで創造的な行為である。たとえば、小説を執筆する際に比喩を用いることを考えると、作者の頭の中にある概念、イメージや思考などの、言語で表現されない、もしくは言語で十分に表現することのできない何かを比喩として言語化する過程が比喩生成にとって本質的に重要である。人工知能や自然言語処理の分野では、機械翻訳に代表されるような、記号列の変換（自然言語処理の分野では系列変換と呼ばれる）としての言語生成はめざましい発展を遂げている。しかし前述した理由から、この技術的進展を比喩生成に適用するだけでは、効果的な比喩は生成できそうにない。チャットボットなどの対話処理（特に、雑談のような特定の目的をもたない対話）が、機械翻訳に比べてうまくいっていないのも、同様の理由からと考えられる。

言語表現の変換ではない比喩生成を行うためには、言語以外で表現された入力から比喩を生成する方法論の開発が必要である。一つの可能性としては、被喩辞や強調したい特徴を表すような画像を入力とすることが考えられる。画像情報から言語表現を生成する研究は、深層学習の適用例として多くの研究 —— たとえば、画像を入力として、その画像の内容を説明する言語表現を生成するシステム（Vinyals et al., 2015） —— が行われており、比喩生成でも同様のこころみが可能であるかもしれない。

　また、どのような比喩形式を用いるべきかという、比喩生成の出力側の問題も、多様な比喩を生成していく上で重要な課題である。比喩は様々な形式で表現が可能である。たとえば、ある女性を宝石に喩える比喩でも、隠喩（「あの女性は宝石だ」）と直喩（「あの女性は宝石のようだ」）という表現形式だけではなく、強調語句の付与（「あの女性は文字どおり宝石だ」、「あの女性はまさに宝石だ」）、限定語句の付与（「あの女性はある意味で宝石だ」、「あの女性はなんとなく宝石だ」）、照応表現としての喩辞の使用（「あの宝石が私に向かって微笑んだ」）や名詞句としての比喩（「あの宝石女性が私に向かって微笑んだ」）など様々な形式が考えられる。特に、「まさに」とか「なんとなく」のようなヘッジ表現を含む比喩は、カテゴリ化理論の枠組みで捉えることができる。たとえば、「あの女性はまさに／なんとなく宝石だ」という比喩は、喩辞（宝石）が想起するカテゴリに対する被喩辞（女性）の典型性が高い／低いことを表現していると考えることができる。また、「ある意味で」というヘッジ表現は、喩辞から強く想起される多くのカテゴリの中で、ある特定のカテゴリのみに被喩辞が帰属していることを言語化している。このように、生成された比喩における喩辞、被喩辞、カテゴリの三つの間の関係性によって、どのようなヘッジ表現を選択すべきかを決定できる可能性がある。

　しかし、現状では比喩形式に関する研究はほとんどなく、上記の様々な表現形式のどれを選択すべきかを決定するための方法論は現在のところ皆無である。よって、今後の研究が待たれるテーマである。一つだけ、隠喩と直喩の違いに関しては心理学研究が行われている。たとえば、喩辞と被喩辞の類似性が高い（共通する特徴が多い）、つまり喩辞と被喩辞の組み合わせが適切なときには、隠喩形式が直喩形式より選ばれやすいことが示されている（Chiappe & Kennedy, 1999; Glucksberg & Haught, 2006）。また、インターネット上で用いられる隠喩と直喩を分析して、直喩のほうがその比喩的な意味を説明する文章が付加されやすいことを示す研究もある（Roncero et al., 2006）。これらの結果は、コンピュータによる比喩生成にとって示唆的である。理解しやすさが高くなる喩辞では隠喩として表現すればよいが、理解しやすさを犠牲にしても新奇性・斬新さが高い比喩を生成する際には、直喩で表現するという方法が考えられる。さらに言うと、なぜそのような喩辞を選択したか（そ

のような比喩を生成したか）の根拠も同時に提示するという処理も、文章作成支援には必要である[3]。

5.3 比喩の詩的効果をどのように考慮するか

比喩がどのような修辞効果や詩的効果を喚起するかという問題もあまり研究は進んでおらず、いくつかの研究が散見されるくらいである。筆者は比喩にかぎらず修辞表現の技法・解釈・効果の三者間の相互関係を認知過程のレベルで解明することを目的とする研究として認知修辞学を提唱している（内海・金井, 2007）。たとえば、比喩に関しては、理解しやすい比喩では、解釈が多様でその適切性が低い比喩ほど詩的効果が高まるのに対して、理解しにくい比喩では、その比喩の感情価が高い（美しくて味わいがある）ほどその詩的効果が高くなる（Utsumi, 2005）。

しかし、そこで得られている知見も非常に抽象度の高いものであり、どのような目的をもって、どのような形式や内容の比喩を用いると、どのような効果が得られるのかを解明するまでには至っていない。比喩生成が可能な人工知能を設計する上で、今後の研究が不可欠である。

読書案内

鍋島弘治朗・楠見孝・内海彰（編）(2018).『メタファー研究 1』ひつじ書房.

言語学、心理学、情報工学など、様々な立場からメタファーを研究し、意見交換する場を提供することを目的とした日本語用論学会メタファー研究会の発表を中心としたシリーズの第1巻。学際的な比喩研究の論文集であり、現在の比喩研究を知るために最適な一冊。

Veale, T., Shutova, E., & Beigman Klebanov, B. (2016). *Metaphor: A computational perspective*. Morgan & Claypool Publishers.

計算論的な観点からコンピュータにもとづくメタファー処理について広く解説した一冊。比喩生成についてはあまり触れられていないが、比喩理解や比喩認識の手法やそのために必要なデータや知識についても述べられている。

Jurafsky, D. & Martin, J. H. (2020 年出版予定). *Speech and Language Processing: An introduction to natural language processing, computational linguistics, and speech recognition*, 3rd edition, Printice Hall.

比喩処理に限らず、コンピュータで自然言語を扱うために必要な自然言語処理や音声処

---

[3] 深層学習にもとづく人工知能では、機械学習した結果としてのモデルの中身がブラックボックス化されていて、人間にとって出力や判断の根拠が理解できないという問題が指摘されている。よって、比喩生成に限らず、出力結果の根拠を説明する手法が求められている。

理の技術を網羅した教科書。現在の第2版は2008年発行でかなり古くなっているが、2020年に最新版（第3版）の出版が予定されている。そのドラフト版を https://web.stanford.edu/˜jurafsky/slp3 から入手することができる。

AIX（人工知能先端研究センター）監修，栗原聡・長井隆行・小泉憲裕・内海彰・久野美和子（著）（2018）．『人工知能と社会 —— 2025年の未来予想』オーム社．

　電気通信大学の人工知能先端研究センター（Artificial Intelligence eXploration research center）の研究者たちが，人工知能の現状と2025年までに人工知能がどこまで発展・進歩し，我々の社会にどのように活用されるのかという将来像を描いた一般向けの書籍。

【参考文献】

- Abe, K., Sakamoto, K., & Nakagawa, M. (2006). A computational model of the metaphor generation process. In *Proc. of the 28th Annual Meeting of the Cognitive Science Society (CogSci2006)* (pp.937-942).
- Chiappe, D., & Chiappe, P. (2007). The role of working memory in metaphor production and comprehension. *Journal of Memory and Language, 56*, 172-188.
- Chiappe, D. & Kennedy, J. (1999). Aptness predicts preference for metaphors or similes, as well as recall bias. *Psychonomic Bulletin & Review, 6*, 668-676.
- Gibbs, R. W. (2008). *The Cambridge Handbook of Metaphor and Thought*. Cambridge University Press.
- Glucksberg, S. & Haught, C. (2006). On the relation between metaphor and simile: When comparison fails. *Mind & Language, 21*(3), 360-378.
- Glucksberg, S. & Keysar, B. (1990). Understanding metaphorical comparisons: Beyond similarity. *Psychological Review, 97*, 3-18.
- Goodfellow, I. J., Pouget-Abadie, J., Mirza, M., Xu, B., Warde-Farley, D., Ozair, S., Courville, A. & Bengio, Y. (2014)). Generative adversarial nets. *In Advances in Neural Information Processing Systems 27 (NIPS2014)* (pp.2672-2680).
- Griffiths, T. L., Steyvers, M., & Tenenbaum, J. B. (2007). Topics in semantic representation. *Psychological Review, 114*(2), 211-244.
- Harris, R., Friel, B., & Mickelson, N. (2006). Attribution of discourse goals for using concrete- and abstract-tenor metaphors and similes with or without discourse context. *Journal of Pragmatics, 38*(6), 863-879.
- Holyoak, K. J. & Stamenkovic, D. (2018). Metaphor comprehension: A critical review of theories and evidence. *Psychological Bulletin, 144*, 641-671.
- Katz, A. (1989). On choosing the vehicles of metaphors: Referential concreteness, semantic distances, and individual differences. *Journal of Memory and Language, 28*, 486-499.
- Kintsch, W. (2000). Metaphor comprehension: A computational theory. *Psychonomic Bulletin & Review, 7*(2), 257-266.
- Kintsch, W. (2001). Predication. *Cognitive Science, 25*(2), 173-202.
- 北田純弥・萩原将文 (2001). 電子辞書を用いた比喩による文章作成支援システム.『情報処理学会論文誌』*42*(5), 1232-1241.

- 楠見孝（1995）.『比喩の処理過程と意味構造』風間書房.
- Lakoff, G. & Johnson, M.（1980）. *Metaphors We Live By.* The University of Chicago Press.（渡辺昇一・楠瀬淳三・下谷和幸（訳）（1986）.『レトリックと人生』大修館書店.）
- Landauer, T. K. & Dumais, S. T.（1997）. A solution to Plato's problem: The latent semantic analysis theory of the acquisition, induction, and representation of knowledge, *Psychological Review,* **104**, 211-240.
- Miyazawa, A. & Miyao, Y.（2019）. Automatically computable metrics to generate metaphorical verb expressions, *Journal of Natural Language Processing,* **26**, 77-300.
- 中條寛也・松吉俊・内海彰（2017）. 意味空間に基づく文脈情報を用いた比喩生成.『情報処理学会研究報告』2017-NL-231, 14.
- Roberts, R. & Kreuz, R.（1994）. Why do people use figurative language, *Psychological Science,* **5**(3), 159-163.
- Roncero, C., Kennedy, J., & Smyth, R.（2006）. Similes on the internet have explanations. *Psychononomic Bulletin & Review,* **13**(1), 74-77.
- Terai, A. & Nakagawa, M.（2009）. A neural network model of metaphor generation with dynamic interaction. In *Proc. of the 19th International Conference on Artificial Neural Networks*（pp.779-788）, Springer.
- 梅崎春生（1989）.『桜島・日の果て・幻化』講談社文芸文庫，講談社.
- Utsumi, A.（2005）. The role of feature emergence in metaphor appreciation. *Metaphor and Symbol,* **20**(3), 151-172.
- Utsumi, A.（2007）. Interpretive diversity explains metaphor-simile distinction. *Metaphor & Symbol,* **22**(4), 291-312.
- 内海彰（2009）. 意味空間を用いた比喩生成の試み.『日本認知科学会文学と認知・コンピュータ研究分科会 II 第 19 回発表資料』W19-5.
- Utsumi, A.（2011）. Computational exploration of metaphor comprehension processes using a semantic space model. *Cognitive Science,* **35**(2), 251-296.
- Utsumi, A.（2012）. Does comprehension time constraint affect poetic appreciation of metaphors? *Proc. of the 22nd Biennial Congress of the International Association of Empirical Aesthetics.*
- 内海彰（2018）. 計算論的アプローチによるメタファー研究の最新動向と展望. 鍋島弘治朗・楠見孝・内海彰（編）『メタファー研究 1』（pp.153-190）, ひつじ書房.
- 内海彰・金井明人（2007）. 認知修辞学の構想と射程.『認知科学』**14**(3), 236-252.
- Utsumi, A. & Sakamoto, M.（2015）. Discourse goals affect the process and product of nominal metaphor production. *Journal of Psycholinguistic Research,* **44**, 555-569.
- Veale, T.（2015）. Unnatural selection: Seeing human intelligence in artificial. creations. *Journal of Artificial General Intelligence,* **6**(1), 5-20.
- Veale, T.（2018）. Changing channels: Divergent approaches to the creative streaming og texts, *Annals of Mathematics and Artificial Intelligence,* Online first articles.
- Veale, T. & Hao, Y.（2007）. Comprehending and generating apt metahors: A. Web-driven, case-based approach to figurative language. In *Proc. of the 22nd AAAI Conference of the Association for the Advancement of Artificial Intelligence (AAAI-07)*（pp.1471-1476）.
- Veale, T., Shutova, E., & Beigman Klebanov, B.（2016）. *Metaphor: A computational perspective.* Morgan & Claypool Publishers.

· Vinyals, O., Toshev, A., Bengio, S., & Erhan, D. (2015). Show and tell: A neural image caption generator. In *Proceedings of 2015 IEEE Conference on Computer Vision and Pattern Recognition* (pp.3156-3164).

· Williams-Whitney, D., Mio, J., & Whitney, P. (1992) . Metaphor production in creative writing. *Journal of Psycholinguistic Research,* **21** (6), 497-509.

· Yu, L., Zhang, W., Wang, J. & Yu, Y. (2017). SeqGAN: Sequence generative adversarial nets with policy gradient, In *Proc. of the 31st AAAI Conference on Artificial Intelligence (AAAI-17)* (pp.2852-2858).

【第3章】
笑う人工知能

荒木健治・佐山公一

1 はじめに

　現在の人工知能は笑わない。正確に言えば、人間のように適切な場面でコミュニケーションを上手に取るような笑い方をすることができない。このような場合に、このように笑えとルールで書くことはできる。しかし、そのようなルールは場合の数が多すぎるし、状況の記述が複雑すぎて書ききれない。また、昨今流行りの深層学習などの機械学習を用いてもこの状況は変わらない。なぜなら、機械学習に教えるには正しい例が膨大に必要で、やはりこのような場面でこのように笑えば良いということがわかるような上手な会話の良質なデータを大量に作成することが困難だからである。

　このような理由で、現在の人工知能はうまく笑えない。この問題を解決するためには、どのような場合にユーモアが面白く感じるのかということを科学的に分析し、そのメカニズムを解明する必要がある。しかし、この面での研究はそれほど進んでいない。一つは、欧米に比べて日本におけるエンターテインメントに対する学問分野での評価の低さが挙げられる。これは、文化の違いが大きい。欧米では、日常的にはもちろんフォーマルな場面でもユーモアを言って聴衆を飽きさせないことが知的レベルを示す一つの指標となっている。このようなことがエンターテインメントに対する価値観を向上させている。これに比べて現代の日本では、ユーモアに対してふざけているという印象が大きく、フォーマルな場面でユーモアを言うと非難さ

れることも多々ある。このような違いが、ユーモアに対する研究の重要さにも影響している。

　もう一つは、どのような場合に面白いと感じるのかということに対する個人差が非常に大きく、また文脈（場面）にも依存するので、問題が複雑すぎるということもある。研究として取り組む場合、研究テーマの問題を分割して単純化することが重要であるが、ユーモアの場合には、この要素ごとに分割するということが非常に難しい。このことが研究者にユーモア研究に取り組むことを躊躇させている。そのこと自体が、大きなチャレンジになるからである。一昔前に比べて若手大学教員への任期制の導入、競争的資金の割合の増大など、すぐに研究成果を求められる研究者が急激に増加していることも一つの要因である[1]。

　一方、ユーモアを人工知能で理解、生成することの必要性は高まる一方である。つまり、適切な場面で人間のユーモアを理解して笑い、適切な場面で自らユーモアを生成して発話する人工知能の開発の必要性である。この大きな要因は少子高齢化社会の急激な進展に伴う高齢者単身世帯の急激な増加が挙げられる。この際に最も重要となるのが、心のケアである。心のケアを行うためには、介護者などを雇用することが最善の方法であるが、昨今の政府の緊縮予算では困難である。そこで、この問題を解決するために人間と同等の対話能力を持つシステムの実現が喫緊の課題となっているが、未だ実現されていないのが現状である。

　このような背景のもと、現在スマートフォン上の対話エージェントや AI スピーカーの急激な普及が進んでいる。しかし、現状で普及しているこれらの対話システムは基本的に仕事を頼むなどの目的を持って対話するタスク指向型システムであり、話していて楽しいシステムとはなっていない。これは、話すこと自体を楽しむ雑談を行う非タスク指向型システム（雑談システム）の完成度が低いためである。

　そこで、筆者らはこの問題を解決するために、これまで非タスク指向型の対話システムの研究を行ってきた（Rzepka et al., 2010）。これらの研究では、一定の成果は得られているが、応答精度の低さや会話が盛り上がらない等、依然として多くの問題が残されている。これらの問題を解決するために、対話システムが意味的に整合性のある応答を行うという面での精度の向上はもちろんであるが、仮に意味的に整合性のある精度の高い応答を行うことができたとしてもユーザが対話システムと楽しく対話ができ、会話が盛り上がるということにはならない。対話システムと楽しく対話を行えるようになるためには、人間並みにユーモアを理解し、生成できるシステムの実現が必須だからである。このようなシステムを開発するために筆者らは、駄洒落、ストーリージョーク、アメリカンジョーク、ワンライナー（1 行ジョーク）、

---

[1] 2004 年の国立大学の法人化に伴い、助教は 5 年間の任期制となった。

皮肉（アイロニー）、なぞなぞなどにおいて人間を超える面白いユーモアを工学的に実現することを最終目的として研究を行っている。

　人間並みにユーモアを理解し、生成できるシステムを実現するには、ユーモアのデータベースを構築することが何よりも先に必要である。これまでのユーモアに関する研究としては、なぞなぞの答えを駄洒落として生成するキムらの研究（キム・滝澤, 1998）がある。キムらの手法では、手作業で小規模な辞書を作成し駄洒落を自動生成する実験を行い、既存の一般的な辞書と比較している。その結果、使用する辞書に性能が大きく依存することが確認され、大規模な駄洒落データベースを構築することの有用性が明らかにされている。

　また、ことわざの文末を変更して意外性による笑いを狙った山根らの研究（山根・萩原, 2012）がある。山根らの研究では、ことわざを「すかし」と呼ばれるオチを利用することにより面白い文章を生成するシステムを提案している。「すかし」を用いたシステムが、一定のレベルの面白い文章を生成することは実証されているが、その他の面白さを生み出す手法に関する言及はなく、やはりユーモアを広範囲かつ大規模に収集し、データベースを構築する必要があるものと考えられる。

　筆者らもこれまで駄洒落の自動生成に関する研究（Sjobergh & Araki, 2009）、対話システムに駄洒落生成システムを組み合わせたもの（谷津・荒木, 2016）、ストーリージョークに出現する単語間の意味的な類似度の評価により、話しの「落ち」を検出しユーモアの自動認識を行う手法（天谷ほか, 2013）、駄洒落における子音の音韻類似性及び SVM を用いた駄洒落検出手法の研究を行ってきた（谷津・荒木, 2016）。これらの研究を行う際に問題となったのが、評価を行うための標準的なデータセットが存在せず、他の手法と実験結果を正確に比較し評価することができないということである。また、認識・生成を行う際にユーモアの面白さに対する評価手法も確立されていない。

　そこで、ユーモア処理の高度化のために 68,000 件の駄洒落を収録した大規模な駄洒落データベースの開発を行った（荒木ほか, 2017, 2018）。また、開発された駄洒落データベースを用いて駄洒落の面白さを認識する理解の手続きについての考察を行った（佐山・荒木, 2017）。さらに、駄洒落データベースを用いた駄洒落生成システムの開発を行い、どのようなお題（駄洒落の種表現）に対しても約 70% の精度で駄洒落を生成できることを確認した（荒木, 2018）。これらの結果については 3 節で述べる。また、駄洒落データベースを用いて駄洒落中に含まれるオノマトペの分析を行った（内田・荒木, 2017）。〔荒木〕

2　駄洒落の種類と収集方法

2.1　駄洒落にはどのようなものがあるのか？

　駄洒落は、音韻的に似ている二つの語で意味的に離れているものを 1 文中に存在させることによる意外性を用いてユーモアを表現するものである。したがって、駄洒落には音韻的に似ている 2 つの区間が存在し、基となるフレーズを種表現、種表現より作成される音韻的に類似した区間を変形表現と呼ぶ。この種表現、変形表現の状態、有無により収集された駄洒落は表 3-1 に示す 4 種類に分類される（滝澤, 1995）。

　表 3-1 に示すように併置型駄洒落は、種表現と変形表現が明示的に文内に存在するものである。併置型のうち種表現と変形表現がひらがな表記で字面上完全に一致するものを Perfect と呼び、種表現と変形表現がひらがな表記で字面上完全には一致しないものを Imperfect と呼ぶ。重畳型駄洒落は、種表現が文内に明示的に表現されていないもので、背景知識や文脈上に存在するものである。このため、重畳型では駄洒落中には変形表現しか存在しない。また、不明とは、駄洒落として解釈できないものである。

　タグ付けは「種表現、変形表現、種表現と変形表現の対応付け、駄洒落の種類」の 4 つの項目について行った。駄洒落データベースにおけるフォーマットを図 3-1 に示す。

　図 3-1 で駄洒落の種類については、表 3-1 に示す番号を駄洒落の最後部にスペースを 1 コマ入れて表示することとした。また、先頭に通し番号を付与し、その後ろ

表 3-1　駄洒落の種類と例

種類		説明	例
併置型	1. Perfect	種表現と変形表現がひらがな表記で字面上完全に一致しているもの	（大将）が［大賞］を獲得
	2. Imperfect	種表現と変形表現がひらがな表記で字面上完全に一致していないもの	（きちんと）整理 さ れ た［キッチン］
3. 重畳型		種表現が背景知識，文脈上に存在し明示的には存在しないもの	［すい ま 千羽鶴］
4. 不明		駄洒落として解釈できないもの	「 あ 、あれ 山 だ！」

注）（ ）は種表現、［ ］は変形表現を表す。

通し番号	S 駄洒落本体（種表現）N1［変形表現］N2	S 種類

注）S は空白 1 コマ、N1、N2 は対応関係を示す数字。

図 3-1　タグ付けのフォーマット

にスペースを 1 コマ入れて、駄洒落本体を表記する。この際、種表現は（ ）、変形表現は［ ］で示した。また、複数の種表現、変形表現が存在する場合には、各記号の後ろに対応する駄洒落のペアに対して同じ数字を表記することにより対応関係を表現した。

また、駄洒落は事前に形態素解析ツール MeCab（Kudo et al., 2004）を用いて、形態素解析を行っている。変形表現は、通常の単語表現が変形していることが多く、新出語となるため形態素解析として正しい分割を定めることが困難な場合が多い。形態素解析結果については、変更を行っていないので、誤りが含まれることがある。これは難しい問題であり、正しい分割方法を定めることも含めて研究を進める必要がある。

2.2　どのようにして集めるか？

次に駄洒落データベースを拡張するために行った駄洒落収集方法について述べる。駄洒落データベース構築のために収集した駄洒落はインターネット上に存在するものをスクレイピング（Web 上のサイトより自動的に収集すること）により行った。収集を行ったサイトは 9 つのサイトで総収集数は 68,000 件である。

2.3　特徴的で面白い駄洒落とは何か？

次に、駄洒落データベース中に含まれる特徴的な駄洒落をいくつか取り上げ、駄洒落の構成や作成方法について考察する。

・1634「(ふふふ　ふふふ　ふ　ふふふ)」で［豆腐〈ふ　が　10　こ〉］2

1634 番は、種表現「ふふふ　ふふふ　ふ　ふふふ」に対して、変形表現が「豆腐」であるが、これは「ふ」が 10 個あるためである。この説明が「豆腐」の後ろに「ふが 10 こ」と書いてある。駄洒落は本来音で聞くものであるが、1634 番の例は音だけでは駄洒落を理解することが困難で、文字で書いて、さらに説明を加えることにより駄洒落と理解される例である。

4360番には3つの駄洒落が含まれている。

・4360（朝食）1　抜きで［超ショック］1、（昼食）2　抜きで［中ショック］2、（晩食）3　抜きで［一番ショック］3　222

4360番は、「（種表現：朝食、変形表現：超ショック）、（種表現：昼食、変形表現：中ショック）、（種表現：晩食、変形表現：一番ショック）」の3つである。これらの駄洒落は音韻的にもリズム感があるが、意味的にも夕食がないのが一番ショックであると言うことを表し、音的に似ているものが意味的にも合致していて優れた駄洒落となっている。

・8184（くも）1　を［食らうど］1　。え？（くも）2　は［酸っぱいだ］2　22

8184番は、種表現が同音異義語として複数出現し、それに応じた変形表現が存在している例である。種表現の「くも」には「雲」と「蜘蛛」の二つの意味がある。この例では、さらにこれらを英語にした場合の発音を基に変形表現である「食らうど」（クラウド）、「酸っぱいだ」（スパイダー）を作成している。

・10021（周富徳）1　が（周富輝）2　の［シュート見とく］1　といって［シュート見てる］2　11

10021番は、固有名詞を動詞を含む一つの文に展開している例である。「周富徳」を「シュート見とく」のように1文に展開している。〔荒木〕

3　人工知能はユーモアを理解し笑えるのか？

3.1　人工知能がユーモアを言う必要があるのか？

人間は人とコミュニケーションを行う際にユーモアを使うことが多い。これは人間同士のコミュニケーションをユーモアにより和やかにし、親近感を生み出すためである。一方、人間でも真面目一方で一切ユーモアを言わない人ももちろんいる。しかし、そのような人は「機械みたいな人、ロボットみたいな人」と言われ、決して良い評価をされない。ここで喩えとして用いられている機械、ロボットが人工知能である。

つまり、現在の人工知能は、一切ユーモアを言わない真面目一方の面白くない人という印象なのである。この悪評を覆すためには、人工知能が人並みにユーモアのセンスを持ち合わせている必要がある。もちろん、プログラムすることによって時々ユーモアを言うシステムも存在する。昨今流行りのスマートフォンに搭載されている Siri などの対話エージェントも時としてユーモアを言う。しかし、それはあくまでプログラマが一つのルールとして与えたものであり、ユーモアを言うことが主たる目的のシステムではない。このせいか、あまり面白いユーモアではない。

　1 節で述べたように、筆者らはユーモアに関する研究を行ってきた。これらの研究は、ユーモアの認識に関する研究が多く、生成に関する研究は比較的少ない。また、駄洒落の自動生成に関する研究でも、どのようなお題に対しても駄洒落を生成できるわけではない。人間も突然出されたお題に対して適切な駄洒落を作成できるわけではないが、芸人であるねづっち（http://ph-aun.net/talent_info/nezucchi-3/）は突然出されたお題に対して謎かけを作成することができる。また、タレントであるデーブ・スペクター（http://www.spector.co.jp）も突然出されたお題に対してほぼ全て駄洒落を作成することができる。

　このように、人間は何らかの訓練や学習が必要となるものの、ほぼ全てのお題に対して即座に駄洒落を作成することができる能力を有している。したがって、人間と同等のユーモアの能力を持つシステムは、人間のユーモアの能力のうちどのようなお題に対しても駄洒落を作成できるという能力を持つ必要がある。

　これまで開発された駄洒落生成システムは、一部のお題に対してしか駄洒落を生成できない。また、そこで生成された駄洒落は面白さに関する評価を行っていないので、形式的に駄洒落を構成しているだけで面白さに欠けることが多い。そこで、これらの問題を解決するために、駄洒落データベースなどの言語資源を用いて駄洒落生成システムの開発を行った。

　本節では、この駄洒落生成システムの処理過程、および、ランダムに出題されたお題に対して、どの程度の割合及び精度で駄洒落を生成できるかについて行った性能評価実験の結果及び考察について述べる。

3.2　駄洒落を生成するメカニズムとは？

本項では駄洒落生成システムの処理過程について述べる。

　図 3-2 に駄洒落生成システムの処理過程を示す。図 3-2 に示すように、お題が入力されると駄洒落データベース中の種表現、変形表現と表層表現上で一致するものを検索する。一致するものが存在した場合には、それを駄洒落として出力し、処理を終了する（以下、同様に各段階で一致するものが存在した場合には、その時点で駄洒

落を出力し、処理を終了する）。一致するものがない場合には、さらにお題の読みと一致するものを検索する。一致するものが存在しない場合には、読みから濁音、拗音、促音を清音に変形あるいは削除した読みで検索する。一致するものが存在しない場合には、Google ngram（https://japan.googleblog.com/2007/11/n-gram.html）の7gram を対象に、お題が読み、変形音として複数存在するものを検索し、駄洒落として出力する。一致するものが存在しない場合でお題を形態素解析した結果、複数の単語に分割される場合には、分割された各単語についてこれまでの処理を行い、一致した駄洒落を全て併記して出力する。以上の処理で一致するものが存在しなかった場合には、生成できないという意味の「思いつかなかったよ」を出力し、処理を終了する。

　これらの処理段階を図 3-2 に示すような順に適用することに決定した理由は、先に処理する段階ほど駄洒落である信頼性が高いと考えたためである。最初の処理段階である種表現の表層表現上の一致は、駄洒落データベース中に人手によりタグ付けされた種表現とお題が一致するものなので、お題の駄洒落である可能性は非常に高い。また、次の段階である変形表現の表層表現上の一致により検索されたものは、種表現ではなく変形表現中の一致なので、種表現ほど信頼性が高くはないが、お題に関係しているものである可能性は高い。次の処理段階である種表現の読みの一致による検索は、読みの一致なのでお題と異なる場合も存在するので、表層表現の一致よりも信頼性は低い。同様の処理を変形表現について行うとその信頼性はさらに低くなる。次の段階である種表現の変形音による検索では、読みを変化さ

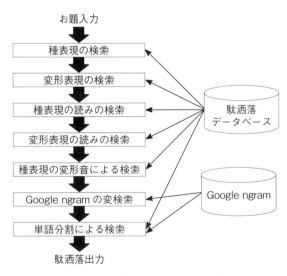

図 3-2　駄洒落生成システムの処理過程

せた結果一致したものを探しているので、信頼性はさらに低下する。次の段階である 7gram を対象した検索では、駄洒落データベース中にないものを対象としているので、そもそも駄洒落であるかどうか不明なものも一致してしまう。このためさらに信頼性が低下する。最後の処理段階であるお題を単語分割し、これまでの処理を行う段階になるとお題そのものを単語分割することにより別の単語に変更しているので、その信頼性はさらに低下する。

このように各処理段階は信頼性が高いと考えられる順に適用しているが、この仮定の正当性については 3-3 項で述べる性能評価実験により確認する。

3.3　どの程度駄洒落を生成することができるのか？

開発した駄洒落生成システムの性能を評価するために性能評価実験を行った（荒木, 2018）。

3.3.1　実験方法

実験は、分類語彙表（国立国語研究所編, 2004）に掲載されている語を電子化したものを用いた。分類語彙表に収録されている語彙中から見出し語 100 語、分類項目一覧 100 語をランダムに選択し、さらに中項目一覧 95 語を加えた合計 295 語をお題として用いた。このような選択を行ってお題を収集した理由は、見出し語は、複合語のように語長の長い語など種々の語が混在し、分類項目一覧、中項目一覧となるほどより標準的な語が含まれることになるので、このような変化に対して、駄洒落生成システムの性能を評価するためである。

3.3.2　実験結果および考察

お題の駄洒落として成立しているかについて生成された駄洒落の評価を行った。出力された駄洒落は「お題の駄洒落として成立、お題の駄洒落として不成立、駄洒落ではない、出力不能」の 4 種に分類される。出力された駄洒落がこの 4 種のどの分類に属するかの評価は筆者が行った。

全体としては、70.8％のお題が駄洒落として妥当な駄洒落を生成できた。また、このお題の駄洒落として成立した割合（以後、これを成立率と呼ぶ）は、見出し語では 42.0％だったものが、分類項目一覧では 79.0％と向上し、中項目一覧では 92.6％まで向上している。このように個別なラベルより、カテゴリーのラベルになるほど表現が一般的かつ標準的なものになり、お題として成立する駄洒落が多くなっていくことが確認された。

約半数の処理が表層表現の一致により行われている。また、7gram を用いた

処理は 10.5％であった。また、単語を分割した後で処理したものは 27.2％であり、約 4 分の 1 は単語分割により処理されている。単語分割により処理されたうちの 77.9％が表層表現で一致したものであった。各段階別の処理状況を見ると、見出し語の段階では 13.5％しかなかった表層表現の種表現での処理が、分類項目一覧、中項目一覧と進むにつれて、50.0％、60.4％と向上し、より信頼性の高い処理段階で処理されていることがわかる。これに伴い、単語分割後に表層表現の種表現で処理される割合が、見出し語では 47.2％だったものが、分類項目一覧、中項目一覧と進むにつれて、13.5％、4.4％と激減している。これは、一般的な語になるにつれてお題が駄洒落データベース中に存在する場合が増大したため、単語分割を行う前に処理されるものが増大したためと考えられる。成立率を見ると、駄洒落データベース中の種表現あるいは変形表現のどちらかに表層表現あるいは読みで一致したものが 100.0％の精度を示している。また、変形音で一致したものも 100.0％の精度である。これらの結果は、駄洒落データベース中の種表現、変形表現に何らかの形で一致して生成された駄洒落はすべてお題の駄洒落として成立したものであるということを示し、駄洒落生成システムにおける駄洒落データベースを利用することの有効性が確認された。一方、処理した割合で見るとこれらは 72.9％なので、駄洒落データベースをさらに拡張し、この段階でお題に一致する駄洒落を多くすることがシステムの精度向上に有効であると考えられる。また、7gram を利用した処理の精度は 82.8％なので、これも比較的高い精度となっている。

これに対して、それ以降の単語を分割して検索した場合には、種表現や変形表現で一致しても 30％程度の成立率となり、低くなってしまう。これは、単語を MeCab を用いて分割した際の分割誤りや、分割した際に一文字になってしまう場合にも一つの単語として検索したためにお題とは関係のない駄洒落が生成されたことによるものであると考えられる。また、分割後には一部の単語が駄洒落を構成したとしても他の単語から生成された駄洒落がお題と関係のある駄洒落でないと総合的に見てお題の駄洒落とみなすことができない。このようなことを考えるとお題を分割し、分割した単語から生成された駄洒落を併記することが妥当であったか今後検討する必要がある。

3.4　どんな駄洒落ができたのか？

本項では、生成された駄洒落の成功例と失敗例について、出力できなかった場合を含めて考察を行う。まず、成功例としては、以下のようなものがある。これは、お題の「ロッカー」に対して、駄洒落データベース中の種表現に表層表現で一致したもので、お題に対して妥当な駄洒落を出力している。これは、駄洒落データベー

ス中では人手により種表現が指定されているためであると考えられる。今回の実験では精度が100%であった。

・お題「ロッカー」
　駄洒落：ロッカーは6階にある
　処理過程：表層表現の一致（種表現）

　一方、失敗例としては、以下のようなものがある。これは、お題「あふれ出る」に対して一語では一致するものがなかったため形態素解析ツールMeCabを用いて単語分割を行い「あふれ」と「出る」に分割し、それぞれに対する駄洒落の生成を行ったものである。それぞれの単語に対する駄洒落はそれぞれの単語に対する駄洒落として成立しているが、両者を併記したとしてもお題である「あふれ出る」の駄洒落として「手紙であふれたー。もう出るカレンダーのモデル可憐だあ」を解釈することは難しい。この場合には、駄洒落としては成立しているがお題の駄洒落としては成立していないという評価となる。

・お題「あふれ出る」
　駄洒落：手紙であふれたー。もう出るカレンダーのモデル可憐だあ。
　分割された単語：あふれ、出る
　処理過程：表層表現の一致（変形表現）
　表層表現の一致（種表現）

　また、以下に挙げるお題は、駄洒落を生成することができなかった例である。

・駄洒落を生成できなかったお題の例
　——お題1：天水、戦費、太刀持ち、造林
　——お題2：接続、呼び掛け、待遇、売り物

　お題1の方は、そもそも日常生活で使用することが非常に少なく、通常思い付かないので駄洒落データベースに含まれないこと、および7gramでも同じ読みが一つの7gram中に複数回出現することがなかったことが原因であると考えられる。このようなお題に対しては、駄洒落データベースを利用せずお題自身から辞書などを利用し読みが似ている語を探すことにより独自に文を生成する処理が必要であると考えられる。一方、お題2は、日常生活でも使用する語であるので、今後駄洒落データベースを拡充することで解決できるものと考えられる。〔荒木〕

4 人は駄洒落をどう理解し面白いと感じるか?

4.1 駄洒落データベースの事例の分類

4節では、見方を変え、ユーザである人間の側から「笑う人工知能」を考える。人が理解するようにコンピュータも駄洒落を理解できれば、そうしたコンピュータが生成する駄洒落も人にとって受け入れやすく、さらには、面白い駄洒落になると考えられる。

駄洒落の理解しやすさ、面白さを区別する心理的な要因を明確にする。さらに、そうした心理的な要因を使って、駄洒落の理解しやすさ、面白さの違いによって駄洒落を人手で分類する。分類の目的は、人によって分類された駄洒落とその分類カテゴリーをコンピュータに深層学習させ、新たに入力される駄洒落を、人と同じように、理解しやすい、あるいは、面白いとコンピュータが判定できるようにすることである。

4.2 簡単すぎても面白くないし、難しすぎても面白くない

駄洒落の典型と人が感じるのが Perfect 型駄洒落である。Perfect 型の駄洒落の理解では、種表現と変形表現が同じであると簡単に判断できる。Perfect 型の駄洒落は、たいてい理解が簡単すぎて面白くない。

・18728（ドイツ）人は［どいつ］₁ （荒木ほか, 2017）

18728 番では、種表現「ドイツ」と変形表現「どいつ」が、ともに高頻度語になっている。使用頻度が高いと単語として認知しやすいので、処理負荷が少ない。その結果、駄洒落として簡単に理解できるが、面白くなくなる。18728 番のような場合とは逆に、処理負荷が大きすぎると理解に時間がかかるので、理解できても（できないこともある）面白くなくなる。

4.3 変形表現と種表現はどこまで違っていても駄洒落とわかるか

Imperfect 型の駄洒落は、変形表現と種表現の文字列が一致しない。一致しないため、変形表現の文字列を種表現に変換する処理が必要になる。余分な処理が必要

になるので、処理負荷が大きくなりすぎ、理解はできるが鑑賞になって面白くなくなることもある。入力の表層表現を変換する処理は、駄洒落の理解過程に特有で、他の言葉の理解過程にはあまり見られない。

Imperfect 型駄洒落に最も多いのが、32番のような、変形表現に、種表現の文字が欠けていたり、余計な文字が付け加えられたりする場合である。欠けている文字を復元したり、余分な文字を削除したりする変換手続きを人は適用している。こうした文字は、たいていの場合、撥音（ん）、促音（っ）、長音（ー）、濁音、半濁音である（佐山・荒木, 2017; 佐山・荒木, 2018）。

・32（スパイダーマン）は［スパイ　だっ］2　　　　　　　　（佐山・荒木, 2018）

数は少ないが、任意の1、2文字を削除または付加したり、任意の1、2文字を削除して別の任意の1、2文字を付加したりする事例もある。

・6301（インドネシア）は［いい　ど　念　写］2　　　　　（佐山・荒木, 2018）

任意の1、2文字を削除または / および付加する事例の理解では、種表現の認定そのものがあいまいなまま、駄洒落として受けとっている。つまり、聞き手は駄洒落を言っているのだろうと発話の意図を推しはかっている。

・28585（ギリシャ）人に［会っ　て　ねー］2　　　　　　（佐山・荒木, 2018）

28585番では、［会ってねー］をギリシャの首都の「アテネ」に代えることで駄洒落として理解できる。アテネとギリシャとは一種の全体部分関係になっている。全体部分関係のような語彙知識の意味的なつながりを使って文や文章を理解することは、一般的な言葉の理解の方略である。

語彙知識を参照してもなお種表現のとりかえができないと、語彙知識を超え、世界に関する知識を参照するしか駄洒落として理解できなくなる。こうなるとオンライン的な駄洒落としての理解はできず、あれこれ推論を行って鑑賞することになる。ときには話し手の発話意図がわからず、話し手側が補足説明しなければわからない場合も起こる。これらの場合には、駄洒落としての面白さはなく、かえって聞き手をしらけさせる結果にもなる。

・28458（モーゼ）には［10階］2で会ったよ　　　　　　　（佐山・荒木, 2018）

「モーゼの十戒」を知っていれば、28458番は駄洒落として理解できる。このような場合、駄洒落として理解できるかできないかは、何らかのエピソードを世界に関する知識から引きだせるかどうかにかかってくる。

4.4　駄洒落のオチが記憶の中にある場合

駄洒落の中には、表層の入力表現の中に、種表現のない場合があり、重畳型駄洒落と呼ばれる（Rzepka et al., 2010）。重畳型の駄洒落を理解できるためには、変形表現を読んで、（長期）記憶内の語彙知識や世界に関する知識を変形表現が指しているとわかる必要がある。この場合、種表現は聞き手の記憶の中にある。重畳型の駄洒落の理解しやすさと面白さは、変形表現の使用頻度と暗示引用の有無で区別される。重畳型の駄洒落を駄洒落として理解できるか否かは、記憶（暗示引用）を引きだせるかどうかにかかっている。

次の563番は語彙知識だけを引きだし、世界に関する知識までは引きださないと思われる場合である。修辞的な分類で言えば、「もじり」になる。

　・563［なめとんのかいわれ　ー］3　　　　　　　　　　　　　（佐山・荒木, 2018）

次の8324番は、語彙知識に加え世界に関する知識も引きだす場合である。一種の「パロディ」である。

　・8324［老いる　　ショック］3　　　　　　　　　　　　　　（佐山・荒木, 2018）

4.5　作題ミス：駄洒落を言ってはみたが、受けない場合

駄洒落を言ってはみたが、受けないこともある。駄洒落データベースの事例の中にも、こうした事例が700事例あまり認められた。こうした作題ミスは、駄洒落として受けとられる、受けとられないの境界をコンピュータに学習させ、駄洒落か駄洒落でないかを区別させるうえで重要になる。作題ミスには2種類ある。一つは、話し手が産出しそこなった事例、もう一つは、話し手は駄洒落のつもりで言ったのではあるが、聞き手に駄洒落と受けとられない事例である。前者には、39583番のような場合がある。

　・39583（親父）の好物は［オジヤ］2　　　　　　　　　　　（佐山・荒木, 2018）

4.6 駄洒落の理解を処理手続きの適応結果で分類する

　人手によって、駄洒落データベース内の約３万８千事例の理解しやすさと面白さを分類した。その際、駄洒落理解の「手続き」を考え、この手続きの適用結果として、データベース内の事例を分類した（詳細は、荒木ほか, 2017, 2018; 佐山・荒木, 2017; 荒木, 2018; 佐山・荒木, 2018 を参照されたい）。現在、機械学習の研究者と共同で、分類した駄洒落の事例と分類カテゴリーを深層学習させるプログラムを作成中である。現時点では、コンピュータには、話題や先行文脈、世界に関する知識がない。コンピュータが学習できるのは、駄洒落の表層の文字列ということになる。〔佐山〕

5　笑う人工知能はできたのか？

　現在の技術で人工知能は人間並に笑いを理解し、また人工知能が人間を笑わすことができるようになったのであろうか？

　まず、人工知能がユーモアを理解するという点については、筆者らの研究で駄洒落に限定しているものの約85％の精度で駄洒落を検出できる（谷津・荒木, 2016）。また、ストーリー性のあるユーモアについても、筆者らの行った研究で約80％の精度まで検出できる（天谷ほか, 2013）。このようにユーモアについて、人間が発話したものがユーモアであるかどうかを判断することはだいぶできるようになってきている。人間でも鈍感な人は８割くらいしかユーモアを理解できないこともあるので、この精度は「人間並み」に近づいてきていると考えられる。

　しかし、１節でも述べたように、どの程度面白かったのかということになると研究はまだ進んでいない。この原因の一つとして、面白さが文脈に依存するということが挙げられる。すなわち、面白さはどのような人がどのような話の時にどのようなタイミングで発話したかということに大きく依存するのである。このようなことを人工知能に判断させるには、そのような文脈的情報をどのようにして認識するのかという問題を解決する必要がある。

　もう一つの問題は、面白さの感じ方には個人差が大きいということである。ある一つのユーモアでも面白くて大笑いする人もいれば、全く笑わない人もいる。もちろん、万人受けするユーモアはあるのだろうが、それがどの程度あるのかの研究も進んでいない。このように、面白さの情報を持つ大量で良質なデータを作成することが困難であることや面白さの要因となる背景知識などが明確になっていないという問題がある。

　このようにユーモアの理解ということで言うと、人工知能がある程度の精度で

ユーモアであることを理解することはできるようになったが、どの程度面白いのかまでは判断することができないというのが現状である。

　一方、ユーモアを生成する方でいうと3-3項で述べたように約70％の割合で任意のお題に対して駄洒落を生成することができるようになっている。しかし、対話システムの中でどのようなタイミングで駄洒落を言えば良いのかは明らかになっていない。これも理解と同様の問題が存在し、文脈や個人差に大きく依存するからである。

　また、これも理解と同様に生成でも面白さに関する研究は進んでいない。人工知能が、生成された駄洒落がどの程度面白いのかということを認識しているわけではないので、人間のように励ますために最高に面白いユーモアを言おうとするようなことはできない。

　また、駄洒落以外のユーモアの生成については、謎掛けの自動生成（大原ほか, 2019）などの研究があるが、ストーリー性のあるユーモアの研究については、まだ進んでいない。

　このように近年ユーモアの研究は急激に進んでいるが、人工知能が人間並みにユーモアを理解・生成するためには、まだまだ超えなければならない壁は高いというのが現状である。〔荒木〕

読書案内

ベルクソン／林達夫（訳）（1938）.『笑い』岩波書店.

　フランスの哲学者ベルクソンは、人間特有の「笑う」という現象とそれを喚起する「おかしみ」の構造を、古典喜劇を題材に分析し、その社会的意味を解明している。著者は生を純粋持続ととらえる立場を持っている。本書は一種の古典喜劇論について述べているとも言える。

木村洋二（編）（2010）.『笑いを科学する ── ユーモア・サイエンスへの招待』新曜社.

　本書で著者は笑いの統一理論を提案している。第1章では、能・狂言など笑いの文化を探求し、第2章では、笑いと健康について医学的な効果について述べている。また、第3章ではユーモアを科学的に分析するために心理学や脳科学などの最前線の研究について述べている。笑いについての総合的な解説書である。

中村明（2017）.『日本語 笑いの技法辞典』岩波書店.

　言葉により得られる面白さを分析し12類287種に分類している。また、具体的な例を引いて平易に解説している。本著者の『語感の辞典』『名表現辞典』と並ぶ辞典三部作の集大成として書かれている。

雨宮俊彦（2016).『笑いとユーモアの心理学 —— 何が可笑しいのか』ミネルヴァ書房.

　本書では、笑いとユーモアの複雑な現象の全体像をとらえるための基本的な枠組みと視点に基づいたユーモアに関する 15 の理論について述べている。この 15 の理論は、くすぐりやじゃれ遊び、からかいやジョークなどおかしさの系譜を分析した上で提案されたものである。

【参考文献】

・Rzepka, R., Higuchi, S., Ptaszynski, M., Dybala, P., & Araki, K. (2010). When your users are not serious.『人工知能学会論文誌』Vol.25, No.1, 114-121.

・キム ビンステッド・滝澤修 (1998). 日本語駄洒落なぞなぞ生成システム「BOKE」.『人工知能学会誌』Vol.13, No.6, 920-927.

・山根宏彰・萩原将文 (2012). 笑いを生むことわざすかしの自動生成システム.『知能と情報』（日本知能情報ファジィ学会誌）, Vol.24, No.2, 671-679.

・Sjobergh, J. & Araki, K (2009). Robots make things funnier. *New Frontiers in Artificial Intelligence, Lecture Notes in Artificial Intelligence,* Vol.5447, 306-313.

・谷津元樹・荒木健治 (2016). 話題遷移に適応した駄洒落ユーモア統合型対話システムの性能評価.『人工知能学会第 2 種研究会 ことば工学研究会資料』SIG-LSE-B601-3, 23-27.

・天谷祐介・ジェプカ ラファウ・荒木健治 (2013). 単語間類似度を用いた物語ユーモア認識手法の性能評価.『人工知能学会第 2 種研究会 ことば工学研究会資料』SIG-LSE-B301-10, 63-69.

・谷津元樹・荒木健治 (2016). 子音の音韻類似性及び SVM を用いた駄洒落検出手法.『知能と情報』（日本知能情報ファジィ学会誌）, Vol.28, No.5, 833-844.

・荒木健治・内田ゆず・佐山公一・谷津元樹 (2017). 駄洒落データベースの構築及び分析について.『人工知能学会第 2 種研究会 第 56 回ことば工学研究会資料』SIG-LSE-B702-3, 13-24.

・荒木健治・内田ゆず・佐山公一・谷津元樹 (2018). 駄洒落データベースの拡張及び分析.『人工知能学会第 2 種研究会 第 58 回ことば工学研究会資料』SIG-LSE-B803-1, 1-15.

・佐山公一・荒木健治 (2017). コンピュータが駄洒落で笑わせる？ —— 駄洒落の面白さを認識する理解の手続き.『人工知能学会第 2 種研究会 第 56 回ことば工学研究会資料』SIG-LSE-B702-4, 25-32.

・荒木健治 (2018). 駄洒落データベースを用いた駄洒落生成システムの性能評価.『人工知能学会第 2 種研究会 第 57 回ことば工学研究会資料』SIG-LSE-B703-8, 39-48.

・内田ゆず・荒木健治 (2017). 駄洒落に含まれるオノマトペの特徴分析.『言語処理学会第 23 回年次大会発表論文集』741-744.

・滝澤修 (1995). 記述された「併置型駄洒落」の音素上の性質.『自然言語処理』Vol.2, No.2, 3-22.

・国立国語研究所（編）(2004).『国立国語研究所資料集 14 分類語彙表 —— 増補改訂版』大日本図書.

・大原嶺・松澤智史・武田正之 (2019). AI っち —— Word2Vec を用いたなぞかけ作成支援システム.『情報処理学会第 81 回全国大会講演論文集』第 2 分冊, 115-116.

・Kudo, T., Yamamoto, K., & Matsumoto, Y. (2004). Applying conditional random fields to Japanese morphological analysis. *Proceedings of the 2004 Conference on Empirical Methods in Natural Language Processing*（EMNLP-2004）, 230-237.

【第4章】
詩を計算機で自動生成してみる

阿部明典

1 はじめに

最近のハリウッド映画の脚本作りでは、ほとんど Dramatica（http://dramatica.com/）というソフトが使われているらしい。公式 HP には、Dramatica に関して以下のように書かれている（著者による和訳）。

Dramatica は、物語を考える完全に新しい手段である。単純にパラダイムや cultural beat（文化的ビート）の連続であることを超えて、Dramatica は、なぜ物語が存在するのかを理論化し、思った通りの、意味深い物語を語るのに必要なプロセスと劇的な接点を描こうとする。

扱うのが難しいですか？

実際、Dramatica は全く複雑ではない。物語の中心的キャラクター（主人公）に注目するが、予め決めたものごとを行うやり方から入る。その過程で、彼らと正反対のもの、彼らの考え方に挑むものとの関係を発展させていく。最後には、この関係によって、主人公はこの新しいものの見方を受け入れたり拒絶したりする。彼らの決定の結果によって、正しい道に進むか誤った道に進むかが決まる。

本当にそれだけである。もちろん、その時、Overall Story Prerequisites（全物語の前提）や Relationship Story Catalysts（関連する物語の触媒）、Problem-Solving Styles（問題解決のスタイル）に踏み込むこともできる・・・しかし、本当にしたい

と思ったならである。

　つまるところ、Dramatica は物語を議論と見なす。最高の議論を提供するために
しなければならないことは、自分の基盤となるもの全てを確実にカバーし、全ての
異なる視点を扱うことである。そうすれば、Dramatica は支援することができる。

　また、中村航・中田永一の『僕は小説が書けない』（角川書店, 2014）は、
Scrivener（https://www.literatureandlatte.com/scrivener.php）を利用して書いている
と 2014 年 12 月 9 日の朝日新聞夕刊（東京版）に書かれていた。そのソフトは、粗
筋を書き換えると、本文の順番が自動的に変わるという編集ができるようである。
プロなので、完全にソフトに頼るということはなく、整合性、一貫性確保のために
ソフトを使っているのだと思う。特に、『僕は小説が書けない』の場合は、https://
promo.kadokawa.co.jp/bokukake/ によると、「ふたりは研究中の『ものがたりソフ
ト』を使って何度も打ち合せをしながら、全体のストーリー、キャラクターの特徴、
重要な場面の配置などが盛り込まれたプロットを完成させました。プロットに沿っ
て、ふたりは交互に執筆を始めました。5 ～ 10 ページほど書いたら、相手に原稿
を送る。すると同じくらいの文量が書き進められた原稿が送られてくる。約 1 年間
かけ、原稿はテニスのラリーのようにふたりの間を約 30 回往復し、やがて物語は
書き上げられます。」となっている。プロットをソフトの支援を受けて作り、そこ
から作品は手で書くということになる。プロの世界では、この程度の支援でいいと
思われる。しかし、たとえば、幼稚園や、介護施設でプロでない人がいきなり何か
作品を提示しなくてはいけなくなったらどうであろう。コンピュータで自動的にそ
こそこの作品を出してくれると嬉しいのではないだろうか？
　本章では、コンピュータでそれなりの作品をやや自動的に生成する可能性につい
て議論する。後で詳しく述べるが、間テキスト性とアブダクションをキー・テク
ニックとして利用する。

2　作品は過去の作品の断片からできている —— 間テキスト性

　文学はことばを用いた芸術であるといっていいと思う。作者はことばを繊細に選
び、その作品を仕上げていく。しかしながら、その生成にもある性質があり、こ
れまで議論されてきた。特に、有名なのは、間テキスト性（intertextulity）である。
本節では間テキスト性を中心にして文学作品の創造に関して概観する。
　様々な所で、詩や小説の生成において、ジュリア・クリステヴァの間テキスト性[1]
（intertextuality）（Kristeva, 1980）について言及してきた。なぜかと言うと、本人（ク

リステヴァ）はあまり認識していなかったかもしれないが、これほどコンピュータを使って物語を生成することに適した考えはないからである。

クリステヴァは、以下のように間テキスト性を定義している[2]（著者による和訳）。

　　こうして語の状態は、水平（テキストの中の語は書いている主体とその受け手の両者に属する）にも垂直（テキストの中の語は、時間的に先立つ、もしくは、共時的な文学コーパスに方向づけられている）にも規定される。・・・ それぞれの語（テキスト）は複数の語（複数のテキスト）の交叉であり、そこでは、少なくとも、もうひとつの他の語（テキスト）が読まれうる。・・・ あらゆるテキストは様々な引用のモザイクとして構築される。あらゆるテキストは、別のテキストを吸収したり変形したりしたものである。

肝は、"それぞれの語（テキスト）は複数の語（複数のテキスト）の交叉であり、そこでは、少なくとも、もうひとつの他の語（テキスト）が読まれうる。・・・ あらゆるテキストは様々な引用のモザイクとして構築される。"のあたりで、つまり、それまでに作られた文学作品の断片の再構築（mosaic of quotations）で新しい作品ができてしまうのである。

つまり、間テキスト性とは、世界の中に存在している（ほとんど）全ての文学が過去の文学の断片から成り立っているという性質を示しているのである。盗作ではないかと思う方もいるかも知れない。しかしながら、引用はある小さい箇所なら可能であり、あとで述べるが、パロディ、パスティーシュという技法もある。意図的に引用して、その背景を作品に持ち込むこともある。意図的にではないこともあるかも知れない。たとえば、山田は、イーヴリン・ウォーの『一握の塵（*A Hundful of Dust*）』を、アーサー王伝説の現代風パロディととらえているが、チャールズ・ディケンズの『荒涼館（*Bleak House*）』、『ドンビー父子（*Dombey and Son*）』、『マーティン・チャルズウィット（*Martin Chuzzlewit*）』、『ニコラス・ニクリビー（*Nicholas Nickleby*）』、『リトル・ドリット（*Little Dorrit*）』、『オリバー・トゥイスト（*Oliver Twist*）』やＴ・Ｓ・エリオットの『荒地（*The Waste Land*）』など、最低でも４作家の作品への関連を指摘している（山田, 2004）。特に、タイトルの「一握の塵」が『荒地』の中の30行目

---

[1] なお、ジュリア・クリステヴァ（Julia Kristeva）の「間テキスト性」の概念は、フェルディナン・ド・ソシュール（Ferdinand de Saussure）の構造主義的記号論（structuralist semiotics）、ミハイル・バフチン（Mikhail Bakhtin）の対話主義（dialogism）、フロイトの理論を土台として発想したものであるといわれている（岩本, 2001）が、ここでは、彼女の間テキスト性のみ扱う。

[2] p.66 から必要箇所を抜粋している。

I will show you fear in a handful of dust.
（あなたに見せてあげよう 一握の塵の中に恐怖を）（山田訳）

から引用されていると山田は示し、現代の退廃と不毛という時代の先端の風俗をとらえていると指摘している。作家としては、全て意図的に行ったわけではないのかもしれないが、間テキスト性が成り立っているようである。いや、それどころか、ベースにした作品の持つ広大な世界をこの関連により、自分の作品に持ち込むことができるのである。さらに、古典的作品として残っている作品には、これ以上はないというフレーズが含まれていることもある。

　Ｔ・Ｓ・エリオットになると、色々な作品から衒学的ともいえるほどに、意図的に引用して作品を作成している。たとえば、イーヴリン・ウォー が引用した『荒地（*The Waste Land*)』は「古典から多くの言葉を引用したり、それをもじって使用しながら、生・死・再生の原型が含まれている聖杯伝説や自然祭祀を骨組みにして、第１次大戦後の荒廃したヨーロッパの精神的風土を、象徴的手法でうたい、天国篇を欠いたダンテの『神曲』にたとえられる。5部からなり、全433行。1部『死者の埋葬』は、不毛の荒地の様相を、回想をまじえた意識の流れの手法でうたい、「ひとつかみの骨灰で死の恐怖を見せてやろう」という句も出て、ボードレールの『悪の華』とダンテの『地獄篇』が言及されて終わる。死のテーマがくりかえし出る。」（野町, 2002）と指摘されている。

　実際、以下の冒頭の部分のフレーズ[3]では、トリスタンとイゾルテなどからの引用を詩人本人が註としていれている。

　また、『地獄篇（*Inferno*)』の引用に関しては、ドラフト稿（たとえば、Eliot, V., 1971）にはジェイムズ・ジョイスを想起させる J. J. が書かれており、『ユリシーズ（*Ulysses*)』を実は思い起こしていると指摘されている。

　April is the cruelest month, breeding
　（四月は残酷な月で、死んだ土地から）
　Lilacs out of the dead land, mixing
　（リラの花を咲かせ、記憶と欲望を）
　Memory and desire, stirring
　（混ぜこぜにし、鈍つた根を）

---

[3] 括弧内は、Ｔ・Ｓ・エリオット／吉田健一訳『荒地』現代世界文學全集 26, 新潮社 (1954) から引用している。ただし、記述はそのままであるが、漢字は現代の漢字に改めた。

Dull roots with spring rain.

（春雨で生き返らせる。）

Winter kept us warm, covering

（冬は何もかも忘れさせる雪で）

Earth in forgetful snow, feeding

（地面を覆い、干からびた根で少しばかりの生命を養い、）

A little life with dried tubers.

（それで我々は温くしていることができた。）

　　　　　……

Unreal City,

（本気にすることができない都会、）

Under the brown fog of a winter dawn,

（冬の明け方の茶色をした霧の下を）

A crowd flowed over London Bridge, so many,

（人群がロンドン・ブリッジを渡つて行き、それが余り多勢で、）

I had not thought death had undone so many.

（私は死がそれ程多くのものを台なしにしたとは思わなかつた。）

Sighs, short and infrequent, were exhaled,

（短い溜息をするのが何度も聞えて、）

And each man fixed his eyes before his feet.

（誰もが足の直ぐ先を見詰めて歩いていた。）

Flowed up the hill and down King William Street,

（人群は丘を登つて、キング・ウィリアム街の、）

To where Saint Mary Woolnoth kept the hours

（セント・メリイ・ウルノスの教会が九時の最後の一つを）

With a dead sound on the final stroke of nine.

（冴えない音で打つている方に向つて行つた。）

There I saw one I knew, and stopped him, crying 'Stetson!

（私はその中に知つている男を見付けて、「ステットソン」、と呼び留めた。）

'You who were with me in the ships at Mylae!

（「君はミュライの海戦で僕と一緒だった。）

'That corpse you planted last year in your garden,

（君が昨年、君の庭に埋めた死骸は）

'Has it begun to sprout? Will it bloom this year?

（芽を出したかね。今年は花が咲くだろうか。）

'Or has the sudden frost disturbed its bed?

（それとも、霜が急に降りたのがいけなかつただろうか。）

'Oh keep the Dog far hence, that's friend to men,

（人間の友達である犬を近づけるな。）

'Or with his nails he'll dig it up again!

（でなければ、爪でもつて又掘り出してしまうだろうから。）

'You! hypocrite lecteur! … mon semblable, … mon frère!'

（君、偽善者の読者よ、…私の同類、…私の兄弟よ。」）

　つまり、エリオットは意図的に過去の作品に込められている意味を込めるために引用しているのである。上記に示したクリステヴァのいう間テキスト性をかなり意図的に実現しているのではないかと思われる。

　ピースへの自動分割、ピースの自動構築／再構築（つまり、trial and error）はコンピュータにとって非常に得意な分野である。基本的に、NP complete [4] の世界であると思われるが、最近はコンピュータの性能が上がってきているので、昔ほど大変ではなくなってきている。小規模なものであれば、それほど長くない時間で生成できるはずである。

　自動作曲においても、たとえば、デヴィッド・コープ（David Cope）による Experiments in Musical Intelligence（EMI）の場合、ある類似度をもって内部データベースから適切なメロディ断片を検索し、SPEAC という音楽文法に従って断片を接続して楽曲を生成している。EMI は数多い自動作曲システムの中でも質の高い楽曲を創作することで有名である。特許（US Patent #7696426 "Recombinant Music Composition Algorithm and Method of Using the Same"）を登録しており、その中で「この図は異なる長さの４つの楽曲断片を示している。それぞれ、300-1、300-2、300-3、300-4 で、既存音楽作品 300 からの抜粋である。それぞれの断片は、destination-note 情報（これまでに出てきた断片の最後の音に対応する）の、残りのビートに先行する最初のビート（initial beat）の組み合わせとして解釈されうる。図に示されているように、断片 300-1 と 300-2 と 300-3 それぞれの最後のビートである 300-1e、300-2e、300-3e は断片 300-2、300-3、300-4 の destination note initial beat である 300-2f、300-3f、300-4f に正確に一致する」（著者による和訳）と書かれ

---

[4] 多項式オーダーの非決定性アルゴリズムによって解が得られる問題をクラス NP（NP は non-deterministic polynomial の略）に属する問題という。問題 X がクラス NP に属し、かつクラス NP に属するどのような問題も X に多項式時間帰着可能（ある問題 A をある変換 T によって等価な問題 B に変換（写像）できるとき、問題 A は問題 B に帰着可能（reducible）という）であるとき、問題 X は NP 完全であるという。（参考文献：人工知能学会編『デジタル人工知能学事典』共立出版, 2008.）

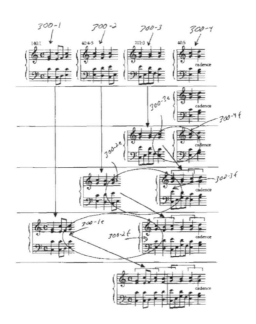

図4-1　US Patent #7696426 に使われている図

　ているように、ある曲の中の断片的フレーズをベースにそれらを再構築することで
作曲を行っている（図4-1 参照）。
　このように、何かを（自動）創作する場合、過去の作品の再構築か、過去の作品
の模倣（多くは機械学習、最近では、もっぱらディープラーニングにより行われる）を
行っているようである。
　私は、（阿部, 2005, 2010 等）でコンピュータによる和歌自動生成の可能性に関して
議論してきた。間テキスト性の可能性を示すのが目的であったのと元データが少な
かったので、乱数に近い手法を使った生成を行っていた。次節に示すが、結構いい
"作品" を生成することができていた。しかし、乱数だけでは、流石に知的である
とはいいがたい。したがって、本章では、さらに、人間の知的処理である、アブダ
クションを入れてみようと考える。以下の節でまず、間テキスト性による作品の生
成の可能性について言及し、そして、アブダクションの導入によるより高度な作品
の生成の可能性について議論する。

3 間テキスト性を使って和歌を生成してみる

3.1 コンピュータによる詩の生成

　伊藤は、コンピュータで松任谷由実（ユーミン）が書いたと思われる詩を（半）自動生成する試みをしている（アンドロイド・ユーミン）（伊藤, 1997-2001; 伊藤, 1999）。ユーミンの作詩した全ての詩を参照して言葉の使い方などをアルゴリズム化して、疑似英語、間テキスト性などの考えに基づいて生成している。つまり、シャノンの情報理論における単語単位の第二次近似言語モデルの作成手法を応用している。そして、ユーミンの作詩した全ての詩から単語を集め、基本的にはそれらの単語をデタラメに並べることによって、センテンスを作成する。しかしながら、完全なデタラメではなく、ある単語のあとに出現できる単語の出現確率が反映されるようにデタラメに並べる、という手法を用いている。このままでは日本語としてはおかしいことがあるので、実際には、助詞などを修正して正しい日本語に修正している。

　たとえば、

　　朝陽に縁どられ 始発にのれば、
　　中央フリーウェイが右に見える

　　CAMPARI の氷のかすかな音が
　　耳の底でくりかえす

　　私だけが奇麗になれるなんて
　　何かしら待ってるのね

のような疑似ユーミンテクストが生成できている。

　よくよく読むとユーミンではないのであろうが、一瞬、ユーミンが書いたのではないかという幻想を抱くことができる。

　偽作が多いとされるシェイクスピアが本当にある本を書いたかは助詞の使い方等を統計的に理解することでコンピュータで推定可能であるといわれている。したがって、それを逆に使えれば、コンピュータでシェイクスピアが書いたかのような文章は作れそうである。アンドロイド・ユーミンでは、そこそこのものができている。シェイクスピアの文章は、詩に比べると巨大なので、創るという行為は、指数

オーダーのレベルで難しいと思われるが、人間がコンテクストを持って読むとだまされるようなものは作成可能であると思われる。ただし、それが、実際に文学的であるかどうかは疑問であるが。narinari.com（narinari.com）の記事によれば、ことばの使われ方としてであるが、日本の歌の歌詞もかなり分析されているようなので、その結果を使えば、他のアンドロイドもできる可能性があると思える。

　ちなみに、伊藤によれば、本実験は、文学における個人文体研究に新局面を開いたり、現代文学理論における「間テキスト性」から「創造性」を考える刺激剤として意義があるという。

3.2　間テキスト性による作品の生成の可能性

　上記のアンドロイド・ユーミンでも利用されていたが、ジュリア・クリステヴァの指摘した間テキスト性（Kristeva, 1980）が、コンピュータに非常に適した考えであるということを前節で述べた。それに基づいて、コンピュータの作品自動生成の可能性に関して、様々な所で議論してきている（阿部, 2005, 2010 等）。それらは、主に乱数的な生成に関して議論してきた。素材としての断片が良ければ、出鱈目である乱数でも驚くほど上手くいくのである。素材の良さとして、小倉百人一首を使った例を再掲する。

　乱数と書いたが、100 程度では乱数にならないので、ソートを使った。おそらく、乱数と大して変わらないと思う。作り方は、元の歌を 5-7-5-7-7 に分解し、句の位置を保存しないように、全てをまぜてソートした。その上で、5-7-5-7-7 の中で、7 を 300 個まとめて昇順、5 を 200 個まとめて降順にソートし、5 の 1 ～ 100 番を上の句、7 の 1 ～ 100 を 2 番目、5 の 101 ～ 200 を 3 番目、7 の 101 ～ 200 を 4 番目、7 の残りを下の句に置くように再構成しただけなのであるが、以下のものができ上がった。

　　世の中は　あまりてなどか　しだり尾の　この世のほかの　富士の高嶺に

　　春過ぎて　うち出でて見れば　音にきく　常にもがもな　ものや思ふと

　　鳴く鹿の　尾上の桜　命にて　ながながし夜を　山の奥にも

　　手向山　からくれないに　明けぬれば　はげしかれとは　わが身ひとつの

　　初霜の　衛士のたく火の　奥山に　つらぬきとめぬ　紅葉なりけり

季節等の制約を入れていないので、季節が合わないのもあるが、このように、なんとなくいい"作品"ができてしまうのである。素材に使った小倉百人一首に使われていることばが美しいのと、何気に本歌取りに近いこととなっているからだと考える。もし、ベースが10,000程あれば、季節を考慮してもそれなりの数の季節感が揃った和歌が生成できるかもしれない。ただ、季節感がずれていても、鑑賞者はスルーするかも知れないし、その対立を楽しむかも知れない。たとえば、かの「エクソシスト」に影響を与えたと言われるルネ・マグリットの「光の帝国（L'empire des Lumieres）」は、一枚の絵の中に昼と夜が同時に存在している。それに対してマグリットは、「私は、夜と昼は同時に存在していて、一つであると思いついた。これは、合理的である。もしくは、最低でも我々の知識にあっている。世界では、夜は常に昼と同じ時間に存在している（常に誰かに悲しみが存在していて、同時に他の人に幸福が存在しているのと同じように）。しかし、そのような考えは、詩的ではない。詩的であるのは、絵の中の見えるイメージである」(Letter from Magritte to M. Marion, 27 July 1952. 著者による和訳) と言い、さらに、イメージの起源（the origin of the image）に関して、1956年のラジオのインタビューで「『光の帝国』の絵に表現されているのは、私が思っていたこと、正確に言うと、白昼の光の中で見えるような夜の風景なのです。その風景は夜と天空の広がる昼を示唆するのです。この夜と昼の喚起は私にとっては、驚きと喜びを与える力を持っているように思えるのです。この力を詩と呼ぶのです」(D. Sylvster et al., op. cit., pp.145 に引用。著者による和訳) と言ったらしい。　おそらく、マグリットは、「白昼の光の中で見えるような夜の風景（a nocturnal landscape such as can be seen in broad daylight）」というような一見矛盾するような考えを惹き起こすような力が詩的なのであると言っているのであろう。元々、彼が思いついた夜と昼が同時に存在するという考えを絵にしたわけであるが。

　ちなみに、この絵は、ルイス・キャロルの詩、「せいうちと大工（The Walrus and the Carpenter）」（著者による和訳）

The sun was shining on the sea,
（太陽は海の上で輝いていた）
　　Shining with all his might:
　　（全力を振り絞って輝いていた）
He did his very best to make
（太陽は自分のできる限り押した）
　　The billows smooth and bright?

（大波はなめらかになり、明るくなった？）

　And this was odd, because it was

　（そして、それはおかしかった。なぜなら、時は）

　　　The middle of the night.

　　　（真夜中だったのだ）

にインスパイアされて描かれているらしい。『鏡の国のアリス（*Through the Looking-Glass*）』の中の詩なので、後半では牡蠣が登場したりして、元々へんてこな詩なのであるが･･･

　話は戻るが、本歌取りの効果をなくすために、さらに分解して、歌を全て連結し、漢字こみで4文字に分け、それを5×133のマトリクス、つまり、133の歌らしきものにし、あいうえおに関して"降順、昇順、降順、昇順、降順"として夫々を並べ変えると以下のようになる。

　　淡路島か　　くに君が　　知る忘れ　　くなりぬ　　昔なりけ

　　三笠の山　　じ今はた　　山の峰に　　せもが露　　山おろし

　　祈らぬも　　とづれて　　関わたの　　て若菜つ　　を命にて

　　るらむ誰　　に雲がく　　る人にせ　　に朽ちな　　るも別れ

　　な小倉山　　らけかな　　なぎに焼　　る白菊の　　に匂ひぬ

　　かりほの　　白妙の衣　　がむれば　　暮るるも　　がれつつ

　　あらねど　　龍田の川　　あぢきな　　猪名の笹　　あだ波は

　このあたりになると、「咳をしても一人」以上に破格になってしまうが、かえってポップかもしれない。少なくとも、cut up の雰囲気はかなり出ていると思う。特に、4つめの「作品」はリズム、音韻などいいのではないかと思う。当然、偶然の所産であり、再現性はないのであるが･･･　芸術が一過性のものであると考えると、これもいいと思う。

　ちなみに、人間が行っているカットアップ（cut up）の作品で有名なものとして、ウィリアム・S・バロウズ（William S. Burroughs）による作品がある。バロウズは、

cut up に関して、「方法はシンプルです。これは一つのやり方です。ページを選びます。たとえばこのページです。縦横半分に切って、4つの断片を作ります。1234…。で、1番目に置いてあったものを4番目に置き、3番目にあったものを2番目に置いて、断片を並べ替えます。そうすると、新しいページができ上がるのです」、そして、さらに、「時には、全く同じことを言っていることもあります。時には、全く違う政治的発言の切り取りが、いずれにせよ面白いエクササイズとなり、それが何か、きわめて明確な何かを言っていると思うでしょう」（著者による和訳）とも言っている。過去の他人の名作をページごと切り刻んで自分自身の書いた原稿と「合体」させる場合もあったらしい。バロウズの作品の中で特に有名なのは、『ソフトマシーン（*The Soft Machine*）』（1961）であろう。『ソフトマシーン』の冒頭の部分を以下に示す。

Dead on Arrival

I was working the hole with the Sailor and we did not do bad fifteen cents on an average night boosting the afternoons and short timing the dawn we made out from the land of the free but I was running out of veins … I went over to the counter for another cup of coffee … in Joe's Lunch Room drinking coffee with a napkin under the cup which is said to be the mark of someone who does a lot of sitting in cafeterias and lunchrooms … waiting on the Man … `What can we do?' Nick said to me once in his dead junky whisper…

（到着時死亡：Sailor と地下鉄で酔っぱらいからかっぱらって稼ぎはそんなに悪くなく平均的夜に15セントで、午後を尻押しし明け方にはすぐに自由の国から出たが気力を使い果たしていた ・・・ もう一杯コーヒーをもらいにカウンターに行った ・・・ Joe's Lunch Room でコーヒーを飲んでいてカップの下にはナプキンがあり、それは、何回もカフェテラスとランチルームに坐っていた人の印だっていわれている ・・・ その男の給仕をしている ・・・「何ができるかな？」ニックが一回、死んだ薬中のような囁きで言った ・・・）（著者による和訳）

上記の"和歌"と違って、英語の場合、単語は最初から切れているので、単語の破綻はない。全体としての意味はなさないかもしれないが、文法的にもあまり破綻はないようである。しかし、ことば同士のぶつかり合いには、新鮮な響きがあると思う。

また、バロウズに影響を受けていたデヴィッド・ボウイ（David Bowie）は、以下のように説明している（SONGWRITING TIPS: Try David Bowie's 'cut-up' method of writing lyrics, https://thehitformula.com/2015/09/21/songwriting-tips-ry-david-bowiescut-up-method-of-writing-lyrics-2/, September 21, 2015（22, Nov., 2017 retrieved）（著者による和訳）。

　　カットアップを使うのは、自分のイマジネーションに潜んでいるかも知れないことを発火させるためなんだ … 異なった主題を描いているパラグラフを1つか2つ書いて、一種の「物語の材料」リストを作るってことなんだと思うけど、そして、それらの文を4語ないし5語の断片に分けて、そして、混ぜ合わせて、再度、繋ぐんだ。

そして、「そのまま使ってもいいし、弱気になってハチャメチャにならないようにしたければ、このアイディアをぶつけ合って全く新しいセクションを作ってもいい」（著者による和訳）と言っている。実際、彼が行っているビデオ（https://youtu.be/m1InCrzGIPU）を見ると、意味が通じる程度の大きさで切っていた。

　生成された作品が一般的にいいかどうかは読者の判断となると思う。以前指摘したが（阿部, 2008）、人間が作る作品も結局は、プロモーターの努力もあるが、それに共感した鑑賞者が善し悪しを決めることになるので、将来的には、このような破格な作品も良いと言われるかも知れない。

3.3　より高度な作品の生成の可能性

　上記は、ある程度の創作を行い、それの再構築というのもあるが、基本的にランダムである。知的創造といえばそうかもしれないが、やや偶然に頼るところもある。自力という点では、1節にも書いたが、最近では、Scrivener（https://www.literatureandlatte.com/scrivener.php）のようなコンピュータ上の支援ソフトを使うことで、作品を生成している作家もいる。おそらく、アクセスのいいデータベースとして、物語の大筋の流れなどの一貫性管理を行うツールとしてコンピュータを使っているのであろう。これは、記憶、一貫性などのやや人間にとって不得意な分野の支援システムである。したがって、人間の作家として、完全にコンピュータに作品の作成を依頼していることはないと思われる。ここは、知性、感性のある人間としては、最後の砦であろう。しかし、凡人がたとえば、学校、幼稚園、老人ホームなどで急に何か作品を披露しないといけなくなった場合は、そうは言っていられない。したがって、上記に示した作り方はかなり有効なのであるが、人間は作品生成において、いつでもランダムに断片を繋げているわけではない（と思う／信じたい）。そこには、様々な熟考があるはずである。どういう流れにするか、どのような表現を使うかなど。ここには、おそらく論理的、つまり、記号学的考慮が働いているはず

である。

4　人間が創造を行うときに行う推論 ── アブダクション

パースは、アブダクションを哲学的観点から、「説明するための仮説を採用するという操作 (the operation of adopting an explanatory hypothesis)」と定義した (Peirce, 1955)。

> … アブダクションは説明するための仮説を採用するという操作である。それは、ある条件の下になりたつものであり、純粋なアブダクションでは、尋問を通す以外に、仮説を受け入れるための正当化はありえないのである。(著者による和訳)

つまり、アブダクションは、ある観測を説明できる仮説を採用することにより推論を進めていくもので、一般に発想的推論と言われている。人間は、アブダクションを行うことで、新しい可能性を作り出している。

4.1　Computational abduction

パースの定義で重要なことは、説明するための仮説 (explanatory hypothesis) である。つまり、アブダクションとは、何かの説明という行為を通じて行われるのである。パースは計算機でのアブダクションに関しては推定しなかったが、20 世紀の最後の方に (つまり、第二次 AI ブームと言われていた頃) 様々なアブダクション・システムが提案された。たとえば、それらは、Theorist (Poole et. al, 1987) と ALP (Abductive Logic Programming) (Kakas et.al, 1992) である。

ALP も Theorist も仕組みは大体似ているので、ここでは、Theorist について記述する。Theorist は、計算機上での仮説推論システムと考えられている。仮説推論は、説明的推論で、無矛盾な仮説集合を仮説候補集 (仮説ベース) から生成し (集め、選択し)、与えられた観測を説明するのである。生成された仮説集合は答え (解)であり、観測を説明できる。Theorist の推論メカニズムは以下の通りである。

$F \nvdash O.$ 　　(O は F だけでは、説明できない)　　　　　(4-1)

$F \cup h \vdash O.$ (O は F と h で説明できる)　　　　　(4-2)

$F \cup h \nvdash \Box .$ (F と h は無矛盾である)　　　　　(4-3)

ここで、F は、事実（fact）と呼ばれ、常に正しい。一方、h は、仮説（hypothesis）と呼ばれるもので、常に正しいわけではない。これは、仮説ベース（hypothesis base）H（$h \subseteq H$）に含まれている。O は、観測であり、推論系で説明されるものである。□は、空文である。$F \cup h \vdash □$ の時、F と h は、矛盾している。つまり、共存できないのである。この場合、h は棄却される。

4.2 Clause Management System（CMS）

Clause Management System（CMS）（Reiter and de Kleer, 1987）は、ライターとデ・クリアーにより提案されたデータベース管理のフレームワークである。この管理フレームワークはアブダクションと同じ動きをする。CMS は、推論系で欠けていて必要な最少の節（minimal clauses）を、説明のためにある状況下で示す。つまり、CMS をアブダクションとして使うと、欠けている仮説（節）を生成できる可能性があるのである。

CMS のアブダクション的推論過程は、以下の通りである。

$$\Sigma \nvDash C. \quad （C（観測）は \Sigma だけでは説明できない） \qquad (4\text{-}4)$$

の時に、CMS は、Σ に対して、最小の節の集合 S を生成し、以下の式を満足させるようにする。

$$\Sigma \nvDash S \vee C, \qquad (4\text{-}5)$$
$$\Sigma \nvDash S. \qquad (4\text{-}6)$$
$$（\neg S は、\Sigma に含まれない。）$$

S は最小の支持節（仮説のもと）（minimal support clause）と呼ばれる。そして、$\neg S$ は、欠けている仮説集合と看做すことができ、C を Σ の中にある世界（知識ベース）で説明するのである。したがって、$\neg S$ は、アブダクションで生成された（abductive）仮説集合と考えることができる。仮説推論を行う時、仮説候補を準備する必要がある。しかしながら、CMS をする際にはそのような仮説候補を準備する必要はない。しかし、生成された仮説集合はいつも正しいわけではないし、時には、最小過ぎることもある。したがって、CMS を使う場合は、仮説集合の選択を注意深くしないといけない。

4.3 Abductive Analogical Reasoning（AAR）

　上記したように、CMS は、最小の仮説集合（minimal hypothesis set）を生成する
だけである。というわけで、いつも満足のいく仮説を得られるわけではない。し
たがって、Abductive Analogical Reasoning（AAR）を提案した（阿部, 1998a）。こ
の推論では、論理的、類推的な手法で欠けている仮説を生成する。仮説生成過程は
CMS と似ている。生成された知識集合の構造は、既知の知識集合と類似している。
AAR のフレームワークでは全く知らない仮説ではなく、やや知らない仮説を生成
するのである。さらに、類推写像を導入することで、新しい仮説の評価をすること
ができるようになる。これは、一般に仮説推論で使っているオッカムの剃刀のよう
な最小な節が一番いいという評価とは違った評価法である。たとえば、説明一貫性
（explanatory coherence）（Thagard, 1989）のような評価が可能になる。

　AAR の推論機構は以下のようになる。ただし、紙数の都合で、詳細とここで使
われている記号に関しては、阿部（1998a）を見ていただきたい。

　ある観測 O が与えられた時に、

$$\Sigma \not\models O, \quad (O は \Sigma だけでは説明できない) \qquad (4\text{-}7)$$

である時は、Σ（背景知識）は、O を説明するためのなんらかの節を欠いている。
したがって、AAR は、以下を満たすような minimal clauses S を生成する。

$$\Sigma \models S \vee O, \qquad (4\text{-}8)$$
$$\neg S \not\subseteq \Sigma. \qquad (4\text{-}9)$$

　結果は、CMS が出すものと同じである。この結果は、常に正しいと認められた
仮説集合ではない。この仮説を正当化するためには、既知の知識集合からの類推写
像を利用することになる。

$$S \mid S', \quad (S' は類似写像を使って S から変換したものである) \qquad (4\text{-}10)$$
$$\neg S' \in \Sigma, \qquad (4\text{-}11)$$
$$S' \mid S'', \qquad (4\text{-}12)$$
$$\Sigma \models S'' \vee O, \qquad (4\text{-}13)$$
$$\neg S'' \not\subseteq \Sigma. \qquad (4\text{-}14)$$

O は $\neg S''$ により説明され、これは、仮説集合と看做せる。この新しい仮説集合は正当化されている。この仮説集合は、正しいと思われている（authorized; よく知られている）知識集合に似た構造をしており、それからアブダクションで論理的に得られたものであるからである。

5　アブダクションを使って詩を生成してみる

5.1　計算機上のナラトロジーにおけるアブダクション

前節に示したように、アブダクションは無矛盾な仮説集合を生成（選択）、合成することで実現される。つまり、それまでに行われた会話や作られた文学作品の断片や新しく生成した断片の再構築を論理的にすることと考えてよい。したがって、アブダクションにより、会話生成や文学作品の生成をすることができる。文学作品の生成に関しては、間テキスト性という概念を導入した。そこで示されている文学の特性である「テキストは引用文のモザイクとして構築されたもので、別のテキストを吸収したり変形したものである」ということはアブダクションを使うことで比較的容易に実現できる。つまり、乱数による生成は簡単であるが、あまり面白くない。しかしながら、論理的生成に関しては、アブダクションにより実現できる。たとえば、ゴールや結末が示されている場合、それを説明するために、仮説と看做すことができる引用文（quotations）をアブダクションにより生成できるのである。このタイプの推論は、自然言語処理に適用できる。たとえば、アブダクションを利用した自然言語処理が色々提案されてきた（Stickel, 1988, 1989; Hobbs et. al, 1993; McRoy & Hirst, 1993, 1995）。それらは、自然言語解釈、理解、そして、ことばを誤解していることを修正することで正しく理解するシステムである。以上は基本的に仮説選択の際に、最小仮説の原理、もしくは、重みつきの仮説を用いている。たとえば、ホッブスの abductive interpretation（Hobbs et. al, 1993）は、テキストの解釈とは、そのテキストが正しいことの最小の説明であるという考えに基づいている。テキストの解釈はアブダクションにより、そのテキストに一貫性がある（coherent）ということを証明することにより行われる。しかしながら、自然言語処理にアブダクションを適用する中でさらに面白い分野は、対話生成である。ラスカリデスとオーベルレンダー（Lascarides & Oberlander, 1992）は、簡単な対話生成をアブダクションで行う手法を提案している。この手法では、対話の解釈は変更可能なルール（defeasible rules）を用いてアブダクションにより行われ、対話生成は、非単調的な演繹的チェックとアブダクションにより行われる。

5.2 アブダクションによるユーモアつきの対話生成

　インタラクティブに発話を交わす会話生成に関しては、以前、AAR（前節参照）の応用として示したことがある（阿部, 1997）。さらに、ユーモアつきの対話生成にアブダクションを適用した（Abe, 1998b）。このフレームワークでは、直前の会話の構造[5]が参照されることにより新しい会話が生成される。さらに、ユーモアつきの会話は AAR により生成される。この会話生成過程を簡単な例で示す。まず、観測の説明をアブダクションにより行う。直前の会話の参照は行わない。知識ベースに以下の節が入っていると仮定する。

¬danger_baby :- make_sleep_baby.
danger_baby :- swallow_baby_pen.
¬pen :- swallow_baby_pen.
write_letter :- pen.
pencil.

　¬danger_baby という観測がなされた時は、AAR（CMS）で生成される仮説のひとつは、*make_sleep_baby* である。しかし、現在の文脈（医療行為としておく）が[6]「書く」に変化すると、観測は、*write_letter* に変わる[7]。そして、AAR により生成される仮説は、write_letter :- pencil となる。少し説明をすると、本来書くときに使うべきものは、*pen* である。しかし、普通のアブダクション（仮説推論）では、仮説集合に *pens* がないので、仮説は生成されない（推論に失敗する）。しかしながら、*pencil* は *pen* に似ているので、AAR の類似写像のところで使うことができる。したがって、新しい仮説である *write_letter :- pencil* が AAR により生成されているのである。

　上記の推論は、実は、A 氏と医者の間のユーモアつきの会話の例を AAR の推論として示したものである。実際の会話は以下のようになる。

　　A 氏：「先生、早く来てください。赤ん坊がペンを飲み込んでしまったのです。」
　　医者：「わかった。すぐ行く。それまでどうすればいいかわかるかね？」

---

[5] この例では、簡単化のために、節は知識ベースに単純にセーブされているだけである。構造性はない。

[6] AAR のフレームワークでは現在の文脈は自動的には獲得できないが、獲得できたとする。

[7] この操作も AAR のフレームワークではできない（考慮していない）。

A 氏:「はい、鉛筆を使っています。」

　上の結果を知っていれば、さらに他のユーモア付きの会話を、上の対話を参照することで、AAR で生成することができる。
　もう一つの知識ベースに以下の節が含まれていると仮定する。

$\neg ache\_B :\text{-} stop\_bleeding\_B.$
$ache\_B :\text{-} penetrate\_B\_nail.$
$\neg nail :\text{-} penetrate\_B\_nail.$
$task\_B\_carpentry :\text{-} nail.$
$screw.$

　この場合、普通の文脈（医療行為）においては、観測が $\neg ache\_B$ の場合、AAR（CMS）で生成される仮説のひとつは、$stop\_bleeding\_B$ となる。上記の対話の例があるので、文脈の変更は、上記の例を見ながらすることができる。もし、文脈が大工（carpentry）に変化した場合、観測は、$task\_B\_carpentry$ になる。そして、AAR により生成される仮説は、$task\_B\_carpentry :\text{-} screw$ になる。なぜなら、ここに、$nail$ はないが、$nail$ は $screw$ に似ているので、このようになる。B 氏と医者の間の会話は以下のように表現できる。

　B 氏:「先生、早く来てください。釘が手に刺さってしまったのです。」
　医者:「わかった。すぐ行く。それまでどうすればいいかわかるかね？」
　A 氏:「はい、ネジを使っています。」

　対話生成過程は以下の3つの段階的推論により成り立つ。

（1）演繹

　本編の直前の会話である。現在の文脈は、アブダクションをする前に獲得されないといけない。つまり、この演繹をしている間に現在の文脈は獲得されないといけない。本節では、文脈の獲得に関しては、議論しない。文脈獲得は、学習（帰納推論）、もしくは、キーワードチェックによりできるはずである。

（2）アブダクション（AAR）

　ここでは、質問に対する回答を行う。観測は、質問に対応し、答えは、仮説となる。上記の文脈でアブダクションが実行され、答えを返す。このプロセスは、アブ

ダクションで仮説を生成するという意味で、非常に自然である。

(3) アブダクション（AAR）

　ここでは、もう一つの文脈で、もう一つのアブダクションを行う。前の状況とは異なった状況で推論を行う。したがって、知識ベースには、必要な知識はない。AAR は、ここで、新しい、もっともらしい仮説を生成するという意味で、重要な役割を果たす。

　図 4-2 に、上記の文脈の変化を伴う会話の概念図を示す。

　このシステムは、ジョークを含む会話の生成のために考えられた。このようなアプリケーションは会話の活性化に使うことができる。一般的に、ユーモアには、ネガティブな事象において生起しやすい不安や抑鬱を少なくするという効果もある（Yovetich et al., 1990）。さらに、コミュニケーション理論の立場からは、ユーモアは情動の解放をもたらしてソーシャル・スキルの向上に役立つ（Blau, 1955）とか、コミュニケーション能力を高めて個人の適応を促進する（Kane et al., 1977）と言われ（小田, 1995）、ユーモアは社会における潤滑油としても、コミュニケーションを確立するのにも役立ち、結局、ユーモアには元気を回復させ、生きようとする意志が湧いてくるようにさせる効果がある（Moody, 1978）等と、ユーモアの肯定的作用が示されている。

　そして、この処理は普通の会話にも同様に使うことができる。もちろん、この手法により、会話にさらに感情が付加される。さらに、上記のアプリケーションは、状況の変化に対応した推論に基づいたものとなっている。適切な状況の変化は、

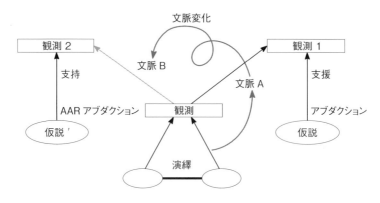

図 4-2　文脈の変化を伴う会話生成

我々の考えをより良い方向へと導く。したがって、このタイプの状況推論を使うと、ジョークを作ることができるだけではなく、人にある刺激を与えることができ、人の新奇な活動を作り出すことができる。

5.3 アブダクションによる作品の生成の可能性

　上記で述べたことは、アブダクションと類推推論でユーモアつきの対話を生成することであった。対話とは、お互いが物語りをすることであり、作品、つまり物語へと考えを広げることができる。つまり、作品を小さな単位に分け、それぞれに小さな帰結を作り、それを説明できる仮説を生成することにより、作品の断片を作るのである。たとえば、仮説推論（Theorist）（Poole et. al, 1987）の記述の仕方を使って、作品の生成に関して、

$$\text{文の繋がりなどの規則など} \cup h \vdash \text{一応の帰結} \qquad (15)$$

という形式で書くことができる。

　簡単な例で示す。一応の帰結として、「空腹を満たす」を使うと、￢ナイフ、夏みかん（道端）の状況では、h は、|採る（夏みかん（道端）），皮をむく（爪，夏みかん（道端）），食べる（夏みかん（道端））| のような仮説集合[8]になるであろう。この仮設集合を繋いだ程度では粗筋くらいにはなるかも知れないが、とても、小説や詩にはならない。しかしながら、適当な過去の作品の断片を見つけることができると、なんとか作品が仕上がると思う。たとえば、中原中也の『月夜の浜辺』を使ってみる。中也の詩は以下の通りである。

　月夜の晩に、ボタンが一つ
　波打際に、落ちていた。

　それを拾って、役立てようと
　僕は思ったわけでもないが
　なぜだかそれを捨てるに忍びず
　僕はそれを、袂に入れた。

---

[8] 仮説生成には、仮説ベース、知識ベースを準備し、たとえば、仮説推論の拡張版であるAAR等を使うのであるが、ここでは、細かい説明を省く。上記のユーモアつきの対話生成と同様の処理を行う。

月夜の晩に、ボタンが一つ
　波打際に、落ちていた。

　それを拾って、役立てようと
　僕は思ったわけでもないが
　　　月に向ってそれは抛れず
　　　浪に向ってそれは抛れず
　僕はそれを、袂に入れた。

　月夜の晩に、拾ったボタンは
　指先に沁み、心に沁みた。

　月夜の晩に、拾ったボタンは
　　　どうしてそれが、捨てられようか？

この詩に先程生成した仮説を当てはめてみると、以下のようになる。

　月夜の晩に、夏みかんを一つ
　道端に、見つけた。

　それを採って、役立てようと
　僕は思ったわけでもないが
　なぜだかそれを捨てるに忍びず
　僕はその皮を、ナイフが見つからず、爪で剥いた。

　月夜の晩に、夏みかんが一つ
　道端に、なっていた。

　それを採って、役立てようと
　僕は思ったわけでもないが
　　　月に向ってそれは抛れず
　　　草叢に向ってそれは抛れず
　僕はそれを、口に入れた。

　月夜の晩に、採った夏みかんは

爪先に汁が沁み、お腹に満ちた。

月夜の晩に、採った夏みかんは
どうしてそれが、捨てられようか？

などとできるかもしれない。上記は、仮説生成以上の話が追加されているが、基本的にことばの入れ替えであり、再構築とは言い難いかも知れない。しかしながら、入れ替える候補は、アブダクションにより生成されている。それを再構築の時に使ったと考えればよい。また、追加されている事象は、さらにアブダクションや類推を行うことで生成できる。ここで行ったことは、元の作品の枠組みを残しているので、パスティーシュ[9]とも考えることができる。したがって、ある作品を参考にして、アブダクションを行うことで、パスティーシュ実現の可能性も出てくるのである。

　さらに、できた詩をカットアップしても面白いと思う。そうすると、上記したような、和歌の再構築のような話になると思われる。コンピュータなら、このような切り貼りは、非常に簡単にできると思う。少なくとも、cut up の創始者と言われているブリオン・ガイシン（Brion Gysin）が新聞記事をセクション毎に手で切って、ランダムに再構成したことに比べると楽であろう。切り方も色々可能であろう。ここに示したものは、説明のために、手動で行っているが、仮説推論を行うとこのような推論になると思われる。また、ここに示したのは、作品の生成モデルの一つの可能性ではあるが、コンピュータで作品を（半）自動生成するという観点からは、面白いのではないかと思うし、かなり発展性があると思われる。

5.4　物語生成・コンテンツ生成のレベル（3）

　小方は、物語生成・コンテンツ生成のレベル（3）[10]として、社会と関わる物語のレベル（広告や経営や社会儀礼の物語等が含まれる）を示している。ここでは、広告をアプリケーションの対象として考える。その時に、たとえば、広告における物語は、アブダクションで構築できるのではないかと考える。広告とは、ある目的の

---

[9] 文学・美術・音楽など、作家の作風などを模倣して作った作品。

[10] 日本認知科学会第34回大会（2017年）にて、オーガナイザの小方の提案では、以下のように、物語生成・コンテンツ生成の幾つかのレベルを明示的に設けていた。
（1）脳神経科学や心理学と関わる物語のレベル
（2）記号学と関わる物語のレベル（文学・芸術・娯楽としての物語の世界）
（3）社会と関わる物語のレベル（広告や経営や社会儀礼の物語等が含まれる）

ために作成する。普通は、あるものを売る（普通のマーケティング）とか、あることをさせない、させられない（防犯）とかといった目的のために作成するのであろう。すると、観測は、あるものを売れた結果、あることをしないで済んだことによる結果、つまり、期待する結果となるわけである。上記の式を使うと、以下の式ができる。

様々な現象の因果関係等の規則など $\cup\ h\ \vdash$ 期待する結果　　　　（16）

ここで、「期待する結果」とは、「化粧品が売れる」、「甚大な火事が起こらない」となるであろう。たとえば、期待する結果として、「甚大な火事が起こらない」を使うと、以下のような知識を使うことで観測を説明できるので、

甚大な火事が起こらない $\vee \neg$ 初期消火をする.

初期消火をする $\vee \neg$ 消火をする $\vee \neg$ 早い.

消火をする $\vee \neg$ 火災の発生原因の高い電気による発熱体への対応 $\vee \neg$ 火災発生後の消火活動への対応.

火災の発生原因の高い電気による発熱体への対応 $\vee \neg$ 自動的に通電をストップさせるシステムの導入 $\vee \neg$ 着火対象や家全体となるインテリア・建具・たたみなどの不燃化.

火災発生後の消火活動への対応 $\vee \neg$ 消火器 $\vee \neg$ 水道・浴槽の水・汲み置き.

消火器 $\vee \neg$ 火災発生が予想される場所付近への消火器の配置.

仮説推論の結果としての仮説集合（h）としては、｛火災発生が予想される場所付近への消火器の配置，水道・浴槽の水・汲み置き，自動的に通電をストップさせるシステムの導入，着火対象や家全体となるインテリア・建具・たたみなどの不燃化｝が考えられる[11]。さて、この仮説を使って物語を生成するわけであるが、上記の論理の元となった物語（論文の中の一節）は、

---

[11] ここの話は、山田　勝彦「実効性ある住宅防災対策のスキーム … 不動産業者が開拓する防災ビジネスの新市場」（http://www.kinki.zennichi.or.jp/rp_topics/special/img/201301/ronbun_yamada.pdf （23 Nov., 2017 retrieve））による。

火災について検討するために阪神・淡路大震災の記録を調べてみた。阪神・淡路大震災における火災の発生は 285 件だった。そのうち地震発生当日の火災は 206件で翌日・翌々日にそれぞれ 20 件ずつ発生している。火災が発生した原因の中で「不明」の 147 件を除けば「電気による発熱体」が 85 件ともっとも多くなっている。また火災 285 件のうち、146 件では初期消火が行われ火災の鎮火に有効だったものが 58 件あった。消火に用いられた物は、「消火器」が 81 件で一番多く、次いで「水道・浴槽の水・汲み置き」が 29 件と続く。これらをまとめてみると火災の発生原因の高い電気による発熱体への対応と火災発生後の消火活動への対応が有効であると考えられる。地震などの自然災害が起きた場合には自動的に通電をストップさせるシステムの導入や着火対象となるインテリア・建具・たたみなどの不燃化などが考えられる。初期消火については火災発生が予想される場所付近への消火器の配置や家全体からみた水道や浴槽などへの動線についても考慮したい。

である。上記の仮説を使うと、「火災発生が予想される場所付近へ消火器の配置を行い、水道・浴槽の水・汲み置きを行い、自動的に通電をストップさせるシステムを導入し、着火対象や家全体となるインテリア・建具・たたみなどの不燃化を行うと甚大な火事が起こらない。」という粗筋ができる。そして、これを広告のための物語にするのであるが、無理やり、上記の中原中也の詩を使ってみる。

　月夜の晩に、大火が一件。
　隣の町で、起こった。

　その報道を、役立てようと
　僕は思ったわけでもないが
　なぜだかそれを捨てるに忍びず
　僕はそれを、頭に入れた。

　月夜の晩に、火災発生が予想される場所付近へ、消火器を一つ
　配置してみた。

　水道・浴槽の水を残して、役立てようと
　僕は思ったわけでもないが
　　　月に向ってそれは抛れず
　　　浪に向ってそれは抛れず

僕はそれを、汲み置きした。

月夜の晩に、自動的に通電をストップさせるシステムの導入をしてみた。

月夜の晩に、着火対象や家全体となるインテリア・建具・たたみなどの不燃化もしてみた。

月夜の晩に、行ったこのような対策は、
家の中に沁み、心に沁みた。

月夜の晩に、行ったこのような対策は、
どうしてそれが、捨てられようか？

　かなり無理やり作ったので、無理があるかもしれないが、もう少し適当な詩なりを探せば、結構いい広告用の物語ができるのではないかと思われる。ただ、上記の詩でも、なんらかの場面は浮かぶのではないだろうか？　月夜の晩なので、ルネ・マグリットの「光の帝国（L'empire des Lumieres）」を背景に広告を作成してもいいかもしれない。

6　おわりに

　本章では、間テキスト性に基づいた作品生成の可能性について議論した。最初に、分解した作品をランダムにつなぎ直すことで新たな作品を生成することについて議論した。そして、アブダクションを行うことで、さしあたってのゴールを説明できる仮説を生成し、それを既存の作品に適用することで、新たな作品を生成する可能性について議論した。アブダクションは人間の知的生産を反映する思考法であり、これに基づいた推論を行うことで、人間が行う知的で自由な生産活動をコンピュータの上で、簡単な問題だけかもしれないが、実現可能である。この手の問題を解決するには、まず、知識ベースの構築などが必要であるが、Scrivener のようなシステムを利用することで、世界知識としての知識ベースの構築は比較的楽になるかもしれない。
　さらに、最後にとってつけたように広告における物語の生成の可能性にも言及したが、絵画などと連携して作成すると、詩的で、意外と面白いのではないかと思う。

高橋源一郎 (2015).『デビュー作を書くための超「小説」教室』河出書房新社.

　「選考委員」の視点で描く、超「小説」教室。「小説」あるいは「文学」になる前のなにかが、どうやって、「小説」や「文学」になるのか。あるいは、「小説」志望者が、いつどんな瞬間に、「小説家」になることができるのかを描いている本。

渡部直己 (2015).『小説技術論』河出書房新社.

　移人称、自由伝聞話法、対偶技法、時空間処理法、心内語、隠喩などの技法を用いて小説の書き方と読み方を説明している本。

安藤宏・高田祐彦・渡部泰明 (2014).『日本文学の表現機構』岩波書店.

　古代の物語、中世の和歌、近代の小説など、豊富な実例の読解を通して、文学表現に込められた仕掛け、さまざまな表現機構を説明している本。

【参考文献】

・阿部明典 (1997). Abduction に於ける仮説選定の基準 — Over the Occam's Razor. 第 55 回情処全大, Vol.2, 6AH-4, 573-574.

・阿部明典 (1998a). 欠如節を生成する推論法.『信学会論文誌』Vol.J81-D-II, No.6, 1285-1292.

・Abe, A. (1998b). Applications of Abduction. *Proc. of ECAI98 Workshop on Abduction and Induction in AI* (pp.12-19).

・阿部明典 (2005). コンピュータと感性 (III).『人工知能学会研究会資料』SIG-LSE-A502-5-2 (pp.33-36).

・阿部明典 (2008). 実は、作品は観賞者が創る？ 介在者が創る？？？？.『人工知能学会研究会資料』SIG-LSE-A801-11-6 (pp.121-128).

・阿部明典 (2010). 小説の生成に就いて.『人工知能学会研究会資料』SIG-LSE-A903-16-8 (pp.129-134).

・Blau, P. M. (1955). *The Dynamics of Bureaucracy.* University of Chicago Press.

・Burroughs, W. S. The Cut-Up Method of Brion Gysin. http://tbook.constantvzw.org/wp-content/cutup_gysin_burrough.pdf (22, Nov., 2017 retrieved)

・Eliot, V. (Ed.). (1971). T. S. Eliot The Waste Land: A Facsimile and Transcript of the Original Drafts Including the Annotations of Ezra Pound. Harcourt Brace Jovanovich.

・Hobbs, J. R. et al. (1993). Interpretation as Abduction. *Artifi. Intell.*, vol.63, 69-142.

・伊藤雅光 (1997-2001). ユーミンの言語学. 日本語学

・伊藤雅光 (1999). 作詞アンドロイド・ユーミン.『人工知能学会研究会資料』SIG-LSE-9903-S2.

・岩本一 (2001). 間テクスト性 — その展開と関連性について. *dialogos,* Vol.1, 39-57.

・Kakas, A. C., Kowalski, R. A. & Toni, F. (1992). Abductive logic programming. *J. of Logic and Computation,* Vol.2, No.6, 719-770.

・Kane, T. R. Suls, J. & Tedeschi, J. T. (1977). Humor as a tool of social interaction. In *It's a Funny Thing, Humor, Proceedings of The International Congress on Humor & Laughter,* Pergamon Press.

- Kristeva, J. (1980). *Desire in Language: A semiotic approach to literature and art.* Columbia University Press.
- Lascarides, A. & Oberlander, J. (1992). Abducing temporal discourse. *Proc. of 6th. int'l Workshop on Natural Language Generation* (LNAI-587). (pp.167-182).
- McRoy, S. & Hirst, G. (1993). Abductive explanation of dialogue misunderstandings. *Proc. of EACL93* (pp.277-286).
- McRoy, S. & Hirst, G. (1995). The repair of speech act misunderstandings by abductive inference. *Comput. Linguistics,* vol.21, No.4, 435-478.
- Moody, R. A. Jr. (1978). Why humor works. In *Laugh after Laugh: The Healing Power of Humor* (pp.107-115). Headwaters Press. (林（訳）(1995). ユーモアの治癒力とは？. *imago,* Vol.6-3, pp.147-153, 青土社)
- narinari.com: 最近の歌詞は「日本語回帰」？ 松任谷由実と中島みゆきで調査. http://www.narinari.com/Nd/2007087852.html（30, April, 2019 retrieved）
- 野町二（編著）(2002).『イギリス文学案内 増補改訂版』朝日出版社.
- 小田晋 (1995).「笑い」の人間学と心身医学. *imago,* Vol.6-3, pp.154-161.
- Peirce, C. S. (1955). Abduction and induction. In *Philosophical Writings of Peirce* (chap.11) Dover.
- Poole, D. Goebel, R. & Aleliunas, R. (1987). Theorist: A logical reasoning system for defaults and diagnosis. In N. J. Cercone & G. McCalla (Eds.), *The Knowledge Frontier: Essays in the representation of knowledge* (pp.331-352), Springer Verlag.
- Reiter, R. & de Kleer, J. (1987). Foundation of assumption-based truth maintenance systems: Preliminary report. *Proc. of AAAI87* (pp.83-188).
- Stickel, M. E. (1988). A Prolog-like system for computing minimum-cost abductive explanations in natural-language interpretation. *Proc. of Int'l Computer Science Conf* (pp.343-350).
- Stickel, M. E. (1989).Rationale and methods for abductive reasoning in natural language interpretation. *Proc. of Int'l Scientific Symp.* "Natural Language and Logic"(LNAI-459) (pp.233-252).
- Thagard, P. (1989). Explanatory coherence. *Behavioral and Brain Sciences,* **12**, 435-502.
- 山田麻里 (2004).『イヴリン・ウォー ── 『一握の塵』のテクスト間相互関連性』日本図書センター.
- Yovetich, N. A., Dale, J. A. & Hudak, M. A. (1990). Benefits on humor in reduction of threat-inductied anxiety. *Psychological Reports,* Vol.66, pp.51-58.

第5章

物語自動生成ゲームにおける驚きと物語
驚きに基づくストーリー生成のためのギャップ技法

小野淳平・小方　孝

1　はじめに

　本章で取り上げるゲーム[1]は娯楽の一種である。娯楽の種類は多様であり、舞踊や演劇や民俗芸能や音楽演奏のようなパフォーミングアーツから、小説やマンガや映画のような物語作品、相撲や野球やラグビーのようなスポーツイベントに及ぶ。ゲームとそれ以外の娯楽は、サレン ＆ ジマーマン（2011）や松永（2018）を参考に考えれば、主体（参加者）どうしのやりとりがあるかどうかによって区別される。

　一方、ゲームは娯楽とだけでなく、教育、科学、技術などとも関連する。しかし、ゲームであるからには、芸術的・教育的・科学的などの性格も、広い意味での娯楽の中に含まれたものである、ということは断っておかなければならない。すなわち、広い意味での娯楽としてのゲームの対象分野には、狭義の娯楽的分野以外にも、多様なものが含まれる。たとえば、ワシントン大学の研究グループが開発した *Foldit* というヴィデオゲームを通じて、あるウィルスに対する薬物の重要な知識が得られた（Khatib et al., 2011）。*Foldit* は、タンパク質構造解析という専門的な分野を対象とするヴィデオゲームである。プレイヤーはより良い点数を求めてオンラインでプレイする。プレイを通じて、現実のタンパク質構造解析における新たな知識の発見

---

[1]　本章では、電子機器を媒体としたゲームを総称してヴィデオゲームと記述する。また別に、単にゲームと記述する場合は、ヴィデオゲームの他、電子媒体を含まないボードゲームや鬼ごっこ、現実代替ゲームなどゲーム全般を指す。

につながることがある[2]。他にコペンハーゲン IT 大学の学生グループである 3rdWorldFarmer Team が制作した *3rd World Farmer* という経営シミュレーションゲームや、アメリカのゲーム制作会社 PopTop Software が制作した *Tropico* という政治シミュレーションに関するゲームなど、社会的対象を扱うゲームも多数存在する。

　以上のように、ゲームの対象分野は狭い意味での娯楽以外にも、社会的、科学的分野などへと広がっている。社会問題の解決を意図したシリアスゲーム（プレンスキー, 2009）という分野も生まれている[3]。それにともなって、より本格的な学術的研究テーマも提案されるようになっている。ある目標に対する動機の強化を意図したゲーミフィケーション（プレンスキー, 2009）という手法はその一例である。

　ここにおいて、ゲームを広い意味での娯楽と規定したが、それはロジェ・カイヨワによる以下の遊戯に関する議論と密接に関連する。カイヨワ（1970）は、遊戯を現実と切り離された空間における活動であると述べた。遊戯においては、現実と異なる文脈や物語が用意され、その遊び手は、その文脈や物語より生まれた規則・制約の中で遊戯を遊ぶ。遊戯は現実と切り離されているがゆえに、現実における生産性と直接的な関係を持たない。「遊びは仕事の準備訓練ではない」、「実際に何の役にも立たない」などとカイヨワは述べているが、一方で、「障害を克服し困難に立ち向かう能力」を高めさせるとしてもいる。

　筆者らのゲームの性格付けは、カイヨワのこの考えに部分的に基づいている。ゲームは、その対象世界を、たとえば、空想的な物語世界とすることもあれば、科学的・論理的世界とすることもある。しかし、どのような対象世界であっても共通なのは、ゲームの中での世界がある一定の規則や制約によって規定されており、ゲームを遊ぶ参加者はその規則や制約の中で行動し、思考するということである。この規則や制約が、現実世界の原理や科学的な原理に基づいて構成されていることもあるが、そのような場合でもその規則・制約は現実的な世界からは独立したものである。その意味でゲームは、仕事の準備訓練ではなく、何の役にも立たないものであるが、しかし結果ないし効果としては、問題解決力の向上などに役立つこともある。しかしながら、筆者らは、たとえば「問題解決力への貢献」など実際的な目標を、ゲームの第一義的な目的とは考えない。ゲームは、どんな対象、ジャンルの

---

[2] なお 2020 年 2 月末に、開発元であるワシントン大学の研究グループは、新型コロナウィルス SARS-CoV-2 の解析をゲームの新たな課題として配信した。また同時期、伝染病をシミュレーションするゲーム *Plague Inc.* が中国で配信停止となった。

[3] たとえば、2019 年 10 月に任天堂から発売されたリングフィットアドベンチャーにおいては、フィットネス行為に攻撃力が与えられており、その行為によってプレイヤーは立ちはだかる敵を倒す。相対する敵を倒して話を進めるという文脈を通じて、プレイヤーがフィットネス行為を行うための動機付けが付与される。

ゲームであっても、あくまで娯楽であり、何らかの有益性は、あくまでも結果に過ぎない。その意味で、ゲームは、小説や演劇や映画などの物語のコンテンツと似ている。それらの物語のコンテンツも、その第一義的な目的は、物語のコンテンツそのものを鑑賞（体験、経験）することそのものの中にある。現実的な原理や実際的な有益性から自立・独立しているために、それらはかえって大きな自由と可能性を獲得するのである。その点は、ゲームも同じであり、小説や演劇や映画などの仲間である。しかし同時に、ゲームは遊戯・遊びでもあるという点で、それらの物語コンテンツとは異なっている。

　ところで、人間は様々な物事を遊戯とする力を持っている。筆者の一人小野の例を挙げる。小野は子供の頃、横断歩道の白い塗装部分にだけ足を着ける、あるいは、影のある所だけ歩く、といった遊戯に興じたことがある。自分で規則を定めた、一種のゲームであった。このゲームの中で小野は、白い塗装部分あるいは影のある部分以外を「奈落」に見立て、危険な土地を歩き、自ら設定した困難に挑戦していく、一人の登場人物を演じていた。カイヨワ（1970）が述べるように、遊戯は、仮想の状況の中で勝敗（あるいは成否）が決する、現実に影響を及ぼすことのない行為であり、失敗が可能な世界である。たとえ、あえて困難な道のりに挑戦し、足を踏みはずして奈落に落ちようとも、ゲームなら現実に帰ることが可能である。しかし、困難に挑戦したというそこでの経験は、将来に少しばかり影響があると思える。

　電子技術の発展により、多くのゲームは、電子機器上で遊ぶことができるようになった。仮想的な場を提供することが可能なコンピュータは、現実とは異なる文脈を必要とするゲームにとって親和性があり、数多くのヴィデオゲームが生み出された。1971 年に *Computer Space* という業務用アーケードゲームが始まって以来（中川, 2016）、様々なヴィデオゲームのための媒体が生み出され、現在はコンシューマゲーム機器やパーソナルコンピュータ、あるいはスマートフォンなど、多岐にわたる媒体で世界中の人間がヴィデオゲームを遊んでいる。そうして遊戯の研究からヴィデオゲームに焦点を当てた部分が独立し、一つの研究分野となった。

　筆者らの整理では、ヴィデオゲームの研究には二つのアプローチがある。一つはルドロジー（ludology）と呼ばれる研究分野ないしアプローチである。これはヴィデオゲーム特有の性格に着目したアプローチであり、ヴィデオゲームと物語とを分けて分析する（Frasca, 1999; ユール, 2016）。そしてもう一つは、物語論ないしナラトロジー（narratology）的側面からのアプローチである（Duret & Pons, 2016）。ナラトロジーは、主に、民話、神話、文学作品を形式的・構造的に分析する研究分野である。本書『ポストナラトロジーの諸相 —— 人工知能の時代のナラトロジーに向けて 1』も、このナラトロジーの系譜に連なるものである。これら二つのアプローチは、1990 年代頃は対立的論調で語られていたが、現在はそのような対立は解消

されている（ユール, 2016）。

　日本では、1990 年頃からヴィデオゲームにおけるストーリー生成の調査・研究を安田（1987）らが開始し、2000 年以降、ナラトロジーや文学理論と関連したテーマが増えていった。その後、海外のヴィデオゲームにおいて注目された、ヴィデオゲーム内における偶発的な出来事の体験と物語を関連付けた概念（「ナラティブ」と呼称されている）が導入されている（松永, 2015）。

　このような流れの中で、筆者らは、テーブルトークロールプレイングゲーム（Table-talk Role Playing Game: TRPG）[4] に着想を得て、物語自動生成ゲーム（Automatic Narrative Generation Game: ANGG）と呼ばれるゲームの方式を提案した（小野・小方, 2017; 小野, 2018）。テーブルトークロールプレイングゲームについては 2.1 節で説明する。ANGG では、ゲームがストーリー生成の手段の一つとして扱われる。ストーリー生成は、筆者らが開発を続けている統合物語生成システム（Integrated Narrative Generation System: INGS）（最新成果は小方, 2018; Ogata, 2020 などを参照されたい）を用いて行うが、ストーリー生成のための新しいアイディアとして、読者の驚きに基づくギャップ技法の概念を提唱した。驚きとギャップ技法については 3.3 節で述べる。

　ANGG に関連する筆者らの一連の研究では、最初に驚きに基づくギャップ技法を内蔵した ANGG の基本的枠組みを提案し（Ono & Ogata, 2016a, 2016b）、次いでストーリーにおける構造と表層的な要素の変更による複数のストーリー生成を試みた（Ono & Ogata, 2016c; 小野・小方, 2016a, 2016b）。さらに、ギャップと驚きの関係に基づく生成方式を発展させた（Ono & Ogata, 2018; 小野, 2018; 小野・小方, 2017, 2018）。

　以上の内容は、筆者の一人である小野（2018）の博士論文に集成されており、本章の 1 節から 4 節までは、それに含まれる、背景研究（TRPG や驚き）、物語自動生成ゲームの試作、ギャップ技法の実装方法、ギャップ技法を用いたストーリー生成の実験の部分を、要約および加筆・修正したものである。この博士論文は、ギャップ技法と関連して、語の統計情報や概念が持つ属性情報を利用したストーリー生成手法の提案も含むが、本章はこれらには触れない。5 節および 6 節では、小野・小方（2018）によるギャップ技法の利用方法の発展の側面を拡張し、さらに大きな視点から物語自動生成ゲームの応用や将来課題を議論する。

---

[4] 海外では TRPG をロールプレイングゲーム（Role Playing Game: RPG）あるいは、Table-top Role Playing Game と呼ぶ。人間のプレイヤーが役割を演じる部分がヴィデオゲーム化した結果、RPG という言葉は、ヴィデオゲームにおける一つのジャンルを指すようになった。

2　本研究の背景 —— TRPG と驚き

ここでは、本研究の背景のうち特に重要なものとして、テーブルトークロールプレイングゲーム（TRPG）および「驚き」の研究について説明する。

2.1　テーブルトークロールプレイングゲーム

TRPG は、「役割演技（Role Play)」を由来とするゲームである。役割演技は、一定の状況における反復的な学習、即興的な問題解決能力の獲得、あるいは体験的学習による知識の強化などの教育的、学習的な側面に着目した手法であり、精神分析家であるモレノ（Jacob L. Moreno: 1889-1974）が 1923 年に提唱した「心理劇（Psychodrama)」を源流に持つ。心理劇は即興劇を通して患者の治療を行う心理療法である（フォックス, 2000）。医師が監督となって全体の制御を行い、患者は演技者として何らかの役割を演じる。ガイギャックス（Ernest Gary Gygax: 1938-2008）は、役割演技の要素にさらに、物事の成否を判定するための明確で公正なルールを加えることで、TRPG を生み出した（ウィットワー, 2016）。

TRPG は、4 人から 6 人でプレイされる[5]。1 人の参加者がゲームマスター（Game Master: GM）になり、残りの参加者がプレイヤー（Player: PL）になる。参加者が使用する基本的な道具は、筆記用具と、いくつかのサイコロである。PL は、筆記用具を使用して、PL が操作するキャラクターに関する情報を記録する。サイコロは、キャラクターの行為の成否を決定するために使用される。参加者が TRPG をプレイする際には、以下のプロセスをいくつかのサイクルを重ねて進める。

(1) GM は、場面の状態を語り手としてあるいはキャラクターとして説明する。
(2) PL は、GM が表現する場面に基づいて行動を選択する。
(3) GM は、PL の行動に基づく結果を表現する。

なお TRPG は、単純な議論を伴うだけでなく、PL がストーリーのキャラクターとして機能する場面での議論の機会や、GM と PL 間のコミュニケーションとい

---

[5] 4 人から 6 人とは、TRPG を遊ぶ上で、プレイヤー側における役割分担の都合上望ましい人数である。厳密に人数が定まっているわけでなく、昨今の TRPG はより少人数で遊ぶ作りになっていることも多い。またここで示している TRPG の定義は、その典型的な形態に基づいており、サイコロの代わりにトランプを使うなど、バリエーションは多岐にわたる。

うメタレベルでの議論の機会なども含む。このような議論の機会を通じて、PL は、GM が作成したストーリーの枠組みに含まれていない場面を提案して、ストーリーの枠組み自体を変化させることもできる。この種の提案が GM に刺激を与え、時として GM はストーリーを変化させる。本研究では、この刺激を、驚きとして解釈する。この場合は、GM における驚きであるが、変化したストーリーに PL が驚くこともあるだろう。相互的な驚きを媒介として、ストーリーがより面白い方向、刺激的な方向に変化して行く。

　ガイギャックスが開発した TRPG の中で最も有名なものは *Dungeons & Dragons* である。日本ではまず *Dungeons & Dragons* など海外で制作された TRPG が出版社や個人によって翻訳され、市場が形成された（安田, 2018）。その後、ソード・ワールド RPG シリーズ（代表的な書籍として『ソード・ワールド RPG 完全版』（清松・グループ SNE, 1996））など国産の TRPG が開発された。日本における TRPG の市場には独特の商品として、リプレイという書籍がある。人間が実際に TRPG を遊んだ様子を記録し、戯曲の台本風の形式に編集して販売したものである。現在では、動画配信サイト上で、動画という媒体で表現されたリプレイが、一般人の手によって公開されることもある。また、雑誌や書籍などでは、TRPG を素材に物語や語り方について議論されている。たとえば、『実践ゲームナビゲイター講座』（たの, 1999）では、物語とはどのようなものかを巡る議論が行われ、ゲーム進行に関する諸技術が提案された。

　TRPG はコミュニケーション研究の主題として扱われることも多い（加藤・藤野, 2015）。 TRPG のストーリー作成プロセスに焦点を当てた研究（星野, 2004）は、参加者がストーリーの登場人物の一人の役割を担う、没入型ストーリーテリングモデルを提案しており、ストーリーの展開をインタラクティブに制御する例として TRPG を挙げている。バーグストロム（Bergström, 2012）は、TRPG における人間のストーリー制作の傾向に注目し、3 種類の TRPG システムを分析し、人間の創造性の要素を示した。

2.2　驚きに関する研究

　岸本（2015）によれば、人間は未知の出来事に相対した時に、驚きを感じることで、外界を予測する自らのモデルを拡張していく。ここでは、驚きは人間にとって本質的な、価値のある感情と捉えられている。筆者らも驚きが人間にとって、あるいは物語にとって、極めて重要な感情であると考えている。人間の理性と合理的推論の力を高らかに謳い上げたデカルトが、一方で『情念論』（デカルト, 2008）を書いていたことは有名である[6]。デカルトは、感情を 6 つの基本的感情に分類し、人

間の危機回避機能に大きく貢献する「悲しみ」という感情を最重要なものとして位置付けたが[7]、驚きにも高い地位を与え、「すべての感情のうち、驚きは最初に現れるもの」とし、人間は驚きによって知識を習得しているとも述べている。山根（2005）は、驚きは予期できない未知の出来事に対してだけでなく、たとえば、目薬を点眼する際の反応や壁に付いた黒い染みが虫に見えるなど、予期される、あるいは見えている出来事に対しても、発生する場合があると主張している。

驚きがエンターテインメント（娯楽）の源泉と見なされると、武藤（2016）は、世阿弥が述べた「意表」の概念を援用して説明している。驚きの効果に関して、堀田（2013）は、フィクションにおいて、出来事の提示順序や取捨選択が、驚きを生み出している点に注目し、その構造にも言及している。イギリスの映画監督であるヒッチコック（Alfred Hitchcock: 1899-1980）は、驚きが隠された事実の瞬間的な認識であるのに対して、サスペンスの方は特定の探求を続けるための緊張感に支えられてより持続すると述べている（トリュフォー & ヒッチコック, 1990）。ヒッチコックは瞬間的な驚きよりサスペンスの方を好んでいるが、本研究では、驚きはゲームや物語において、本質的な重要性を持つのではないかと考えている。あるいは、サスペンスと驚きとは二律背反的な技法ではないと考えている。サスペンスは本来瞬間的な性格を持つ驚きを持続させることの中に成り立つ。だからと言って、驚きが、サスペンスに奉仕するという一方的な関係を意味しているわけでもない。一例として、2015 年にアメリカのトビー・フォックス（Toby Fox: 1991- ）によって発表された *Undertale* では、ゲーム進行において、プレイヤーとゲームの物語中の登場人物の距離が異様に接近することがあり、その体験も人気の要因の一つであると考えられる。物語に対してプレイヤーが意識していた「距離」が、瞬間的に極めて縮まる体験にプレイヤーは驚きを感じる。これはサスペンスを伴わない驚きを生起させる技法である。江戸時代の歌舞伎作者四世鶴屋南北の作品にも、必ずしもサスペンスとは無関係な驚きが頻出する。南北による絢交ぜの技法（Ogata, 2019）の一つの動機付けは、明らかに観客に驚きを感じさせることであった。

岸本（2015）は、神経精神分析の創始者であるソームズ（Mark Soames: 1961- ）によって提案された「意識的なイド」の概念を紹介している。これはフロイトによるイドの理論の一種の改訂版である。岸本は、人間の脳内に存在する、環境に対す

---

[6] 筆者の一人である小方は、中学生の時デカルト（1997）の『方法序説』と『情念論』をセットで読んだ。アダム・スミスにおける『国富論』（スミス, 2000a, 2000b, 2001a, 2001b）と『道徳情操論』（スミス, 1969, 1970）との対からもうかがわれるように、偉大な業績を上げた人物の精神の振幅の広さは並ではないと感じた次第である。

[7] その意味で、デカルトは感情を人間行動に本質的に寄与するものと捉え、それは現代の認知科学の感情観につながっている。

る予測モデルと現実で生じた出来事との間の誤差によって驚きが発生し、それにより外界に対する脳の内部モデルが改善され、その後反応が自動化されると述べている。意識的なイドは、この予測の誤差を改善する仕組みとして位置付けられる。岸本は、これが自我の成長モデルであると述べている。

　ナラトロジーにおいて驚きと関連する概念は、異化である。異化とは、シクロフスキー（1971）やブレヒトによって提案された文学的・芸術的理論であり（政所, 1992）、普通常識的な文脈に囲まれてそれ自体の存在を主張することをしない事物を、それそのものとして浮かび上がらせることである。たとえば、小説の中で言葉が異化されると、言葉は何か言葉以外のものを表現するための手段ではなく、言葉そのもの（の美）としての存在となり、演劇の場合登場人物が観客に向かってずっと語りかければ、演劇における物語の構造そのものが異化される。異化が驚きと密接に関わっていることは、上のような例から明らかだろう。読者は普段何気なく喋っている言葉そのものの存在感に驚き、いつもは単なる（狭い意味での）娯楽として鑑賞している芝居の仕組みそのものが顕在化してしまう事態に驚くのである。筆者らも、広告が異化と密接に関連していることを示した（張・小野・小方, 2011a, 2011b, 2012; 小野・張・小方, 2012）。また、本書第1章の執筆者である金井は従来から、ストーリーを切断し異化する物語的機構に関する研究を行っているが（金井, 2008; 金井・小玉, 2010）、切断され異化された物語から現れるものも、驚きであろう。金井によるストーリーの切断や異化は、本章で提案するギャップ技法にも関連する。

3　物語自動生成ゲームと驚き／ギャップ技法に基づくストーリー生成

　本節では、物語自動生成ゲーム（ANGG）の構成を示し、その中で特に、驚きおよびそれに基づくギャップ技法について詳しく説明するが、その前に、TRPGの何がANGGの着想を刺激したのかについて、補足的に述べる。

3.1　TRPGの何がANGGを刺激したのか

　TRPGは、筆記用具とサイコロを利用したゲームであり、ゲームのプレイ中にストーリーが変化するアナログゲームである。TRPGをまねたヴィデオゲームとして、ロールプレイングゲーム（RPG）というジャンルが生まれている。

　TRPGでは、プレイヤーとゲームマスターと呼ばれる役割の人間が、協力と議論を行うことで、ストーリー展開プロセスが進行する。すべての参加者は、ゲーム内

のストーリーの展開に貢献するが、参加者ごとに異なる意見によってストーリーの流れは、あらかじめ準備されたストーリーの枠組みから逸脱し、プレイを通じてストーリーは様々な形へと変化する。松永（2018）は、カイヨワ（1970）が述べた定義にもとづき、ままごとや人形遊びなどの模擬（ミミクリー）の側面からヴィデオゲームを説明したが、筆者らはTRPGという括りには、模擬だけでなく、競技（アゴーン）の側面も関与すると考えている。

　TRPGの楽しみ方は様々であるが、開発者や遊び手（プレイヤー）の間で、その楽しみ方にある種の類型化が行われている。ゲームとしての数値的有利さを突き詰めていく人物類型や、ゲームの中の物語においてより登場人物らしく役割を演じることを重視する人物類型がある。前者がより強く競技としての側面を楽しむ遊び手であるのに対して、後者は登場人物の模倣を通して何らかの体験を望む遊び手である。後者は、ゲームの物語の中で楽しい経験をすることを普通は好むが、逆にカタルシスを体験できるのであれば悲劇でも構わないとする遊び手もいる。

　筆者の一人である小野は、どちらかといえば後者、すなわちゲームの中の物語においてより登場人物らしく役割を演じることを重視する遊び手であったように思う。ここで、小野のゲーム体験を少し語ることをお許し願いたい。小野の幼少期のゲーム体験は、年の離れた兄や姉が持っていたゲームをすることから始まったが、TRPGに関連する体験は中学校時代に起源を持つ。ただ最初の頃は、直接的なゲーム体験ではなく、リプレイと呼ばれる、実際に遊ばれた内容の記録を編集して読み物とした作品や、そのリプレイよりさらに派生して生まれた小説を読む、というような間接的な体験であった。実際に多くのTRPGを遊んだのは大学時代であった。『ソード・ワールドRPG』シリーズ（主に完全版（清松・グループSNE, 1996））、『トーキョーN◎ＶＡ』シリーズ（主に第四版（鈴吹・F.E.A.R., 2003））、『輪廻戦記ゼノスケープ』（藤浪, 2001）、『永い後日談のネクロニカ』（神谷・愛甲, 2011）などの国産TRPG、『クトゥルフ神話TRPG』シリーズ（ピーターセン＆ウィリス, 2004）、『ダンジョンズ＆ドラゴンズ』シリーズ（主に第四版（ハインソーほか, 2008））、『GURPS』シリーズ（ジャクソン, 1992）などの海外のTRPG、さらにアマチュアのTRPG作品として『ガラコと破界の塔』（サークル「ロンメルゲームズ」制作、2014年よりこかげ書店で販売）、『煉国戦姫』（サークル「Blank.et」制作、2016年よりDLsiteで販売）、『金田二専用！』（サークル「蒼乱火神」制作、1998年に頒布）など、様々の形式やジャンルを幅広く含むTRPG作品を遊んだ。

　上に挙げたような実際のTRPGの作品において、ゲームマスターが用意したシナリオ[8]が、プレイヤー（遊び手）の手によって、様々に変形される様が、筆者（小野）には一種の物語生成的な行為として映っていた。小野はゲームマスターとプレイヤーの両方の経験を持っているが、どちらの立場から見ても、それなりに面白い

物語生成的な行為に思えたのである（TRPG の実際のプレイ方法については 3.2 節で説明する）。シナリオの変化は、様々な作品における物語展開の決まりごとに基づく場合も多いが、一方でゲームマスターやプレイヤーが予想だにしない物語が導かれることもある。本書で提案する ANGG におけるストーリー生成にとって基本的な着想である驚きの利用は、実はこのような TRPG の体験から得られたものである。ただし、上述のシナリオの変形によって TRPG のゲームそのものの性質ないし枠組みが変化することは、ゲーム自体がそのように定めていない限りは、ない。その点で、ゲーム（の枠組み）と物語は分けて考えることが可能である。

　すなわち、ゲームには、ゲーム的側面と物語的側面との二層が存在する。さらに、後者の物語的側面を二つに分け、ここではゲームは三層構造を持つと考える。第一は「ゲームとしての仕組み」の層であり、第二は「深層的な物語の構造」の層、第三は「表層的な物語の表現」の層である。ここで言う「深層的な物語の構造」とは、たとえばロシアの民俗学者でナラトロジーの祖の一人と認められるウラジーミル・プロップ（1987）が述べた「機能」の連鎖のようなものであり、これがある物語におけるストーリーを形作っている[9]。これに対して「表層的な物語の表現」とは、深層的な物語の構造に影響を与えない、ストーリー中の変項（プロップ，1987）のレベルの変換を意味する。たとえば、登場人物の名前を変えても深層的な物語の基本構造自体は変化しない。この場合登場人物の名前は変項である。なお、ナラトロジーにおける最大の理論家の一人であるジェラール・ジュネット（1985）の物語言説論は、ストーリーの語り方の変化の諸方法を扱い、さらにその下の階層に文章や映像の生成という最も表層的な物語の表現の諸方法が位置付けられるが、本研究で取り扱う物語のレベルはストーリー（TRPG ではシナリオ）とその要素の変化だけであるので、ここでの三層構造は、以上のような、ジュネットの物語言説のレベルより下の細分化は行わない。

　TRPG にもこの三層構造がある。TRPG のゲームとしての構造には、TRPG としての基本的な仕組みが存在するが、それを壊さない範囲での要素の交換は可能である。すなわち、ある TRPG の作品におけるゲームの仕組みのある部分が別のものと交換され、別の TRPG 作品が生み出されることは可能である。こうして、多岐にわたる作品が生み出される。また、表現されるストーリー（悪役を打倒するストーリーや、困難を解決するための道具を求めるストーリーなど）と、どのような世界

---

[8] これはゲームの登場人物の情報やストーリーの枠組みをまとめたものを表す TRPG の用語である。

[9] プロップによる機能とは、物語の粗筋を構成するための比較的普遍的な、登場人物の行為の要素である。プロップはこれを 31 種類に定めた。筆者らの物語生成システムはそのストーリー生成機構の一つとして、以上のプロップの理論を形式化した技法を採用している（小方，2007）。

でそれを表現するか（現代と類似した世界、非現実的・空想的世界など）も、基本構造を壊さない範囲で、別のものと交換することができる。たとえばある TRPG の作品があるとしよう。その深層の物語の構造そのものを可能な範囲で変形させることで、より深いレベルでストーリーが変化する。また、その深層の物語の構造の一部分（変項）を別の要素で置き換えることで、より浅い表層的な物語構造のレベルでストーリーが変化する。小野・小方（2016b）は物語の世界を変更することで異なるストーリーを生成する仕組みを検討しているが、これは深層の物語の構造の変化に相当する。

3.2 提案システム（ANGG）の概要

まず、図5-1に ANGG のアーキテクチャを示す。これまでに述べたように、このシステムは TRPG の仕組みを参考にしている。TRPG では、基本的に、一人のゲームマスターがシナリオを用意し、複数のプレイヤーがそのシナリオにおける登場人物として振る舞うことで、ゲーム世界のストーリーが変化していく。ANGG はこの仕組みに基づく。ANGG の入力情報は、GM が用意するシナリオに当たるストーリーの枠組みであり、出力情報は生成されたストーリーである。

ANGG では、TRPG におけるゲームマスターの役割を果たす機構をゲームマス

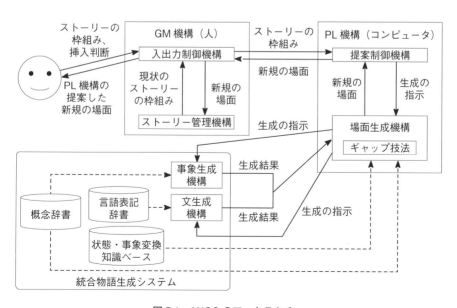

図 5-1 ANGG のアーキテクチャ

ター（Game Master）機構（略して GM 機構）と呼び，プレイヤーの役割を果たす機構をプレイヤー（Player）機構（同じく PL 機構）と呼ぶ。GM 機構と PL 機構は ANGG における 2 つの主要機構である。ANGG はその他に、1 節で述べた INGS（統合物語生成システム）中の概念辞書および一部の生成に関するプログラムライブラリを利用する。GM 機構と PL 機構は、ストーリーを展開するための知識ベースを持つ。この知識ベースには、登場人物・物・場所・ストーリーにおける特定の時間などの知識項目が含まれる。この知識ベースに格納された知識群をここでは「世界設定」と呼ぶ。そして、世界設定に基づいて用意されるストーリーの枠組みおよび生成途中のストーリーは、「場面連鎖」として構成される。場面とは一般に、ある空間と時間の中で展開される事象の集合のことを言うが、本研究では一つないし少数の事象の流れのことを場面と呼んでいる。その一つの理由は、単純化である。しかし、多くの事象においては、複数の下位事象の連鎖に細分化されることが可能であり、仮に一つの事象であっても、かなり長い場面を表現していると見なせる場合もある。

　次にストーリー生成の手続きを説明する。その前提として、GM 機構は、世界設定と初期の場面連鎖を準備する（小野・小方, 2016b）。現状のシステムでは、ユーザが世界設定と初期の場面連鎖の内容を決定し、GM 機構に与える。世界設定は、INGS が持つ概念辞書を編集することで用意する。具体的には、概念の体系の操作や利用できる概念の取捨選択を行う。初期の場面連鎖は、準備された世界設定に基づく 3 つ以上の場面で構成される。例えば、「探偵が事件に遭遇する。探偵が証拠を見つける。探偵が被害者を救う。」のようなものである。PL 機構は、本来一つ以上のプレイヤーモデル（Player Model: PLM）を選択することができるべきであるが、現状のシステムでは一つの PLM しか設定されておらず、それしか選べない。PLM は、ストーリー展開に関する知識ベースを持つ（小野・小方, 2017）。ANGG におけるストーリー生成とは、場面の生成と採用の繰り返しに基づく、場面連鎖の拡張を意味する。場面は PL 機構が生成し、GM 機構は PL 機構が生成した場面を採用するか否かを検討する。採用する場合、GM 機構はその採用した場面を既存の場面連鎖に挿入し、新たに出来上がった場面連鎖を PL 機構に示す。この繰り返しによって場面連鎖が拡張されていく。

　このプロセスにおいて、GM 機構が準備した終了条件が満たされた場合、ストーリー生成は終了する。終了条件は GM 機構において、初期に用意された場面連鎖の最後尾に位置する場面に到達することとしている。

　図 5-2 は GM と PL のやり取りのイメージを示す。実際の TRPG では、PL の提案する場面が、予期しないストーリーを生み出し、GM が最初に設定した枠組み（前節で深層の物語の構造と呼んだものに相当する）から離れる可能性がある。そ

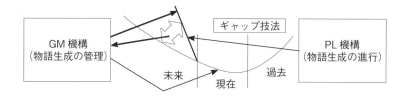

図 5-2　GM 機構と PL 機構のやり取り（中央の曲線が生成されるストーリー）

　の予期しないストーリーと最初に GM によって提案されたストーリーの枠組みの差を、ここでは「ギャップ」と呼ぶのである。このような意味でのギャップは GM の中に驚きを呼び起こし、これに駆動されることで物語が変化していく。この変化を生成するための技法が、3.3 節で説明するギャップ技法である。

　ここで、ANGG がストーリー生成のために利用している INGS の機構について簡単に触れておく[10]。INGS は、ストーリーや物語言説の概念構造とその表層的な表現を生成するシステムである。3 つの中核的機構、諸タイプの辞書および種々の知識ベースが主要なマクロ構成要素である。ANGG は、特定の場面に含まれる事象を生成する際、ストーリーコンテンツ知識ベース（ストーリーにおける事象どうしを意味的・形式的に結合するための知識を内蔵している）や概念辞書（Ogata, 2015）を含む、INGS のストーリー生成機構を利用する。

　INGS の概念辞書は、動詞、名詞、形容詞、形容動詞などの語彙の意味（概念）を体系的に格納する。ANGG は、このうち特に動詞概念辞書と名詞概念辞書を利用している。動詞概念辞書は、終端要素である動詞の概念ごとに、その動詞の格構造を、その動詞を含む事象を表現する文のパターンと共に保存する。ある動詞概念によって定義されたそれぞれの格には、名詞概念辞書の中間概念の階層にもとづく制約条件が付与されている。名詞概念における中間概念は、ストーリーで表現される終端概念をまとめるカテゴリーである。INGS が一つの事象を生成する際、その動詞概念と結び付いた名詞概念（クラス）が制約条件の範囲内から選ばれ、その名詞概念の具体的な要素（インスタンス）として、特定の人物・物・場所・時間などが決定される。たとえば、「食べる」という動詞概念は、主格に「人」、目的格に「食料」という制約を持ち、主格の場合名詞概念辞書中の「人」の階層以下に含まれる要素（「男」「女」など）が選ばれ、目的格の場合「食料」の階層以下に含ま

---

[10]　なお ANGG における INGS の利用は、ANGG の研究を通じて獲得されたストーリー生成の技法を INGS へフィードバックし、新たなギャップ技法に代表される生成技法を INGS 側に提供することも意図している。すると INGS の側は、ANGG から獲得されたギャップ技法などの生成技法をその中に組み込んで直接使用することができるようになる。

れる要素（「リンゴ」「ケーキ」など）が選ばれる。したがって、「女が ケーキを 食べる」のような事象が生成される。ANGG は、INGS のこのような機構を使ってストーリーを生成する。

　なお、ANGG の開発言語は Common Lisp である。Common Lisp は関数型プログラミング言語であり、有名な人工知能研究者ジョン・マッカーシー（John McCarthy: 1927-2011）が 1958 年に考案した Lisp を大型化した、Lisp 言語の標準版である。マッカーシーは、タイムシェアリングシステム（TSS）の発案者の一人であり（Woo, 2011）、また人工知能における最大の哲学的問題の一つ、フレーム問題を提起した人物でもある（McCarthy & Hayes, 1969）。マッカーシーの Lisp は様々な方言を生み出したが、それらの仕様が統合されることで Common Lisp は生まれている。人工知能に適したプログラミング言語として有名である。ゲーム開発に Lisp 系言語が使われた例もある。たとえば、1996 年にソニー・コンピュータエンタテインメントから発売された『クラッシュ・バンディクー』では Lisp ベースの専用の開発言語が組まれ、1997 年にスクウェアから発売された『ファイナルファンタジー VII』では CG モデリング部分に Lisp が利用された。また、サムライト株式会社（https://somewrite.com/）が 2014 年に開発した『somewrite ad』という web 広告を提供するネットワークシステムには、ユーザの興味関心を学習する仕組みのために Common Lisp が使われている。現在でも Lisp コミュニティが実施しているハッカソンや Lisp Game Jam が開催されており、京都大学のシラバスには「プログラミング演習（Lisp）」が存在している。筆者の一人である小方も、山梨大学工学部の「人工知能演習」で Common Lisp を教えていた。

3.3　ギャップ技法の方法

　これまでも述べたように、実際の TRPG では、PL の提案する場面が、GM にとって予期しないストーリー＝驚きのあるストーリーを生み出し、GM が最初に設定した枠組み（＝深層の物語の構造）から、展開しているストーリーが離れることがある。ANGG はこのようなプロセスを取り入れたシステムである。ANGG では、予期しないストーリーと最初のストーリーの枠組みの差のことをギャップと言い、ギャップのある場面を意図的に生成する手法をギャップ技法と呼ぶ。ここでは GM に驚きを与える場合を想定したギャップ技法を取り扱う。以下、ギャップ技法の具体的方法を提案し、ストーリーにおけるギャップと GM における驚きの関係を分析する。表 5-1 は、ギャップの種類に基づいて小野（2018）が整理した、ギャップ技法の一覧である。5 分類 9 種類のギャップ技法があり、（1）は事象を生成する方法、（2）は事象における要素を変換する方法、（3）は場面どうしのつながりなど構

表 5-1　ギャップ技法の種類

技法	方法	手続き
(1) 印象的概念の使用	印象的動詞	構成要素の状態を大きく変化させる動詞を含む事象を生成する
	印象的名詞	動詞の制約より大きく外れた名詞を含む事象を生成する
(2) 事象の変形	動詞の変化	ある事象の動詞をほかの動詞へ変化させる
	名詞の変化	ある事象の名詞をほかの名詞へ変化させる
(3) 場面連鎖の拡張	繰り返し事象	同一の事象を挿入する
	新規事象	強い関係をもつ新しい事象を挿入する
	切断的事象	弱い関係をもつ新しい事象を挿入する
(4) 場面の変形	別方法による目標達成	同一の状態の変化をもつ，異なる場面へ変化させる
(5) 場面連鎖の省略	場面の削除	場面を削除する

造を大きく変化させる方法、(4) は同種の場面に置換する方法、(5) は場面を欠落させる方法である。

　次に、二つのストーリーの間にあるギャップの値を量的に計算する方法を紹介する。このギャップの量的計算では、名詞概念及び動詞概念の共起関係を用いている。名詞概念と動詞概念の共起関係（Ono & Ogata, 2015, 2016d）は、量的データにより名詞間の関係、動詞間の関係、名詞と動詞間の関係を示す。二つの概念の間にある共起関係の値が大きいほどその二つの概念は強い共起関係を持ち、逆に値が小さければ共起関係は弱い。筆者らは実験により、二つの要素がより弱い共起関係にあると、読者の違和感がより強まる傾向があることを確認した（Ono & Ogata, 2015, 2016d）。

　式 (1) は、特定のストーリー (Sa) と、Sa とは異なるストーリー (Sb) の間のギャップの大きさ (G) を評価する式である。このギャップの大きさをギャップ値と呼ぶ。ギャップ値は、0.00 から 1.00 までの値に収まり、1.00 に近づくにつれて、二つのストーリーの間にあるギャップは大きくなる。式 (1) の分母は、Sa と Sb の二つの場面の数の多い方を取る。これは、場面連鎖の構造レベルの変更の影響を表すためである。さらに、式 (1) では、Sa と完全に差異のない Sb との間の類似度を計算している。Sa の場面と Sb の場面の間の類似度は、各々の場面に含まれるすべての事象間の類似度の合計から計算される。式 (2) は事象間の類似度を示す。

式（1）を「1 − a」として見た場合、a は二つのストーリーの類似度となる。

$$G = 1 - \frac{場面どうしの類似度の合計}{\mathrm{Max}（Sa の場面どうしの総数、Sb の場面の総数）} * \frac{1}{完全一致類似度} \qquad 式（1）$$

事象の類似度 ＝ 動詞概念の共起情報 ＋ 名詞概念の共起情報 　　　　　　　　式（2）

　ギャップ値の計算では、まず、GM 機構が準備した場面と生成されたストーリーにおける場面のうち、ストーリーの構造上、同位置に当たる場面（ストーリーの概念構造において、同一の ID を与えられた場面）どうしを比較し、そもそも準備した場面が変化しているかどうかを計算する。次に、PL 機構が挿入した場面を、GM 機構がギャップ技法を使わずに生成したストーリーの場面と比較する。この場面どうしの比較は、そこに含まれる事象の比較、つまりそれぞれの場面に含まれる名詞概念と動詞概念の間の比較によって計算される。このとき動詞概念どうしの比較および格の種類が一致する名詞概念どうしの比較が行われる。事象は格構造の内容が完全に一致する場合、共起情報が無限（プログラムでは 999）であると想定している。

4　進行中の試み ── ギャップ値の最大化を目指す実験

　小野と小方（Ono & Ogata, 2018）は、ギャップと驚きの比例関係、すなわち、ギャップ技法を使用することで、受け手の驚きも増大することを示した。また、ギャップ技法を使用した場合と使用しない場合の結果を比較し、ギャップ技法を使用することで、ギャップが増えることを確認した（小野・小方, 2017, 2018）。これらの詳細については各文献に当たってほしい。これらにより、ギャップ技法の有効性を確認することができた。
　ただし、何らかの戦略的操作を用いずにギャップ技法を使用する場合、ギャップ技法を使わずに生成されたストーリーと比較して、ギャップに極端な差が見られない場合もあった。そのため、現状の仕組みから可能な限り大きなギャップ値を伴うストーリーを生成する場合、あるギャップ技法を使用した複数の出力候補を生成し、それらから最大のギャップ値を持つ結果を選択することで、より大きなギャップを持つストーリーを生成することが考えられる。また、出力候補の選択によって、任意のギャップ値を目指した生成も可能となる。
　そこで、ギャップ値を最大化することを目的とする実験を行い、ギャップ値の理論上の最大値により近い、大きなギャップがあるストーリーの生成を試みている。

これは現在進行形の実験であり、今後さらに詰める必要があるが、ここに予備的に紹介しておく。その目的は、受け手により大きな驚きを与える物語の生成のための戦略に応用することである。具体的には、図5-3のストーリーを入力とし、ギャップ技法の種類ごとに、その技法の適用によるギャップ値が最大になるようなストーリーを生成した。入力となるストーリーにおいては、ある皇女の背中に羽が生え、彼女がそのまま空へと走り出し、飛んで行く様が表現されている。

　以下の実験では、ギャップ技法の最少個数の使用を前提とし、各ギャップ技法を単一で使用した場合におけるギャップ値の最大化を試みた。すなわち、複数のギャップ技法の組み合わせによる使用は除外する。具体的には、3つの事象で構成された図5-3のストーリーの中の、二つ目の事象「皇女が空へ走る」をギャップ技法の対象とした生成実験を行った。このとき、表5-1に示した、5つの分類と9つの手法からなるギャップ技法は、5つの分類ごとにギャップ値の理論的最大値が求められる。理論的最大値は、入力のストーリーと結果としてのストーリーとの間で、使用される動詞概念や名詞概念の間の共起関係が可能な限り小さい場合を意味する。ここで言う理論的最大値は、上述のようにあくまで単一のギャップ技法を用いた場合の最大値であり、複数のギャップ技法を組み合わせて用いれば、3.3節で示した式（1）の最大値である1.00になり得る。たとえば、図5-3のストーリーにおけるすべての事象を、もとの事象と共起関係が存在しない動詞概念や名詞概念で構成された、完全に異なる事象に置き換えた場合、あるいは、すべての事象を取り除いたストーリー（それをストーリーと呼べるかはさておき）を用意した場合、元のストーリーとそれらのストーリーの間のギャップ値は1.00になる。しかしこの実験では、単一のギャップ技法の使用における最大のギャップ値を求めることを目的としており、その前提では式（1）およびギャップ技法の機構の点で、ギャップ値は1.00にはならない。

　実験の具体的な流れと結果を説明する。

　まず、それぞれの分類ごとの理論的最大値の計算を行う。上述のように、3つの事象で構成された図5-3のストーリーについて、二番目の事象が、ギャップ技法によって異なる事象に置き換えられた場合をここでは想定する。具体的には、3.3節の式（2）の事象の類似度の値を人手で入力する。「印象的概念の使用」、「場面連鎖の拡張」および「場面省略」の場合は類似度の値は0.00であり、「事象の変形」および「場面の変形」の場合の類似度の値は0.30である。0.00になるのは、元の事象

皇女に羽が生える。皇女が空へ走る。皇女が浮かび上がる。

図5-3　入力したストーリー

とギャップ技法使用後の事象との間で、動詞概念と名詞概念どうしの共起関係が完全にない場合があることを示しており、そうでない場合（0.30の場合）は両方の概念の間に共起関係がわずかでも存在してしまう、ということを意味している。最初の2つの分類の場合、ギャップ技法によって新しい事象が生じ、元の事象と共起関係が全くない可能性がある。「場面省略」の場合は元の事象が省略されるので、実質比較できない。後の2つの場合は、ギャップ技法の一回の適用によっては、すべての概念が変化しないので、共起関係が完全にない事象は生じない。

次に、それぞれの分類ごとに、3.3節の式（1）を計算することで、ギャップ値の理論的最大値を求めた。その結果は次の通りであった（各々小数点第二位までを表示）——「印象的概念の使用」および「場面連鎖の拡張」の場合は0.80、「事象の変形」および「場面の変形」の場合は0.66、「場面連鎖の省略」の場合は0.88。

さらに、以上の理論的最大値を目標とし、5つの分類と9つの手法ごとに、ギャップ技法を使用したストーリー生成を1,000回ずつ行い、生成されたストーリーから最大のギャップ値を持つストーリーを選択する生成実験を行った。各々の分類において最終的に選ばれたストーリーのギャップ値は次の通りであった（各々小数点第二位までを表示。同分類においては手法によらず同一の値であったため分類ごとの結果を示す）——「印象的概念の使用」および「場面連鎖の拡張」の場合は0.63、「事象の変形」及び「場面の変形」の場合は0.63、「場面連鎖の削除」の場合は0.88。9つの手法ごとにギャップ値の平均値を見ると、「印象的動詞」は0.56、「印象的名詞」は0.55、「動詞の変化」は0.55、「名詞の変化」は0.56、「繰り返し事象」は0.63、「新規事象」は0.55、「切断的事象」は0.55、「別方法による目標達成」は0.48、「場面の削除」は0.88であった。

この結果においては、ほとんどの場合理論的最大値には到達しなかった。具体的には、「印象的概念の使用」および「場面連鎖の拡張」の場合理論的最大値と比較してギャップ値がかなり低い数値となった。「事象の変形」及び「場面の変形」の場合は理論的最大値に近い値となり、「場面連鎖の省略」の場合は理論的最大値を達成している。

表5-2に、上記の実験で選択されたストーリーを示す。実験では、可能な限り理論的最大値に近いギャップ値を持つストーリーの生成を試みたが、上述のように、ほとんどの場合ギャップ値が理論的最大値に到達しなかった。これは入力によって決定される、ギャップ技法による生成の候補に、理論的最大値に到達可能な候補がなかったためである。つまり、ギャップ技法により変化した事象（「皇女が空へ走る。」）の構成要素と完全に共起関係を持たない構成要素を持つ事象が、ギャップ技法の使用によって現れなかったためである。特に「印象的概念の使用」および「場面連鎖の拡張」は概念どうしの共起情報を用いるギャップ技法であるため、上述の

表 5-2　各技法による生成されたストーリーの例

技法	方法	手続き
技法無	—	皇女に羽が生える。皇女が空を眺める。皇女が浮かび上がる。
技法有	印象的動詞	皇女に羽が生える。石工が亡き人を壊す。皇女が浮かび上がる。
	印象的名詞	皇女に羽が生える。真珠貝が見詰める。皇女が浮かび上がる。
	動詞の変化	皇女に羽が生える。皇女が空へくっつく。皇女が浮かび上がる。
	名詞の変化	皇女に羽が生える。男児が堰を走る。皇女が浮かび上がる。
	繰り返し事象	皇女に羽が生える。皇女に羽が生える。皇女が浮かび上がる。
	新規事象	皇女に羽が生える。皇女がカジノを揺るがす。皇女が浮かび上がる。
	切断的事象	皇女に羽が生える。狼が出店を定める。皇女が浮かび上がる。
	別方法による目標達成	皇女に羽が生える。皇女が空へ走る。皇女が鵬翼を伏せる。
	場面の削除	皇女に羽が生える。

結果となった。もちろん、可能な限り共起関係の値が小さい概念の選択を試みているが、それでもここで使用した入力から得られる選択の候補では、共起関係の値が十分に小さくならなかった。したがって、物語生成においてギャップ技法を使用するための制御を行う場合、ギャップ値の最大値を求める手法を適用し、その中からより大きなギャップ値を持つ結果を採用することに加え、入力の事象を構成する概念と共起関係を持たない概念を選択する手法が必要となる。

　この試みは、今後さらに発展させて行く予定である。

5　ギャップ技法の使用方法の検討 —— 世界設定における制約の変形

　4 節で紹介したいくつかの実験では、いずれも生成されるストーリーの事象に対してギャップ技法を用いたが、それとは別に、ストーリーにおける世界設定に対してギャップ技法を適用する方法についても検討した。ここで言う世界設定とは、3.2 節で紹介した INGS における概念辞書に基づき生成される、ストーリーの構成要素の範囲を定義したデータである。INGS の概念辞書は、生成される事象の物理的な実行可能性に基づいて編成されている（Ogata, 2015）。具体的には、各動詞概念の記述の中に、その動詞概念に基づく格構造を構成する諸要素の制約が定義されてい

る。たとえば、「食べる」という動詞概念なら、「〈主体〉が〈場所〉で〈対象〉を食べる」という格構造と、〈主体〉は「人間や動物」であり、〈場所〉は「人間や動物が存在し得る場所」であり、〈対象〉は「食べ物」である、という意味の記述が含まれている。ここでの説明はイメージであり、詳しくは上記文献を参照されたい。そのため、概念辞書をそのまま利用した場合、物理的に実行可能であるという制約のもとに、ストーリーにおける事象が生成される。この「物理的に実行可能である」は、「現実的である」ないし「常識的である」ということとはやや違う。たとえば、INGS では、「車道の真ん中で昼食を食べる」というような、現実的・常識的であるというには違和感が残る事象の生成の可能性がある。しかしながらこれらも物理的には実行可能であり、あるいは公園の中で車道も客に開放されているような状況での花見では、この事象は十分に現実的かつ常識的であり得る。このように、現実性や常識性という観点から事象の意味の適否を一義的に判断することは困難であるため、現状では「物理的に実行可能である」ということを基準としている。

ANGG の世界設定を準備する際、INGS の概念辞書の動詞概念における制約を変更することなくそのまま利用すれば、物理的に実行可能な制約のもとに事象が生成され、場面連鎖の拡張がなされる。逆に、概念辞書の動詞概念における制約を何らかの方法で変更すれば、驚きを生むギャップの一つである、物理的に不可能な事象の生成が可能になる。

小野・小方（2017）および小野（2018）が試みた、動詞概念の制約が変更された概念辞書に基づく世界設定を利用したギャップ技法によるストーリー生成の例を、表 5-3 に紹介する。

表 5-3　世界設定の変形の例

変形内容	生成例
未変形	大通りで悪人である男のタロウが OL である女のハナコを誘拐する。大通りで探偵である青年のジロウがハナコを調査する。ビルで青年のジロウが男のタロウと知能で争う。ビルで青年のジロウが男のタロウと戦う。ビルでハナコが助かる。
人物	大通りで悪人である競争馬のタロウが OL である女のハナコを誘拐する。大通りで探偵である枝豆のジロウがハナコを調査する。ビルで枝豆のジロウが競争馬のタロウと知能で争う。ビルで枝豆のジロウが競争馬のタロウと戦う。ビルでハナコが助かる。
場所	机で悪人である男のタロウが OL である女のハナコを誘拐する。机で探偵である青年のジロウがハナコを調査する。大根でジロウがタロウと知能で争う。大根でジロウがタロウと戦う。大根でハナコが助かる。
物	大通りで悪人である男のタロウが OL である女のハナコを誘拐する。大通りで探偵である青年のジロウがハナコを調査する。ビルで青年のジロウが男のタロウと開墾で争う。ビルで青年のジロウが男のタロウと戦う。ビルでハナコが助かる。

ここでは、「男」や「探偵」という概念を含んだ事象に対してギャップ技法が適用され、「馬」や「作物」が人間のように振る舞うことを許容する世界が生成された。この方法を用いれば、極端な場合、「愛」や「怒り」など抽象的な概念を擬人化することで、神話のようなストーリーも生成できるようになる。「夢」や「恐怖」などの抽象概念を場所として利用することも可能である。

　予備的に、概念辞書を変更していない世界設定に基づくストーリーと、変更された概念辞書による世界設定に基づくストーリー、それぞれ１つずつを比較した結果、登場人物に関わる制約を変更したストーリーのギャップ値は 0.65、場所に関わる制約を変更したストーリーのギャップ値は 0.63、物に関わる制約を変更したストーリーのギャップ値は 0.45 となった。このように、世界設定を変更するギャップ技法の適用は、事象の数の増減に結び付かないため、極端に高いギャップ値を取ることはなかったが、それでも一定のギャップ値を生み出すことが可能であった。

　筆者らは、世界設定における制約の変更によって生まれるギャップを二種類に分けた。一つは「事象を構成する複数の要素において、可能性が小さい組み合わせ」が生まれた場合である。物に関わる制約を変形したストーリーがその例に当てはまる。表 5-3 にある「ビルで青年のジロウが男のタロウと開墾で争う。」を例とする。この例における「争う」とは、「〈人〉が〈人〉と〈行為、力・能力等〉で争う」という格構造に基づく「争う」である。この制約に沿った事象の例は、「タロウがジロウと将棋で争った」・「タロウはジロウと腕相撲で争った」のようなものである。すなわち、ここでの「争う」は、二人の人物が、何らかの行為で競い合うことを指した「争う」に当たる。なお同じ「争う」でも、「手裏剣で争う」のように、上述の〈行為、力・能力等〉の代わりに〈道具〉が入る場合や、その他の場合もある。これは、一つの単語が複数の概念を持つ、という人間の言語における本質を示すものであり、現今の人工知能は言語における概念や意味の問題には目をつぶり素通りしているが、従来の人工知能や自然言語処理、認知科学では、この問題が真剣に議論された。さて、「ビルで青年のジロウが男のタロウと開墾で争う。」という例における「開墾」は、〈行為、力・能力等〉ではなく〈産業〉という制約に該当する概念である。

　以下は筆者らの解釈も多く含まれるが、この事象を、ジロウとタロウが、開墾した土地の広さを競い合う事象と見なすことは可能である。現実世界でしばしば起こる土地（の相続）を原因とする争いとは少し違う、開墾そのものを競い合う事象として解釈することが可能である。こういった珍しい対象での争いを含む事例は昨今のアニメーションにもある。たとえば、『ベイブレード』シリーズ（タカラ（現タカラトミー）より販売されたベイゴマの現代版であるベイブレード及びそれをもとにしたアニメーションシリーズ）では、玩具の販売促進を目的としたストーリーにお

いて、特定の玩具を用いた遊びに由来する争いが、世界規模の争いとして描かれる。スウィフトの『ガリヴァー旅行記』では、卵を道具としてぶつけ合う争いではなく、卵の立て方を巡る争いが、長期の世界戦争に発展する。

　もう一つは「事象を構成する複数の要素における、不可能な組み合わせ」である。登場人物を改変したストーリーがその例に当てはまる。表5-3の「人物」において、「競走馬と枝豆が知能で争う」という意味の事象が生成されているが、「馬」や「作物」が意思をもって知能で競い合うことは常識的には考えられない（ただし「競走馬」どうしの知能的な争いの可能性ならもう少し想像しやすいが）。なお、これは現実社会を基準に置いた場合の話であり、「枝豆」の社会（というものがあるとして）から見れば、人間の世界こそが不可能な世界である。人間以外の社会という世界設定の事例は、ピクサー・アニメーション・スタジオの作品でも良く見かけられる（車による社会を表現した『カーズ』シリーズ等）。

6　従来の成果に基づく研究の将来展望

　本節では、以上に提案された ANGG を発展させ改訂するための諸課題を整理し、今後の応用可能性について議論する。

6.1　ANGG の課題

6.1.1　現状の ANGG におけるギャップの種類の検討

　現状のシステムにおける生成例には、以下のようなタイプの驚きを引き起こすギャップが見られた（4節で述べた実験における生成例の中から一部を示す）──

A「要素間の関連性が推測できるギャップ」
【例1】［皇女に羽が生える。陛下が蘇る。皇女が浮び上がる。］

　　「皇女に羽が生える。」と「陛下が蘇る。」は、一見関係のない場面に思える。しかし、受け手の方は、皇女と陛下の間に何らかの関係を推測ないし想像し、二つの事象（場面）の間の関係をいわば創造できる。ギャップがありつつも、場面どうしの弱い関係は想像ないし推測可能なギャップである。受け手が因果関係のあるストーリーとして解釈することも可能である。ギャップ技法「新しい場面による構造の拡大」は、このタイプのギャップを生成する。

【例2】［皇女に羽が生える。皇女は親指を鳴らす。皇女が浮かび上がる。］

　羽が生えて浮かび上がる、という流れの間に「皇女は親指を鳴らす。」が挿入された例であるが、親指を鳴らして浮かび上がるという流れも無理なものではなく、後の2つの場面どうしの続き具合はそれ程不自然でもない。原因とその結果の関係（因果関係）とまでは言い難いが、少なくも場面どうしの継起関係なら推測できる。そのため、受け手が与えられる驚きはあまり大きくならないと考えられる。これは、ギャップ技法「別の方法による目的の達成」により生成されたギャップであり、「皇女が浮かび上がる」という結果に至る出来事の流れは保持されている。

B「要素間の関連性が推測できないギャップ」
【例1】［皇女に羽が生える。主従が聖俗と取り換える。皇女が浮び上がる。］
【例2】［皇女に羽が生える。しめじが痛む。皇女が浮び上がる。］

　Aの例のように、場面どうしの関連性を推測することが難しい事例である。受け手は、何故そのような状況が生じたのか推測を立てることができず、混乱してしまう。ギャップ技法「印象的な動詞」と「印象的な名詞」は、このタイプのギャップを生成する。

　以上のように、驚きやギャップ技法の分類とは別に、それらを用いて生成されたストーリー中に実際に現れたギャップそのものに着目し、それらを分類することが新しい課題として考えられる。それを行うことで、その結果をギャップ技法の分類の再構成や拡大につなげることもできるだろう。
　また、驚きの強さと実際に生じるギャップの種類の関係が明らかになれば、あるギャップ技法がどのようなストーリーにおけるギャップを生み出すことができるかの予想が立てられるようになる。それにより、あるタイプのギャップを生成するためにギャップ値の使用を意図的に制御することが可能になる。これも新たな課題となり得る。

6.1.2　驚きの分類方法に関して
　本研究で示した驚きは、主にストーリーの構造に関する驚きである。しかし物語における驚きはそれ以外にも存在する。一つは物語言説に由来する驚きである。ここで物語言説とは、物語の実際の表現形態を意味し、出来事の提示順序をはじめとする多様な修辞的方法、物語の実際の言語表現や映像表現などを含む。筆者らのINGSの枠組みでは、前者を狭義の物語言説と呼び、後者を広義の物語言説（特に

物語表現）と呼んでいる。ジュネット（1985）が体系化したのはこのうち狭義の物語言説の一部である。ここで述べるのは、狭義の物語言説の側面であり、その技法を要約すれば、ストーリー自体は変えない、その実際の語り方（事象提示順序、視点など）における工夫を意味する。

たとえば、2.2節で触れた作品や文献のうち、*Undertale* における受け手と物語の距離から生じる驚きや、堀田（2013）が述べた、提示すべき情報の取捨選択による驚きは、物語言説に由来する驚きとして検討する価値がある。ナラトロジーの観点から物語における驚きを整理することや、驚きという概念からナラトロジーにアプローチすることも、今後の発展の可能性としてはあり得るだろう。

また、ストーリーの構造に関する驚きについても、前節で言及したように、ストーリーにおける流れ（筋）に関わる驚きだけでなく、その世界 —— 現実的世界におけるストーリーなのか、それとも非現実的世界におけるストーリーなのか —— に関わる驚きもあり、それによって与えられる驚きの質が異なることが予想される。たとえば、現実世界において、幽霊は非現実的存在であり、その出現は驚きを生み出すギャップとして機能するだろう。しかし、幽霊が空に浮かぶことからくる驚きは小さい。逆に、お伽噺の世界において、自動車や新幹線や飛行機のような現代的な存在が現れた場合、大きな驚きが生まれる可能性が高い。これらのことから、ストーリーがその中で展開する物語の世界もまた、驚きやギャップを検討する上で、考慮するべき重要な要素であると考えられる。

6.1.3 ANGG における人間とコンピュータの位置づけに関して

ANGG は、GM 機構と PL 機構を持ち、二つの機構が相互作用することでストーリーが生成される。本章では、GM 機構を人間（ユーザ）とした ANGG を示した。しかし ANGG の今後の発展においては、GM 機構と PL 機構を、ユーザとコンピュータどちらに設定するかは、自由とすることを想定している。表5-4 は、その組み合わせのパターンを示す。現在、本章で示した ANGG はカテゴリー C に位置

表5-4　ANGG におけるユーザとコンピュータの組み合わせパターン

		プレイヤー	
		ユーザ	コンピュータ
ゲームマスター	ユーザ	カテゴリー A TRPG の標準	カテゴリー C ユーザ入力のストーリーの枠組みを利用した生成機構
	コンピュータ	カテゴリー B ビデオゲームにおける一般的な RPG の形態	カテゴリー D カテゴリー B およびカテゴリー C を組み合わせた完全な自動生成機構

しており、ユーザの役割はストーリーの枠組みに関する情報を入力し、ストーリー生成におけるPL機構の提案の妥当性を判断することにある。しかし、GM機構の制御をコンピュータに任せ、PL機構にユーザを置くことも可能であり、最終的にはカテゴリーDに位置するような、双方の機構がコンピュータによって制御されたANGGも想定され得る。カテゴリーDの場合は、ユーザが介入することなくストーリーを生成し続ける、一種の全自動生成エンジンとして利用可能である。

6.2 ANGGの発展

本章で提案したANGGは言うまでもなくゲームの一種であり、現在は研究と試作段階であるが、今後ゲーム作品としてどのように発展させるかを6.2.1節で考える。本格的な検討と実践は別稿に譲りたい。これはいわばANGG内部での発展の方向である。これに対して、ANGGを、物語自動生成ゲームであること以外の目標にも開いてゆく、いわば外部への発展方向も検討しており、これについては6.2.2節で述べる。

6.2.1 ストーリー自動生成ゲームとしてのANGGの今後の可能性

ANGGの今後の発展において、最も中核となるのは、自動的なストーリー生成機構を生かしたゲームとしての利用の部分である。たとえば、終わることのないストーリーを生成し続けることによって、無限に遊ぶことが可能なゲームを作ることができるだろう。

物語を生成すること（語ること）自体を主要な目的とするゲームはこれまでも試みられてきた。たとえば、『Once Upon a Time』（2012年、Lambert, R., Rilstone, A. & Wallis, J. 制作・Atlas Games販売）、『Roly Dice』（2002年、The Creativity Hub制作・販売）、『Elegy for a Dead World』（2014年、Dejobaan Games制作・販売）などの作品がある。前の二つはアナログゲームであり、カードやサイコロを用い、ゲームとしての性質を利用してユーザが物語作りを楽しむ。最後の一つはヴィデオゲームであり、ユーザが印象的な風景のゲーム世界を旅しながら、物語を綴る。

しかし、本研究で目指しているような、基本的にストーリーがすべて自動生成されるようなゲームは、現状ではほかに存在しない。関連する例として、『ティル・ナ・ノーグ』（1988年、システムソフト制作・販売）は、物語の自動生成による多量のゲーム体験が可能であることを強調したゲームである。しかし、実際そこで使われる手法は、人物や場所などの構成要素を乱数的に生成し、物語の始まりと終わり（たとえば、「姫がさらわれた → 姫を救出した」）を用意し、あらかじめ用意されたイベントによってその間を補完するという方法であり、物語自動生成としては非常に

原始的なものである。本研究で提案した ANGG を用いれば、より多様な物語を柔軟な方法で生成することができる。ANGG は将来のヴィデオゲームの可能性を大きく拡大することに寄与するだろう。

6.2.2 ANGG の応用の方向

A. ASD の大学生のための論文制作支援ツールへの応用可能性

TRPG に関する研究では，コミュニケーション支援（浪崎, 2006; 加藤ほか, 2012）や自閉スペクトラム症（Autism Spectrum Disorder: ASD）を持つ大学生の語りの分析（加藤・藤野, 2015）など、ASD に対して様々な支援を行うための研究が行われている。筆者らも、本書第 11 章の執筆者である青木との共同研究を通じて、驚きという概念や物語生成機構を、ASD の大学生の論文制作支援に応用するシステムについての考察を始めている（青木ほか, 2018）。図 5-4 に現状におけるそのシステムイメージを示す。この図は、執筆される論文と、論文執筆者の記憶および脳内活動の一種のモデルを意味する。物語生成との対応では、執筆される論文が生成されるストーリーに、中枢性統合などほかの部分はストーリーを生成するための機構に当たる。中枢性統合は作業の全体像を監視する役目を持ち、実行機能は短期記憶や長期記憶に存在する知識を利用して任意の作業を実施する機能である。通常の場合、実行機能は、中枢性統合とそれに付随する評価機構により制御され、実行機能により適切な構造をもったストーリーが生成される。ここで、仮に生成されるストー

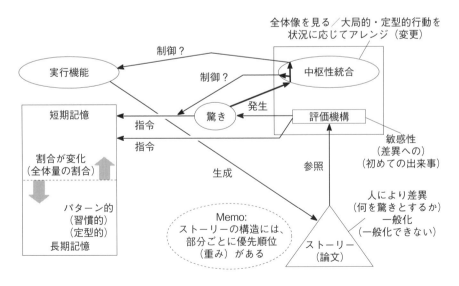

図 5-4　論文制作支援ツールのイメージ

リーの構造に、たとえばあまり重要でない細部が不必要に詳細になるなどの歪みが出た場合、それを認識した評価機構は驚きを発することで、中枢性統合を刺激する。中枢性統合は、刺激に応じて実行機能に指示を出し、実行機能は長期記憶より歪みに応じた適切な知識を引き出し、短期記憶に伝え、ストーリーの補正を行う。今後、ANGG とこのモデルを対応付けることにより、論文制作過程を支援するシステムに発展させて行く予定である[11]。

B. コンテンツ生成ツールとしての応用可能性

TRPG のコンテンツの展開は興味深く、TRPG におけるルールを発展・改良していく広がりと、TRPG を遊ぶことで生まれたストーリーを利用した、小説やリプレイ、ゲーム、その他様々な媒体へと展開していく広がりを持っている。またこの展開の実践には、開発者側だけでなく、ユーザ側の独自展開も含まれている。このような事例を参考にして、ANGG で生成させたストーリーを利用して、ゲーム以外の様々な物語媒体へと作品を拡張させていくコンテンツ展開を、今後具体的に検討したい。

ストーリー生成機能を活かしたストーリー制作支援も一つの応用として考えられる。TPRG の類似作品として、Play By Mail や Play By Web[12] という形式のゲームが存在する。これらは、郵便や Web を介して、ユーザが用意した登場人物を活用したシナリオやキャラクターを制作してもらえるサービスである。しかしこの種のゲームでは、コンテンツ制作のコストが大きな負担になっていた。ANGG を通じて提案したような、ストーリー自動生成機能を利用したシナリオ制作支援ツールを用意することで、より早くしかも面白さや驚きのあるシナリオを作成する仕組みを提供できる。

7 おわりに

本章では、ゲームと物語の関係に触れながら、筆者らが開発した ANGG すなわち「物語自動生成ゲーム」の紹介を行った。

---

[11] ただしこの研究のアイディアは現在も変化している。たとえば、本書第 11 章における青木の記述にも示されるように、「適切な構造をもったストーリー」という概念を、筆者らはすでに廃棄している。これらの変化を取り込んだ上でのシステムデザインの改変を現在目指している。

[12] Play By Mail は、郵便を介したゲームであり、通信チェスや郵便将棋のようなものである。プレイヤーはストーリーに参加することができ、葉書などによって自身の行動をゲーム運営側へ送る。その結果を反映したストーリーが雑誌などに掲載され、プレイヤーは再度、自身の行動を投稿する、というサイクルによって、ゲームが進行する。Play By Web は、郵便の代わりに、Web サイトなどを利用した Play By Mail の電子版である。

1節では、ゲームとは何かについて考察し、またゲームと物語との関係についても言及した。2節では、ANGG の主要な研究背景である、TRPG（テーブルトークロールプレイングゲーム）と「驚き」という心理学的かつ文学的・芸術的概念について説明した。

　3節から5節が、提案システムである ANGG の詳細を述べる部分である。3節は、ANGG のアーキテクチャや概要を述べ、その中で驚きを生み出す手法であるギャップ技法の概念にも触れた。4節では、実際にギャップ技法を使用した実験の紹介を行った。ANGG によって生成されたストーリーのギャップ値のほとんどは理論上の最大値を取ることができたが、一部の手法は理論上の最大値に到達できなかった。これは、ギャップ技法とギャップ値の計算方法の基礎に原因があると考えられた。現在のギャップ値の計算方法は構造に焦点を当てており、各要素の差異は共起情報のみによって表現されているが、今後この点の改善が求められる。5節は、この改善課題に関連する。ここでは、主に世界設定のレベルでギャップ技法を適用する方法について述べた。ANGG の開発を継続する上で今後検討すべき重要課題は、驚きの種類とそれに関連するギャップ技法をより体系的に整理することで、ストーリーにおけるギャップの生成を制御する仕組みを実現することである。その際、異化などナラトロジーと関連した方法も導入したい。

　6節では、以上を踏まえた将来の発展や応用の方向について検討した。ANGG を如何にして発展させるかに焦点を当て、将来における課題と ANGG の利用方法、さらに応用的な発展の方向を示した。ANGG は、何らかのゲームにおけるストーリー自動生成装置として利用可能であるほか、ストーリー生成そのものをゲームに見立てる試みも可能である。さらに、論文制作など人間の創造的活動の支援という方向も考えられる。

読 書 案 内

遊戯／ゲームの定義

カイヨワ, R.／清水幾太郎・霧生和夫（訳）(1970).『遊びと人間』岩波書店.

　フランスの社会学者ロジェ・カイヨワは、オランダの歴史学者ヨハン・ホイジンガによる遊戯の定義（『ホモ・ルーデンス』）を受けて、6つの特徴によって遊戯を定める。その上で、複数の観点より、遊戯の種類を分類する。本章では、そのうちの一つの観点を参照している。なおカイヨワは、ジョルジュ・バタイユとも交流を持ち、遊戯における非生産性／非有益性の発想は、バタイユの思想・哲学と重なる。

サレン, K. & ジマーマン, E.／山本貴光（訳）(2011, 2013).『ルールズ・オブ・プレイ（上下） ── ゲームデザインの基礎』ソフトバンククリエイティブ.

アメリカのゲームデザイナーであるサレンは、様々な人物によるゲームに関する定義を集めて整理し、ゲームとは何かを明らかにしている。

ルドロジー

ユール, J.／松永伸司（訳）(2016).『ハーフリアル ── 虚実のあいだのビデオゲーム』ニューゲームオーダー.

デンマークのゲームデザイナーであるユールは、ナラトロジーを参照しながら、ルドロジーについて整理し、ヴィデオゲームの本質にアプローチする。

松永伸司 (2018).『ビデオゲームの美学』慶應義塾大学出版会.

松永は、ヴィデオゲーム特有の特徴とは何かを考察し、芸術的な観点からヴィデオゲームを捉えることが可能であることを示す。主体とヴィデオゲームのやりとりの構造や、ヴィデオゲーム特有の記号性、時間構造などについて言及している。

ゲーム史

中川大地 (2016).『現代ゲーム全史 ── 文明の遊戯史観から』早川書房.

中川は、1912年の機械仕掛けのゲームから始まり、2010年代前半までに現れた数多くのヴィデオゲームを対象に、文化論的な観点に基づくゲーム史を描いている。

【参考文献】

- Bergström, K. (2012). Creativity rules: How rules impact player creativity in three tabletop role-playing games. *International Journal of Role-Playing*, 3, 4-17.
- カイヨワ, R.／清水幾太郎・霧生和夫（訳）(1970).『遊びと人間』岩波書店.
- デカルト, R.／谷川多佳子（訳）(1997).『方法序説』岩波書店.
- デカルト, R.／谷川多佳子（訳）(2008).『情念論』岩波書店.
- Duret, C. & Pons, C. M. (2016). *Contemporary Research on Intertextuality in Video Games*. PA, USA: IGI Global.
- フォックス, J.／磯田雄二郎・横山太範（訳）(2000).『エッセンシャル・モレノ ── 自発性、サイコドラマ、そして集団精神療法へ』金剛出版.
- Frasca, G. (1999). *Ludology Meets Narratology: Similitude and differences between (video) games and narrative*. First version originally published in Parnasso#3, Helsinki. http://www.ludology.org/articles/ludology.htm
- ジュネット, G.／花輪光・和泉涼一（訳）(1985).『物語のディスクール ── 方法論の試み』水声社.
- 藤浪智之 (2001).『輪廻戦記ゼノスケープ』エンターブレイン.
- ハインソー, R., コリンズ, A., & ワイアット, J.／桂令夫・岡田伸・北島靖巳・楯野恒雪・塚田与志也・柳田真坂樹（訳）(2008).『ダンジョンズ＆ドラゴンズ プレイヤーズ・ハンドブック第4版』ホビージャパン.
- 星野准一 (2004). ストーリーテリングとAI.『人工知能学会誌』19(1), 29-34.

・堀田知子（2013）. 情報操作のトリック —— サプライズ. 『龍谷紀要』34（2）, 193-204.

・ジャクソン, S.／安田均（監修）／佐脇洋平（訳）, グループ SNE（編訳）（1992）. 『ガープス・ベーシック 汎用 RPG ルールブック』角川書店.

・ユール, J.／松永伸司（訳）（2016）. 『ハーフリアル —— 虚実のあいだのビデオゲーム』ニューゲームオーダー.

・神谷涼／愛甲えめたろう（編）. （2011）. 『永い後日談のネクロニカ』Patch Works.

・金井明人（2008）. 映像編集の認知科学. 金井明人・丹羽美之（編）. 『映像編集の理論と実践』（pp. 13-38）, 法政大学出版局.

・金井明人・小玉愛実（2010）. 映像編集のデザイン —— ストーリーと切断をめぐって. 『認知科学』17（3）, 444-458.

・加藤浩平・藤野博（2015）. TRPG サークルに参加する ASD 大学生の語りの分析 —— 余暇活動を通したコミュニケーション支援の観点から. 『東京学芸大学紀要総合教育科学系』66（2）, 333-339.

・加藤浩平・藤野博・糸井岳史・米田衆介（2012）. 高機能自閉症スペクトラム児の小集団におけるコミュニケーション支援：テーブルトークロールプレイングゲーム（TRPG）の有効性について. 『コミュニケーション障害学』29（1）, 9-17.

・Khatib, F., DiMaio, F., Foldit Contenders Group, Foldit Void Crushers Group, Cooper, S., Kazmierczyk, M., Gilski, M., Krzywda, S., Zabranska, H., Pichova, I., Thompson, J., Popović, Z., Jaskolski, M. & Baker, D. (2011). Crystal structure of a monomeric retroviral protease solved by protein folding game players. *Nature Structural & Molecular Biology,* **18**, 1175-1177.

・岸本寛史（2015）. コンシャス・イド. 岸本寛史（編）. 『ニューロサイコアナリシスへの招待』（pp.205-226）, 誠信書房.

・清松みゆき・グループ SNE（1996）. 『ソード・ワールド RPG 完全版』富士見書房.

・McCarthy, J. & Hayes, P.J. (1969). Some philosophical problems from the standpoint of artificial intelligence. *Machine Intelligence,* **4**, 463-502.

・政所利忠（1992）. 「異化効果」の多様性と重層性 —— ブレヒト理論の注解的考察. 『九州工業大学研究報告 人文・社会科学』**40**, 23-45.

・松永伸司（2015）. ナラティブを分解する —— ビデオゲームのナラトロジー. 『「分析哲学と芸術」研究会「ゲームのナラティヴ／音楽のナラティヴ」講演資料』Lecture 2.

・松永伸司（2018）. 『ビデオゲームの美学』慶應義塾大学出版会.

・武藤太郎（2016）. 世阿弥の能楽論における「意表」の意識. 『国際文化研究』**22**, 59-72.

・中川大地（2016）. 『現代ゲーム全史 —— 文明の遊戯史観から』早川書房.

・小方孝（2007）. プロップから物語内容の修辞学へ —— 解体と再構成の修辞を中心として. 『認知科学』14（4）, 532-558.

・Ogata, T. (2015). Building conceptual dictionaries for an integrated narrative generation system. *Journal of Robotics, Networking and Artificial Life,* **1**（4）, 270-284.

・小方孝（2018）. 内部への物語生成または私物語に向けて. 小方孝・川村洋次・金井明人. 『情報物語論 —— 人工知能・認知・社会過程と物語生成』（pp.355-370）, 白桃書房.

・Ogata, T. (2019). A method of naimaze of narratives based on kabuki analyses and Propp's move techniques for an automated narrative generation system. *Journal of Robotics, Networking and Artificial Life,* **6**（2）, 71-78.

・Ogata, T. (2020). An integrated narrative generation system: Synthesis and expansion.

Internal and external narrative generation based on post-narratology: Emerging research and opportunities (pp.1-108). PA, USA: IGI Global.

・小野淳平 (2018).『ギャップと驚きに基づく物語自動生成ゲームの研究――テーブルトークロールプレイングゲームと統合物語生成システムを利用したアプローチ』岩手県立大学・博士（ソフトウェア情報学）論文.

・Ono, J. & Ogata, T. (2015). Selecting words and notation using literary data in the integrated narrative generation system. *Journal of Robotics, Networking and Artificial Life, 2*(3), 194-199.

・Ono, J. & Ogata, T. (2016a). Architecture of a narrative generation system based on a TRPG model: The use of an integrated narrative generation system for knowledge acquisition (Preliminary version). *Bulletin of Networking, Computing, Systems, and Software, 5*(1), 40-48.

・Ono, J. & Ogata, T. (2016b). A design plan of a game system including an automatic narrative generation mechanism: The entire structure and the world settings. *Journal of Robotics, Networking and Artificial Life, 2*(4), 243-246.

・Ono, J. & Ogata, T. (2016c). Implementation of a scene expansion mechanism using an event sequence: As a mechanism in an automatic narrative generation game. *International Journal of Knowledge Engineering, 2*(4), 165-169.

・Ono, J. & Ogata, T. (2016d). Verb concept selection using co-occurrence information of verb concepts: A mechanism in an integrated narrative generation system. *Proc. of the 4th IIAE International Conference on Industrial Application Engineering, 2016,* 443-448.

・Ono, J. & Ogata, T. (2018). Surprise-based narrative generation in an automatic narrative generation game, In T. Ogata & S. Asakawa (Eds.). *Content generation through narrative communication and simulation* (pp.162-185). PA, USA: IGI Global.

・小野淳平・小方孝 (2016a). 統合物語生成システムを用いた物語自動生成ゲームにおけるノンプレイヤーキャラクターの役割.『第15回情報技術フォーラム予稿集』131-132.

・小野淳平・小方孝 (2016b). 世界設定を変化させることによる複数ストーリーの生成.『デジタルゲーム学会 2016 年夏季研究発表大会予稿集』63-66.

・小野淳平・小方孝 (2017).「ギャップ技法」を利用して「驚き」を作り出すストーリー生成の方法――テーブルトークロールプレイングゲームに基づく物語自動生成ゲームへの一アプローチ.『認知科学』24(3), 410-430.

・小野淳平・小方孝 (2018). ストーリー生成のためのギャップ技法の発展的利用方法.『日本認知科学会第35回大会予稿集』1075-1078.

・小野淳平・張一可・小方孝 (2012). 概念体系の制約を利用した事象に対する異化の修辞とシナリオ生成.『2012 年度人工知能学会全国大会（第 26 回）予稿集』1N1-OS-1a-1.

・ピーターセン, S. & ウィリス, R.／中山てい子・坂本雅之（訳）(2004).『クトゥルフ神話TRPG』エンターブレイン.

・ブレンスキー, M.／藤本徹（訳）(2009).『デジタルゲーム学習 シリアスゲーム導入・実践ガイド』東京電機大学出版局.

・プロップ, V.／北岡誠司・福田美智代（訳）(1987).『昔話の形態学』白馬書房.

・シクロフスキー, V.／水野忠夫（訳）(1971).『散文の理論』せりか書房.

・スミス, A.／水田洋（監訳）／杉山忠平（訳）(2000a).『国富論1』岩波書店.

・スミス, A.／水田洋（監訳）／杉山忠平（訳）(2000b).『国富論2』岩波書店.

・スミス, A. ／水田洋（監訳）／杉山忠平（訳）(2001a).『国富論3』岩波書店.

・スミス, A. ／水田洋（監訳）／杉山忠平（訳）(2001b).『国富論4』岩波書店.

・スミス, A. ／米林富男（訳）(1969).『道徳情操論 上』未来社.

・スミス, A. ／米林富男（訳）(1970).『道徳情操論 下』未来社.

・トリュフォー, F. & ヒッチコック, A. ／山田宏一・蓮實重彦（訳）(1990).『定本 映画術 ヒッチコック／トリュフォー（改訂版）』晶文社.

・サレン, K. & ジマーマン, E. ／山本貴光（訳）(2011).『ルールズ・オブ・プレイ —— ゲームデザインの基礎 上』ソフトバンククリエイティブ.

・鈴吹太郎・F. E. A. R.（2003）.『トーキョーN◎VA The Detonation』エンターブレイン.

・たのあきら (1999). 実践ゲームナビゲイター講座.『Gamers Field』16, 56-59.

・張一可・小野淳平・小方孝 (2011a). 物語生成システムにおける名詞・動詞概念体系の異化的操作による単一事象生成及び事象列生成 —— 広告分析からのアプローチ.『人工知能学会・第2種研究会 第39回ことば工学研究会資料』29-34.

・張一可・小野淳平・小方孝 (2011b). 名詞・動詞概念体系と動詞概念制約を利用した広告物語生成機構.『日本認知科学会 文学と認知・コンピュータ II 研究分科会（LCCII）第26回定例研究会予稿集』26G-02.

・張一可・小野淳平・小方孝 (2012). 概念体系における移動と制約に基づく単一事象及びシナリオ生成.『電子情報通信学会 言語理解とコミュニケーション研究会 第3回集合知シンポジウム発表論文集』65-70.

・ウィットワー, M. ／加藤諒（編）／柳田真坂樹・桂令夫（訳）(2016).『最初のRPGを作った男ゲイリー・ガイギャックス —— 想像力の帝国』ボーンデジタル.

・山根一郎 (2005).「驚き」の現象学.『椙山女学園大学研究論集 人文科学篇』36, 13-28.

・安田均 (1987).『神話制作機械論』BNN.

・安田均 (2018).『日本現代卓上遊戯史紀聞 [1] 安田均』ニューゲームズオーダー.

・Woo, E. (2011). John McCarthy dies at 84: The father of artificial intelligence. Los Angeles Times. (Oct., 28, 2011)

【第6章】
インタラクティブ広告映像生成システムの開発
点在する生活映像から個人のための映像を生成する

川村洋次

　筆者は、消費者（あるいは利用者）の入力情報に適応させて広告映像の生成を行うインタラクティブ広告映像生成システムの開発を行っている。川村（2018; Kawamura, 2019）では、既往の広告映像（テレビコマーシャル）の映像ショットを映像データベース化し、消費者の入力情報にもとづき、消費者に適応させた広告映像を生成するシステムの開発をこころみた。本章では、消費者の日常的で断片的な生活映像ショットを映像データベース化し、消費者の生活シナリオにもとづき、消費者の生活場面を取り込んだ広告映像を生成するシステムの生成実験と評価について報告する。以下、インタラクティブ広告映像生成の基本的考え方（システム概念、インタラクティブ技法）について解説し、消費者の生活シナリオを基にビール広告映像を生成するシステムを活用した生成実験と評価について考察する。

1　インタラクティブ広告映像生成とは

1.1　インタラクティブ広告とは

　インタラクティブ（Interactive）とは、送り手と受け手が双方向に情報をやり取りすることであるが、本章ではインタラクティブ広告を「広告主、広告会社、広告メディアなどの広告提供者（本章では「提供者」とする）と視聴者、生活者、消費者などの広告受容・反応者（本章では「消費者」とする）との双方向な情報のやり取り

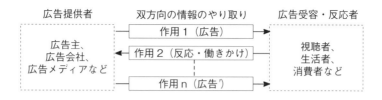

図6-1　インタラクティブ広告の概念

により生成される広告」と考える（図6-1）。提供者が提供する広告に消費者が何らかの反応を行い、次に生成される広告が変化する（作用1から始まる）といったものや、消費者が何らかの働きかけを予め行い、生成される広告が変化する（作用2から始まる）といったものがある。

1.2　インタラクティブ広告映像生成システムの概念

インターネットの普及により、インタラクティブ広告は様々な形態が出現してきている。たとえば、消費者にアンケート調査に回答させたり、広告の生成にゲーム性を持たせたりといった形態である。これらは、様々な広告コンテンツを提供者が作り込み、消費者からの反応・働きかけ（アンケート、ゲームなど）を基に、似通っている消費者層を集団（セグメント）化し、そのセグメントに対応した広告を提供するのである。このような広告コミュニケーションを、本章では「カスタマイゼーション」とする。

近年、インターネットの通信環境の増強を背景に、消費者が画像や映像を投稿するサービスが展開され、消費者が生成した膨大な量の画像や映像がインターネット上で流通する時代となっている。このような動向を背景に、消費者がより積極的に画像や映像を投稿するような仕掛けを取り入れ、提供者と消費者が共創的に広告を生成するような形態の広告コミュニケーションも展開されつつある。このような広告コミュニケーションを、本章では「コクリエイション」とする。

筆者は、消費者が投稿する生活シナリオや生活映像ショットを何らかの形で取り込み、消費者の生活場面を舞台とした広告映像を提供者と消費者とで共創的に生成するコクリエイションシステムを構築することをめざしている（図6-2）。

本章では、消費者の日常的で断片的な生活映像ショット（エピソード）を映像データベース化し、消費者の生活シナリオ（キーワード）にもとづき、消費者の生活場面を取り込んだ消費者個人のための広告映像を生成するシステムの生成実験と評価について報告する。

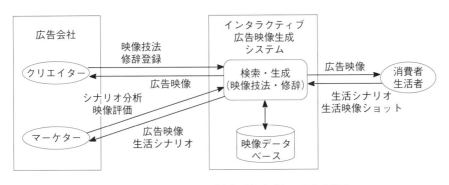

図6-2　インタラクティブ広告映像生成システムの概念

2　広告映像の生成過程とインタラクティブ技法

2.1　広告映像の生成過程

　広告映像の生成過程は、映像理論（Whitaker, 1970; Monaco, 1981; Katz, 1991）、映像認知心理学（中島, 2011）、広告制作方法（阿部, 2003; 植条, 2005）、広告映像研究（Kawamura, 2003 ; 川村, 2004, 2006, 2007, 2009）を踏まえると、以下（①〜⑥）の過程であると考えられる（図6-3）。図6-3において、二重線で囲っている部分は、広告クリエイターの頭にあるものである。

2.1.1　広告ヒストリー想起

　広告クリエイターは、広告コンセプトにもとづき広告映像化のための事象母集団を想起する。このとき、想起するのは、単語、文章、画像、映像、音などが混在した事象（状態、行動、雰囲気など）である。これらの事象は広告クリエイターの属人的特性に依存し、母集団の構造を一元的に定義することは困難である。ただし、広告クリエイターは、それらの事象の時間の流れ（歴史、履歴）、事象間の因果関係を意識し想起する。本章では、そのような歴史、履歴、関係などを総称して「ヒストリー」と呼び、広告ストーリーの設定の際に活用される事象群を生活ヒストリー、事象の映像化（演出）の際に活用される事象群を映像ヒストリー、音響の付加の際に活用される事象群を音響ヒストリーとする。

2.1.2　広告内容（ストーリー）設定

　広告クリエイターは、想起した事象の中から広告映像化する事象とその流れを設

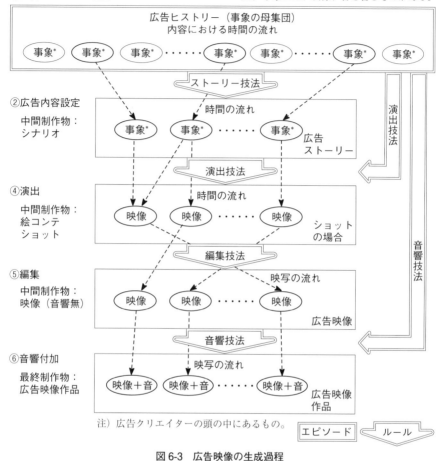

①広告ヒストリー想起　　　　　　　　注*）事象には、映像、音を含むものがある。

注）広告クリエイターの頭の中にあるもの。

図6-3　広告映像の生成過程

定する。広告コンセプトを踏まえ、どの事象に注目するかのルールが広告ストー
リー技法である。このとき、広告ストーリーは、広告コンセプトや商品のポジショ
ニングにもとづき、商品や企業を中心とするストーリー、消費者を中心とするス
トーリーなどが設定される。たとえば、広告ストーリーとして、提供者ストーリー
型（主に提供者の生産流通、商品機能、企業効果を表現する構造）、消費者ストーリー
型（主に消費者の消費状況、商品受容、消費効果を表現する構造）、イメージ型（消費者
の状況にかかわる映像と商品機能を表現する構造、あるいは、提供者でも消費者でもない
その他映像と商品機能を表現する構造）などがある（川村, 2009）。

2.1.3　広告雰囲気（イメージ）設定

　広告クリエイターは、広告映像化に際し広告映像全体の雰囲気を設定する。広告コンセプトを踏まえ、どの表現要素でイメージを表現するかのルールが広告イメージ技法である。このとき、広告イメージは、広告コンセプトや商品のポジショニングにもとづき、視覚的要素、時間的要素、音響的要素およびこれらの組み合わせによるイメージなどが設定される。たとえば、広告イメージとして、演出型（主に人、物、情報、背景などの視覚的要素によりイメージを表現する構造）、編集型（主に映像ショットの時間の長さ（デュレーション）、場面のつながりなどの時間的要素によりイメージを表現する構造）、音響型（主に台詞、効果音、音楽などの聴覚的要素によりイメージを表現する構造）などがある。

2.1.4　演出

　映像ショットを構成する視覚的要素を設定し撮影する。どの視覚的要素に注目して画面を構成するかのルールが演出技法である。たとえば、視覚的要素として、人（商品の提供者、消費者）、物（商品）、情報（商品）、背景（空間、時間）、撮影（カメラ位置、動き）などがある。このような視覚的要素を、本章では「演出要素」とする。

2.1.5　編集

　映像ショットのデュレーション・つながりを設定し順序を並べ替える。どの編集要素に注目して時間順序を構成するかのルールが編集技法である。たとえば、編集要素として、映像ショットのデュレーション（アップテンポ：時間を短く、スローテンポ：時間を長く、一定テンポ：時間を一定、不安定テンポ：時間を乱雑に）、場面のつながり（時系列型：生産流通 → 消費状況 → 商品機能 → 商品受容 → 消費効果 → 企業効果の流れ、操作型：生産流通、商品機能、商品受容、企業効果などのショットを操作して時系列の流れに挿入）などがある（川村, 2009）。

2.1.6　音響付加

　映像ショットや広告映像全体に付加する聴覚的要素を設定し付加する。どの聴覚的要素に注目して音響を付加するかのルールが音響技法である。聴覚的要素として、台詞・語り（メッセージ型：広告コンセプトやキャッチコピーの語り）、効果音（日常型：日常的な効果音の付加、非日常型：観衆音など非日常的な効果音の付加）、音楽（メッセージ音楽付加型：広告コンセプトやキャッチコピーを歌詞にした音楽の付加、単楽器付加型：単楽器によるシンプルな音楽の付加、交響曲付加型：総合的で壮大な音楽の付加、ビート付加型：スピード感がある音楽の付加）などがある。このような聴覚的要素を、本章では「音響要素」とする。

表6-1　インタラクティブ広告における提供者と消費者の役割

生成過程の区分	カスタマイゼーション		コクリエイション	
	提供者	消費者	提供者	消費者
広告コンセプト	消費者情報選択・入力を基にセグメントを特定、広告コンセプトを設定	セグメント特定のための情報選択・入力	抽象的で緩やかに設定	自身が好む生活コンセプトを投稿
生活ヒストリー	セグメント毎に生活事象を想起、予めデータベース化		消費者投稿による生活体験談などを解釈、消費者投稿による生活体験談をデータベース化	自身の生活体験談（つぶやき、日記など）を投稿
広告ストーリー・イメージ技法	消費者情報選択・入力を基に広告コンセプトと消費者選択・入力にもとづきセグメントを細分化し設定	自身が興味をもっている生活事象・雰囲気などの情報選択・入力	消費者投稿による生活事象・雰囲気を解釈、消費者の興味・志向をルール化　広告コンセプトと消費者投稿にもとづき消費者毎に設定	自身が興味をもっている生活事象・雰囲気などを投稿
映像・音響ヒストリー	セグメント毎に生活場面を想起、予め映像・音響データベース化		消費者投稿による生活場面を解釈、消費者投稿による生活場面を映像・音響データベース化	自身の生活場面（生活映像ショット、音楽など）を投稿
演出・編集・音響技法	広告ストーリー・イメージと消費者選択・入力にもとづきセグメントを細分化し設定	自身が興味をもっている生活場面などの情報選択・入力	消費者投稿による生活場面を解釈、消費者の興味・志向をルール化　広告ストーリー、広告イメージ、映像・音響ヒストリーにもとづき消費者毎に設定	自身が興味をもっている生活場面などを投稿

2.2　生成のためのインタラクティブ技法

　2.1 に示した広告映像の生成過程を基盤として、提供者が消費者との情報のやり取りにもとづきインタラクティブに広告映像を生成する過程をまとめる。表6-1 は、インタラクティブ広告における提供者と消費者の役割を、カスタマイゼーションと

コクリエイションの比較に注目して整理したものである。

2.2.1 カスタマイゼーション

　提供者は、消費者がどのような特性を有しているかを把握するために情報のやり取りを行い、消費者がどのセグメントに属するかを特定する。基本的なセグメントとして、性別、年齢層、地域、所得などの属性を活用するが、消費者の興味分野をセグメントとする場合も多い。例としては、検索連動型広告があり、消費者の入力キーワードに対応した広告を提示し、消費者が興味をもつ領域の広告を効果的に提供することをこころみる。そして、それらを活用してセグメント毎に広告映像を生成する。

　情報システム化に際しては、図6-3において、広告クリエイターの頭の中にある広告ストーリー技法、演出技法、編集技法、音響技法などにかかわる知識を、予めルールベースとして整備し、それらをメニュー化するなどして、消費者の選択・入力を基にセグメントを細分化して特定する。そしてセグメントを前提として、それらに効果的に作用する広告コンセプト、広告ストーリー（生活事象）、広告イメージ（雰囲気）、演出要素・編集要素・音響要素を構成し、予めデータベース化した映像・音響ヒストリー（生活場面）を基に、セグメント毎に広告映像を生成する。セグメントを特定する情報を事前に消費者から収集する場合も多いが、広告映像の生成過程で消費者に自身が興味をもっている生活事象・雰囲気・生活場面などを選択・入力してもらい、動的に広告映像を生成することもこころみる。たとえば、川村（Kawamura, 2018）は、近年の広告コミュニケーションにおいて、消費者に関与（選択、情報入力）させる方法として、消費者への報酬の提供、商品に関連したゲーミフィケーション、商品開発のコラボレーション、情報共有環境の提供、消費者への発見の提供などが工夫され、消費者選択として「商品評価」、消費者情報入力として「商品アイデア・コンセプト・特性の立案」「消費場面や課題の記述」「消費感覚や意見の記述」が収集されていることを報告している。提供者は「商品評価」「商品アイデア・コンセプト・特性の立案」を広告コンセプトの設定に活用し、「消費場面や課題の記述」「消費感覚や意見の記述」を広告ストーリー・イメージの設定や演出要素・音響要素の構成に活用する。

　インタラクティブ技法として以下（①〜③）がある。

①動機づけ技法

　消費者の選択・入力を促進するために消費者にとってメリットのある状況を設定する。金銭的な報酬（賞金、プレゼント）、社会的な貢献（コミュニティ貢献、商品開発貢献）、精神的な充足（ゲーミフィケーション、新しい発見）などがある。

②セグメンテーション技法

　消費者が選択・入力する情報から広告コンセプト・ストーリー・イメージや演出要素・編集要素・音響要素に反映できる知識を発掘（マイニング）し、消費者をセグメント化する。回答調査（アンケート、体験などによる質問回答）、コンセプト・ストーリー・イメージマイニング（メディア接触データ、ソーシャルメディア投稿データなどからマイニング）などがある。

③フィードバック技法

　広告コンセプト・ストーリー・イメージや演出要素・編集要素・音響要素を基に広告映像を生成し、消費者に視聴してもらい、その評価をフィードバックする。作品フィードバック（生成した広告映像に対する評価をフィードバック）、逐次フィードバック（広告コンセプト、広告ストーリー、広告イメージ、演出要素、編集要素、音響要素などの設定の際、その都度評価をフィードバック）などがある。

　このとき、広告コンセプト → 広告ストーリー・イメージ → 演出要素・編集要素・音響要素に至る過程は、予め設計されており、設定したセグメントに対し、提供者の専門性を活用したルールやヒストリー（事象、映像ショット、音楽など）を基に広告映像が構成されることから、広告映像の出来栄え（ストーリー展開、映像の美しさ・つながり、映像と音楽の連携など）の良さはかなり高いものとなる。

2.2.2　コクリエイション

　提供者は、消費者と積極的に情報のやり取りを行い、消費者が投稿する生活にかかわるコンテンツを活用して消費者と共創的に広告映像を生成する。

　情報システム化に際しては、図6-3において、消費者の頭の中にある生活にかかわるコンテンツ（つぶやき、日記、生活映像ショット、音楽など）を消費者に入力してもらい、それらを解釈し活用できるようにデータベース化する。また、広告ストーリー技法、演出技法、編集技法、音響技法などのルールにかかわる知識についても消費者に選択・入力してもらい、それらを解釈し活用できるようにルールベース化する。ただし、すべてのルールやコンテンツを消費者に依存するのではなく、提供者は、広告クリエイターの頭の中にある広告ストーリー技法、演出技法、編集技法、音響技法などにかかわる知識や映像・音響ヒストリーを、予めルールベースや映像・音響データベースとして整備し、それらを基盤として、消費者のルールや映像・音響ヒストリーを取り込み結合できるようにする。そして消費者に効果的に作用する広告コンセプト、広告ストーリー、広告イメージ、演出要素・編集要素・音響要素を構成し、提供者と消費者の共同でデータベース化した映像・音響ヒストリーを基に、消費者毎に広告映像を生成する。

このとき、消費者が投稿する生活映像ショットは、日常的で断片的であり、撮影技術も未熟であることから、それらを活用し広告映像として構成するのは容易ではない。インタラクティブ技法として、カスタマイゼーションに加え以下（④〜⑥）が必要となる。

④ヒストリー収集技法

消費者から生活映像ショットなどを収集する。事前要請（生活映像ショットなどの投稿を要請し収集）、ヒストリーマイニング（ソーシャルメディア投稿映像からマイニング）などがある。

⑤スクリーニング技法

消費者が投稿する生活映像ショットなどを選別し、選別した映像ヒストリーを映像データベース化する。事前スクリーニング（生活映像ショットなどを事前に選別）、事後スクリーニング（生活映像ショットなどにインデックス情報を付加し、広告映像として生成した後に選別）などがある。

⑥分類技法

消費者が投稿する情報から広告コンセプト・ストーリー・イメージや演出要素・編集要素・音響要素に反映できる知識をマイニングし、それらをグループ化・体系化する。そして生活ヒストリーや映像・音響ヒストリーのインデックス情報としてデータベース化する。また、生活ストーリーや生活イメージのパターンをルールベース化する。回答調査（アンケートなどによる質問回答）、コンセプト・ストーリー・イメージマイニング（ソーシャルメディア投稿データなどからマイニング）、専門家による分類（シソーラス設定、スクリプト設定）などがある。

3　生成実験と評価

3.1　生成実験の考え方

川村（2018; Kawamura, 2019）では、既往の広告映像の映像ショットを映像データベース化し、消費者の入力情報にもとづき、消費者に適応させた広告映像を生成するシステムの開発をこころみた。このシステムは、提供者により生成された映像ショットを映像データベースとして具備し、消費者の入力情報（コンセプト、生活シナリオなど）に合わせて映像ショットを映像データベースから抽出し、抽出した映像ショットを広告ストーリー技法や編集技法のルールでつなぎ合わせて広告映像を生成するものである。消費者は、提供者が作成した映像ショットを抽出するコン

セプトや生活シナリオを入力するという役割を果たす。

　本章では、消費者の役割をもっと大きくし、消費者が生活場面の映像ショットを投稿するコクリエイションのシステムについて検討する。前述（2.2の③〜⑥）の技法を活用したインタラクティブ広告映像生成システムについての生成実験と評価を行い、インタラクティブ技法に関する以下の問い（Q1〜Q3）について考察をこころみる。

　　Q1　消費者の生活事象・雰囲気・生活場面にはどのようなものがあるのか
　　Q2　消費者投稿映像を取り込み生成されるのはどのような広告映像か
　　Q3　生成されたもののうち興味や購買意欲につながるのはどれか

3.2　生成実験の方法

　生成実験のために仮想のビール商品「refresh」を設定した。Q1〜Q3の課題を明らかにするために、以下（1）〜（4）の実験を行った。

（1）生活映像データベースの整備
　ビールの消費を含む生活にかかわる場面（映像ヒストリー）とそれらの生活事象、雰囲気、生活場面情報（演出要素）を消費者（被験者）から収集した。また、収集した映像ショットに、生活事象、雰囲気、生活場面情報（演出要素）などの（検索のための）情報を付加して映像データベースを整備した。
（2）生活事象・雰囲気・生活場面の分析
　収集した生活事象、雰囲気、生活場面情報（演出要素）などの情報を集計し、消費者の生活事象・雰囲気・生活場面にはどのようものがあるのかを分析した。
（3）広告映像生成システムによる興味・購買意欲の調査
　（2）で分析した生活事象、雰囲気、生活場面情報（演出要素）の中で主要なキーワードを基に広告映像生成システムにより広告映像を生成し、それを被験者に提供して興味と購買意欲を調査した。
（4）生活事象・雰囲気・生活場面と興味・購買意欲のルールの分析
　調査した興味・購買意欲の結果を集計し、生活事象、雰囲気、生活場面情報（演出要素）などと興味・購買意欲との関係を分析した。

3.3　生活映像データベースの整備

　まず、ビールの仮想商品「refresh」を基に、ビールに関連する生活場面を被験

者（20代大学生）に自由に撮影させた。同じような映像ショットを省く処理を行い、結果として、商品機能（商品形状・機能の場面）290、消費状況（消費者の生活・課題の場面）870、商品受容（消費者が商品を使用・消費する場面）145、消費効果（消費者が得た消費効果・表情の場面）145、合計1,450種類の映像ショットを収集した。これらの映像ショットに、事象、雰囲気、演出要素（空間的特徴、時間的特徴、人物特徴、物特徴、カメラの動き）などのインデックス情報を付加して映像データベース化した。

　ちなみに、映像ショットを純粋な動画像とすると、映像ショットの人物の動き・演技などにより、ショットのつながりが不連続となったりすることから、静止画を3秒再生したもの（以降、「固定」とする）、静止画をズームの操作を加えて3秒再生したもの（以降、「ズーム」とする）を映像ショットとした。

3.4　生活事象・雰囲気・生活場面の分析

　収集した事象、雰囲気、演出要素などを集計し、消費者の生活事象・雰囲気・生活場面にはどのようものがあるのかを分析した。インデックス情報における主要キーワードの集計結果を表6-2に示す。キーワードの欄は、左から頻度の高い順に並べている。

　映像データベース化したのは、20代の大学生であるが、ビールに関連した主な生活事象は「旅行」「暮らし」、雰囲気は「明るい」「爽やか」、生活場面は「海」「青空」「朝」「笑顔」「黄色」であった。

3.5　広告映像生成システムによる広告映像の生成

　インタラクティブ広告映像生成システムは、広告コンセプト（事象）、広告イメー

表6-2　映像データベースの主要キーワード

区分		主要キーワード
生活事象		旅行，暮らし，自然，食，お勧め，孤独
雰囲気		明るい，爽やか，楽しい，暗い，美味しい，嬉しい，和やか
演出要素	空間的特徴	海，青空，砂浜，緑，芝生，公園，寺社，イタリア，ハワイ，家
	時間的特徴	朝，お盆，夏
	人物特徴	笑顔，女，二人，男，恋人，乾杯，真剣
	物特徴	ビール，黄色，白，泡，木，花

ジ（雰囲気）、演出要素（空間的特徴、時間的特徴、人物特徴、物特徴）にかかわるキーワードや文章が入力されると、入力されたキーワードや文章を分かち書き単語に分解し、それらと映像ショットに付加されたインデックス情報とを比較して、合致する単語が多い（類似度の高い）インデックス情報の映像ショットを抽出する。次に、（特に指定しなければ）抽出した映像ショット群と予め作成したスクリプト（Schank & Abelson, 1977）にもとづき、消費状況4ショット → 商品機能1ショット → 商品受容2ショット → 消費効果3ショット、の流れの広告映像を生成する。スクリプトを表6-3に示す。スクリプトは、一連の映像ショットの時間経過を示す標準的なストーリーであり、表中のショット番号は時間の流れに相当する。

表6-2に示した主要キーワードのうち、23キーワード（生活事象4、雰囲気4、演出要素15（空間的特徴5、時間的特徴3、人物特徴5、物特徴2））を入力情報として、46種類（固定23種類、ズーム23種類）の広告映像を生成した。

「爽やか」「青空」「朝」「暮らし」「恋人」「男」を入力キーワードとした広告映像の画像コンテ（ストーリーボード）を図6-4～6に示す（図では主要な5ショットを提示）。

（1）爽やか（雰囲気）

主に海を場面として、女性がくつろいでいるところにビールが登場し、ビールを飲み楽しむストーリーであり、全体的に爽やかな雰囲気が続いている。

（2）青空（空間的特徴）

主に海を場面として、女性や男性がビールを飲み楽しむストーリーであり、全体

表6-3　ストーリーのスクリプト

ストーリー段階	スクリプト	ショット番号
消費状況	場面設定	01～10
	人物の登場	11～20
	人物が主体で商品も登場	21～30
商品機能	商品の本格的登場	31～40
	商品が主体で人物や手が登場	41～50
商品受容	商品を受容する（飲む）直前（乾杯など）	51～60
	商品を受容する（飲む）場面	61～70
消費効果	商品を受容した後の表情，商品も登場している	71～90
	商品を受容した後の行動，商品は小さいか登場していない	91～99

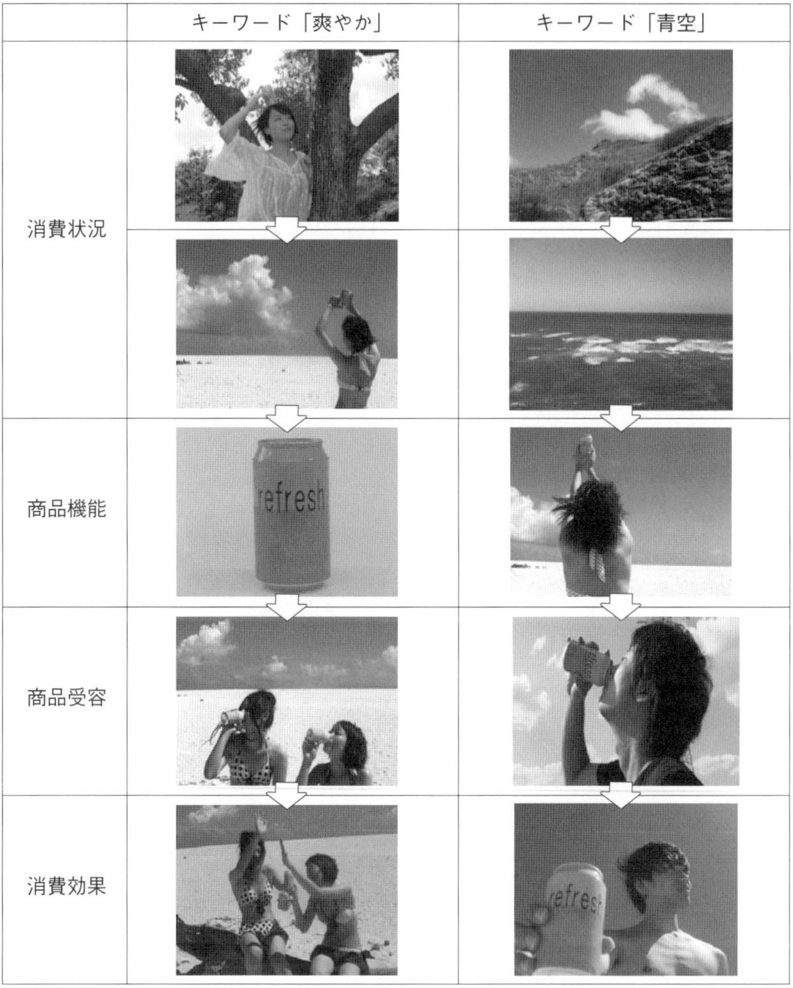

	キーワード「爽やか」	キーワード「青空」
消費状況		
商品機能		
商品受容		
消費効果		

図6-4　生成された広告映像（「爽やか」「青空」）

的に青空が映える場面が続いている。

（3）朝（時間的特徴）

　旅行先で男性が海でくつろぎ、女性たちが乾杯をしてビールを楽しむストーリーである。

（4）暮らし（生活事象）

　主に屋内を場面として、男性がくつろぎ、何かを食べながらビールを飲み楽しむストーリーである。

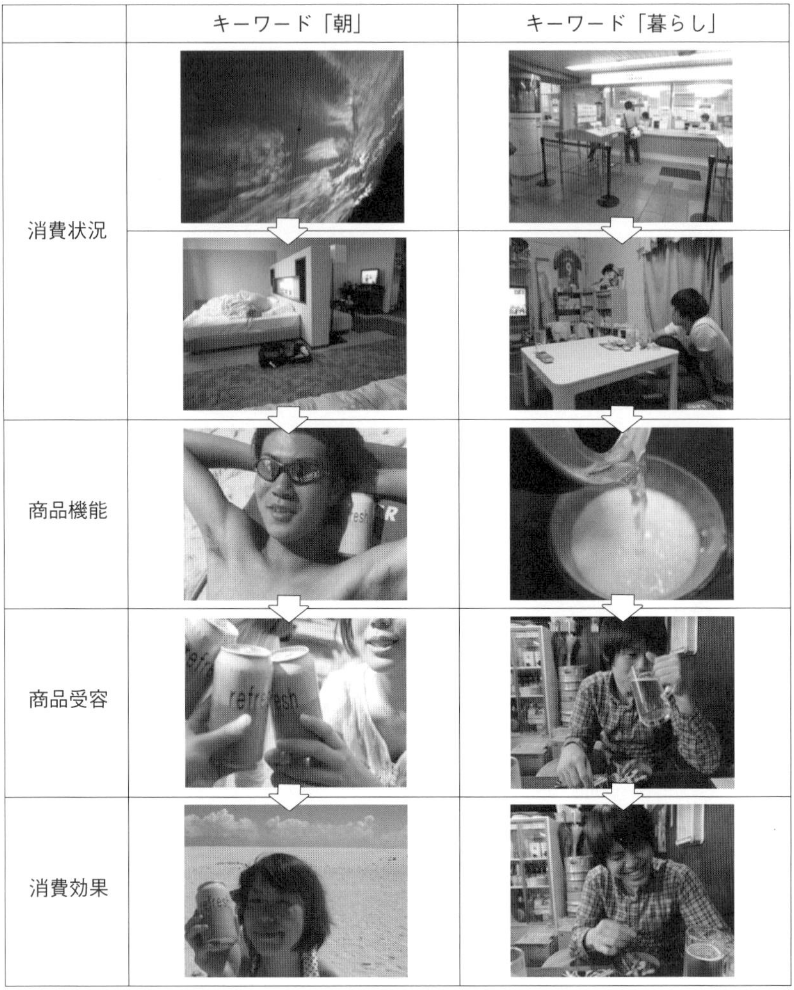

	キーワード「朝」	キーワード「暮らし」
消費状況		
商品機能		
商品受容		
消費効果		

図6-5　生成された広告映像（「朝」「暮らし」）

（5）恋人（人物特徴）

　主に海を場面として、女性がくつろいでいるところに2杯のビールが登場し、恋人どうしがビールを飲み楽しむストーリーである。

（6）男（人物特徴）

　男性が旅行先などで遊んだりくつろいだりし、飲み会などを行うストーリーである。

	キーワード「恋人」	キーワード「男」
消費状況		
商品機能		
商品受容		
消費効果		

図6-6　生成された広告映像（「恋人」「男」）

3.6　広告映像生成システムによる興味・購買意欲の調査

　表6-2に示した主要な23キーワードを入力情報とした46種類の広告映像を被験者（撮影者とは異なる20代大学生）に提供し、興味度（非常に興味をもった、わりと興味をもった、やや興味をもった、あまり興味を持たなかった、全然興味を持たなかった）、興味をもったところ（自由記述）、購買意欲度（非常にそそられた、わりとそそられた、ややそそられた、あまりそそられなかった、全然そそられなかった）、購買意欲がそそ

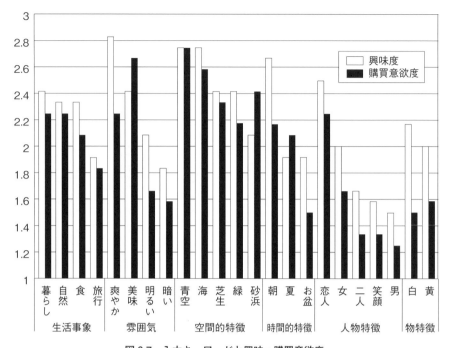

図6-7　入力キーワードと興味・購買意欲度

られたところ（自由記述）、気がついた点（自由記述）を回答してもらった。興味度
（4～0点）と購買意欲度（4～0点）の平均を集計したものを図6-7に示す。

　生活事象では「暮らし」、雰囲気では「爽やか」、空間的特徴では「青空」、時間
的特徴では「朝」、人物特徴では「恋人」が興味・購買意欲度が高い結果となった。
一方、購買意欲度が一番低いのは人物特徴で「男」であった。これらの広告映像の
画像コンテは前掲の図6-4～6に示した通りである。

　興味・購買意欲度が高いのは、空間的特徴や雰囲気であり、表6-2に示した頻度
の高いキーワード（「爽やか」「青空」「海」「朝」）は興味度が高い傾向にある。

3.7　広告映像の評価

　興味・購買意欲度が高い結果となった「爽やか」「青空」「朝」「暮らし」「恋人」
については、高く評価した被験者の意見、低い結果となった「男」については、低
く評価した被験者の意見を抜粋したものを表6-4に示す。

　表6-4に示した意見では、興味をもつ条件として、①ストーリーの流れやまとま
りがある、②雰囲気に一貫性がある、③映像内容を身近に感じる、が挙げられた。

表6-4 興味をもったところ・購買意欲がそそられたところ・気がついた点

キーワード	興味をもったところ	購買意欲がそそられたところ	気がついた点
爽やか	非常に楽しそうな雰囲気が感じられ、またビールの泡が噴き出している所をズームにしていて、よりおいしように感じた点。	浜辺というシチュエーションに、解放感と爽やかさが感じられた。またさりげなくビールを浜辺に置いている所も、ビールの存在感が引き立っている感じがした。	全体的に固定映像よりズーム映像の方がビールのおいしさや、陽気さが伝わってきた。
青空	ストーリー性が非常に高く、ビールの魅力などがよく伝わってきた点。	全体的に爽快感が非常に感じられ、またズームによる効果がビールの良さを引き立てていた点。	爽快感や解放感といった全体の雰囲気は、固定映像のほうが感じられたが、ビールのおいしさなどはズーム映像の方が感じられた。
朝	ビールをもって微笑んでいる女性がアップになったとき、ビールが美味しそうに見えた。	ビールの栓を開けようとしているシーンで、ビールがアップになって飲みたくなった。	空が綺麗であった。
暮らし	私生活に密接に関連している感じがして、ビールがより身近なものに感じたから。	自宅でご飯を食べながらビールを飲んでいる場面がよかった。また、飲んでいる姿をズームで流すことでビールのおいしさがより引き立っていると感じた。コップにビールを注いでいるシーンと、男性がビールを飲んだ後の表情がたまらなく美味しそうでそそられた。	動きがあると、コップにビールを注いでいるシーンで、注いでいる音が聞こえそうな気がして非常に良いと思った。
恋人	全体的に非常にストーリー性が感じられたのと、楽しくて幸せな雰囲気が感じとれた点。	幸せな雰囲気でビールを飲むと普段とは違った気分になれると感じた点。ビールの栓を開けているシーンで、動きがついた方がより飲みたいと思った。	ズームするポイントが非常に良く、固定映像よりもビールの良さが伝わってきた。
男	あまり商品の消費という感じは受けなく、全体としてのまとまりもなかったように感じた。	商品の消費状況のシーンが少なく、商品の消費につながるようなシーンも少なかったように感じた。	意味のない画像が入ると、気分がよくない。

ストーリーの流れやまとまりがなく雰囲気が乱れると、広告映像に対する注意の低下につながるという意見もあった。また、購買意欲がそそられる条件として、①消費状況や雰囲気を感じる、②商品の存在感や動きがある、が挙げられた。

4　インタラクティブ広告映像生成システムの高度化に向けて

　本章では、消費者の日常的で断片的な生活映像ショットを映像データベース化し、消費者の生活シナリオにもとづき、消費者の生活場面を取り込んだ消費者個人のための広告映像を生成するシステムの生成実験と評価について報告した。

　20代大学生にビールにかかわる生活映像ショットを自由に撮影させたところ、生活事象「旅行」「暮らし」、雰囲気「明るい」「爽やか」、生活場面「海」「青空」「朝」「笑顔」「黄色」の場面が多かった。場面数が多いキーワードを基に広告映像生成システムにて広告映像を生成し、撮影者とは異なる20代大学生の被験者に対して視聴実験を行ったところ、雰囲気や空間的特徴にかかわるキーワードの興味・購買意欲度が高い傾向にあり、その中で場面数が多いキーワード（雰囲気「爽やか」、空間的特徴「青空」「海」）の興味・購買意欲度が高い傾向にあった。興味をもつ理由として、ストーリーの流れやまとまり、雰囲気の一貫性、映像内容を身近に感じる、が挙げられ、購買意欲がそそられる理由として、消費状況や雰囲気を感じる、商品の存在感や動き、が挙げられた。

　筆者は、このような結果を踏まえ、46種類の広告映像を改めて視聴してみた。結果的に興味・購買意欲度が高い広告映像は、場面設定（「暮らし」「爽やか」「青空」「朝」）の一貫したストーリーや雰囲気が共感を呼び、商品の存在感や動きが感じられた。一方、人物設定（「二人」「笑顔」「男」）により生成した広告映像は、人物の入れ替わりや関係が不明でストーリーや雰囲気の一貫性が感じられず、広告映像への注意が減退し、商品の映像ショットにも注意が払われず、結果として商品の購買意欲の促進につながらなかった。

　興味・購買意欲度を高めるための広告映像生成ノウハウを整理すると、以下（①～⑤）となる。これらは広告映像を生成する際のルールベースとなる。

①分類技法：収集した生活映像ショットに雰囲気や空間的特徴のインデックス情報を付加し映像抽出の際に活用する
②スクリーニング技法：多くの場面で共通する雰囲気や空間的特徴をもつ生活映像ショットを映像データベース化する
③広告ストーリー技法：流れやまとまりを持たせる

④広告イメージ技法：雰囲気に一貫性を持たせる

⑤演出技法：空間的特徴に一貫性を持たせる、登場人物をできるだけ同一人物にする、商品のショットに動きを持たせる

　これらのノウハウは、ビールの広告映像に関するものであり、視聴者が年齢層20代と限られているが、インタラクティブ広告映像生成システムを通じた生成実験を網羅的に積み重ねれば、もっと重厚なノウハウになると考える。

　広告映像は、最終的には商品の売上の向上・維持を目標としているため、本章では興味・購買意欲を評価指標としたが、企業のブランドイメージの向上・維持も目標としているため、その企業の理念や社会におけるポジショニングに対する評価も必要となる。そのような評価についても今後検討を進めようと考えている。

【読書案内】

中島義明（2011）.『映像心理学の理論』有斐閣.

　映像の特性や心理的効果について、認知心理学の観点から体系的に多様なモデルを紹介している。映像の諸特性を論じた上で、ワーキングメモリ、処理資源、事象構造化、基準理論、文脈効果および音楽認知にかかわる映像理論を紹介している。

植条則夫（2005）.『広告コピー概論（増補版）』宣伝会議.

　広告の制作について、広告クリエイターの観点から体系的かつ詳細に制作手法を記述している。広告のクリエイティブ戦略、アイデア発想、制作プロセス、コマーシャルの表現形式、歴史や業界、マーケティング、広告効果など、多岐にわたる内容について具体的な事例を挙げつつ紹介・解説している。

【参考文献】

・阿部正吉（2003）.『最新CM制作の基礎知識 —— プランニングからデジタル制作まで』宣伝会議.

・川村洋次（2004）.広告映像の修辞の分析 —— 広告映像制作支援情報システムの構築に向けて.『広告科学』（45）, 122-139.

・川村洋次（2006）.ビールとパーソナルコンピュータの広告映像修辞の分析 —— 広告映像修辞の記号化によるアプローチ.『広告科学』（47）, 33-48.

・川村洋次（2007）.広告映像の技法・修辞と効果に関する研究.『認知科学』14（3）, 409-423.

・川村洋次（2009）.広告映像の内容技法と編集技法の分析 —— 広告映像制作支援情報システムの構築に向けて.『広告科学』（50）, 16-32.

・川村洋次（2018）.広告映像の生成システムの開発.『情報物語論 —— 人工知能・認知・社会過程と物語生成』（pp.303-325）.白桃書房.

・Kawamura, Y. (2003). An analysis of the rhetoric of commercial film: Toward the building of a commercial film production support system based on image rhetoric. *Proceedings of the 2003 IEEE International Conference on Systems, Man and Cybernetics,* 993-1000.

· Kawamura, Y. (2018). Practice and modeling of Advertising communication strategy: Sender-driven and receiver-driven (Chapter 13). In T. Ogata & S. Asakawa (Eds.), *Content Generation through Narrative Communication and Simulation* (pp.358-379). USA: Information Science Reference (IGI Global).

· Kawamura, Y. (2019). An attempt of the commercial film production support system based on the image rhetoric of commercial film (Chapter 7). In Ogata, T. & Akimoto, T. *Post-Narratology through Computational and Cognitive Approaches* (pp.292-317). USA: Information Science Reference (IGI Global).

· Katz, S. D. (1991). *Film Directing SHOT BY SHOT Visualizing from Concept to Screen.* Michael Wise Productions. (津谷祐司 (訳) (1996).『映画監督術 SHOT BY SHOT』フィルムアート社.)

· Monaco, J. (1981). *How to Read a Film: The art, technology language, history, and theory of film and media.* Oxford University Press.

· 中島義明 (2011).『映像心理学の理論』有斐閣.

· Schank, R. C. & Abelson, R. P. (1977). *Scripts, Plans, Goals, and Understanding: An inquiry into human knowledge structures.* Lawrence Erlbaum.

· 植条則夫 (2005).『広告コピー概論 (増補版)』宣伝会議.

· Whitaker, R. (1970). *The Language of Film.* Prentice-Hall.

【第7章】
未来を創るために、ストーリーテリングを解明する
Creative Genome Project における解析方法とその応用について

佐々木淳

1 Creative Genome Project に至る経緯

1.1 はじめに

　筆者が進めている Creative Genome Project とは「どのような映像ストーリーの制作手法」によって「どのようなコンテンツ体験」が生まれ、その結果視聴者が「どのような気分・読後感」になるのか、という関係を、TVCM（テレビコマーシャル）の解析を通じてモデル化する研究である。平易に言うならば、ストーリーテリングとその受容の関係をコンテンツの類型化を通じて解明するプロジェクトとも言える。

　本章ではまず1節で本研究に至る動機や背景について述べ、2節では TVCM 解析の方法論について、特に中核となる「体験」という解析項目に焦点を当てつつ述べる。3節ではこの「体験」中心の関係モデルが TVCM 視聴に留まらず、より広い領域へも応用可能であるという見通し、およびその応用の意義について試論を展開していく。

1.2 「学究と現場の両義性」という生い立ち

　広告プロデューサーとしてのキャリアをスタートしてから早いもので四半世紀以

上が経過した。学生時代の筆者はマクルーハンやボードリヤールに私淑し、映像や音楽をメディアや消費という観点から分析することを好み、一時は研究の道を志したが、実際に制作現場を経験したいとの思いが募り制作会社に入社した。長い下積みの時代、TVCM の制作現場からは実に多くの経験知を得ることとなった。映像表現に関わる会話には感覚的な語彙が極めて多いこと、クリエーターは理路整然とした論理などに耳を貸さないこと、あるいは感覚的な現場のコトバに包含されるニュアンス、スタッフのノセ方や現場の空気のシメ方、重要用件をスタッフに伝達するタイミング、こうした現場の暗黙知は経験しないとわからない。自身本来の研究志向と現場を通じての経験的な暗黙知、筆者に存在するこの両義性の混交が本研究、Creative Genome Project を特徴づけるものである。

　様々な感覚的なコトバ（「空気感」、「生っぽさ」、「ヌケの良さ」、「象徴的なカット」等々）によって紡がれる TVCM の現場は、これらコトバのニュアンスを共有する集団が、具体的かつ丹念に表現や撮影のプランを詰めていく、極めてハイコンテクストな協働の場である。四半世紀前 —— 1990 年代初頭当時 —— はまだフィルム撮影が主流の時代であり、絶妙な表現に至るためには多くの専門知識に加え、経験に裏打ちされた属人的な勘やノウハウが重要であった。このため現場スタッフの職人性は高く、上述の「コトバのニュアンス」の理解は現場に携わる者にとって不可欠であった。多くの撮影現場 —— 撮影スタジオやロケ現場 —— ではピリピリとした緊張感のもと、怒号を伴う真剣勝負が昼夜未明を問わず繰り広げられていたものだ。TVCM 業界独特のローカルな文化が色濃く存在し、所作を理解しない者（シロウト）は排除される空気が当時の現場にはあった。撮影や編集の現場、あるいは深夜の企画作業など、眼前の現場作業に忙殺されていた当時の筆者には、学生時に親しんだメディア論や消費論を顧みる余裕など微塵もなかった、というのが実際のところであった。

　時代は流れ、現在ではフィルム撮影や現像作業はほぼ姿を消し、連動してテレシネ工程[1]はグレーディング[2]作業となり、編集作業もムヴィオラ[3]でのフィルム編集からインフェルノ[4]によるワークステーションでの編集・合成作業へと変容した。完成した映像（完パケ）の納品についても、D1/D2 規格のビデオテープ[5]納品から現在ではデータ納品が基本となっている。

---

[1] フィルム撮影素材をビデオへ変換する作業。色味の調整を詳細に行った。

[2] ビデオ撮影素材の色味調整を行う作業。

[3] 撮影フィルムのカット箇所を決めるためのフィルムプレビュー用機材。

[4] CM 作業で頻用するオートデスク社製ハイエンド・デジタル編集／合成システム。

[5] 放送業務用ビデオテープ。納品や原版保存に使用された。下位仕様は D2。

視聴を巡る環境も変化した。ハードディスクレコーダー等での録画による TV 視聴が一般化したほか、昨今ではスマートフォンによるインターネット経由での動画視聴も浸透し、TVCM や関連動画をネット上の動画プラットフォームに配信することがごく普通の広告施策となった。

　また、スマートフォンの台頭と軌を一にして、2000 年代後半から「マスからパーソナライズド」という潮流が始まった。テレビや新聞・雑誌・ラジオなど、一対多のモデルを基本とした従来の「マス」コミュニケーションから、スマートフォンなど一対一のモデルを基本とした「パーソナライズド」（個人に最適化された）コミュニケーションへの移行が急速に意識され始めたのである。それまでマス広告随一のコンペティションであったカンヌ広告祭[6] も、その名から（マス広告を匂わせる）"Advertising" の語を削ぎ Cannes Lions International Festival of Creativity（日本では通常「カンヌライオンズ」と呼ばれる）と改称し、応募カテゴリも従来のマス広告のみならず、モバイル広告や多メディア連動広告などへ大幅にその領域を拡張・開放した。このように「パーソナライズド」なデジタルメディアの登場は極めて大きなインパクトをマス広告領域に与え、マス広告の代表である TVCM にも、もはや絶対的優位はない時代となったのである。

　以上のように、現在から四半世紀を振り返ると、制作環境、視聴環境、そして企業の宣伝施策までもが、一斉にデジタル化のもとで変容してきた。制作現場にはいまだにハイコンテクストで職人的な気風が少なからず残っているものの、暗黙知としての属人的ノウハウもデジタル機材のパラメータによって数値化されていく流れにある。以前は怒号が飛び交っていた現場も今やすっかり静かになった。しかしこうした変化の中にあってもなお、変わらずアナログであり続ける領域がある。それは TVCM 制作の根幹をなす企画案や演出案を生み出す、企画演出領域である。これは TVCM に限らずドラマ、映画でも同様である。たとえば Netflix、Apple 等のネット企業——いわばデジタル系企業の権化——がネット配信ドラマの制作を昨今開始した際、彼らが唯一社外に求めた能力とはスタッフのクリエイティブ立案ノウハウ、すなわち企画演出の暗黙知にまつわる部分であった。

　とはいえ、社会のデジタル化がさらに進み、生活や産業の基盤がデータや AI（人工知能）の依存を強める中、企画案や演出案を生み出すアナログの暗黙知もやがて何らかの方法で形式知化され、デジタルデータ化されていく可能性がないとは言えない。もしそうであるなら「デジタル化できる部分がどこで困難な部分がどこか」を自ら先行して見きわめ、可能な部分をデータや AI と架橋しておきたい、それが

---

[6] 正式名称 Cannes Lions International Festival of Creativity。毎年 6 月下旬に南仏カンヌにて開催される、エントリー数・来場者数ともに最大規模を誇る国際広告祭。

筆者の考えである。

1.3　アナログとデジタルを架橋する

　筆者は TVCM の制作に 8 年弱（1992-1999）関わり、その後は黎明期のインタラクティブ広告の領域（WEB やモバイルなど新たなメディアの黎明期であった当時、新奇性のある企画を競うインタラクティブ広告という領域が確固として存在していた）にプロデューサーとして 10 年強（1999-2012）関わってきた。 TVCM という伝統的なマス広告の制作現場とは異なり、インターネットでのパーソナルコミュニケーションを担う、新興分野のインタラクティブ広告の制作現場は、多様な領域（エンジニア・デザイナー・サーバー開発者・広告効果測定者など）の人材が上下関係なく混在する、共通語彙すら覚束ないものであった。この新興分野において、筆者はその現場の技量や質の向上を常に意識し、マス広告のスタッフを多数参入させることによって、プロフェッショナルな暗黙知や職人的感覚を積極的に浸透させようと腐心した。クリエイティブ知をデジタルデータと結ぶ本研究も、こうした架橋的な意識の延長上にあるものと言えるだろう。

　2000 年代の後半以降、インタラクティブ広告は徐々に衰退したが、その原因は大きく 2 点あった。1 点目としては SNS の興隆・浸透によって、企業が自社 WEB サイトなどのオウンドメディア[7]にインタラクティブなリッチコンテンツ[8]を置く必然性が減退したため、2 点目としてはスマートフォンの普及により PC コンテンツの相対的な地位が低下したためである。

　こうした時代状況の中、筆者は広告主・広告会社からの受託による広告プロデュース業から転進し、ユーザ中心設計の部署、新規事業開拓のリサーチ部署等を立ち上げ、新しい活動に入った。この時期にプロトタイプサービスとして開発したのが、映像へのタギング[9]を核としたスマート TV 用サービス（サービス名 nagarami、2012 年）である。次節にて詳述するが、このサービスはセミプロによる秀逸なクオリティの短尺映像（84 秒）を多数確保し、次にそれらを視聴する者の想定読後感（想定される気分変容）によってタイプ分け（タグ付け）し、最終的にはこのタグによって映像をシステム配信するものであった。ここで重要だったのは、各映像の表現を「視聴者に特定の気分を惹起させるための記号」と捉え、タグ付けを通じてその記号を幾つかのタイプへと分別したことであった。これが TVCM のス

---

[7]　企業が自社で保有する発信媒体。特に企業の自社サイトやブログを指す場合が多い。

[8]　表現性の高い画像や映像を使ったネットコンテンツ。

[9]　デジタルデータを管理するために、データにメタタグを付与すること。

トーリーテリング解析プロジェクト Creative Genome Project の方法的な母胎となったのである。

1.4 解釈データ集積とモデル化への取組み

2014 年に開始した Creative Genome Project は、映像表現として TVCM に焦点を当て、TVCM のどんなクリエイティブ要素が、視聴者にどのような感情（読後感）を惹起するのか、その関係を解明するものである。開始当時は、ビッグデータブームに加え、ディープラーニングの産業実装が始まる時期、いわゆる「第三次 AI ブーム」が勃興した時期にあたっていた。「AI によって仕事が奪われる」という脅威論が蔓延したが、それはしばしば「クリエーターだけは AI に代替されない」という言説とセットになっていた。しかし「AI による制作プロセスの低コスト化」を標榜し、その実クリエイティブの暗黙知など全く考慮しないサービスが、IT 業界など異業種からリリースされる可能性も十分ありえる、と筆者には思えた。マーケティングの分野ではネット広告配信が自動化され始め、バナー広告[10]の自動制作もすでに試行されていた。

こうした状況にあって、クリエイティブ産業側が自ら先行して、これまでの暗黙知を精巧に形式知にし、そしてそれをデータ化することが急務であると筆者には思えた。映像表現やストーリーの解析には、例えば物語コンセプト、修辞全般、映像音声技法など様々な専門的項目における解釈・読解が必須である。この見地からは、TVCM の映像ファイルを取り込みそのまま現状の AI に計算処理させるだけでは、表現やストーリーの解析は不可能と思われた。一方で、クリエイティブ産業側が解析作業を通じて解析の方法知、そして（専門的解釈による）大量のデータを獲得できれば、これらを教師データとして AI に機械学習させることで、クリエイティブの自動生成などにおいて一定程度の成果を得られる可能性があると筆者は考えた。

このような考えのもと Creative Genome Project は、まず独自の解析モデル（CCT モデル: 2.3 参照）を考案し、初期解析成果を簡易データベースとして実装した。このデータベースからの出力をもとに広告企画ディレクションを行う AI ロボット[11]も制作され、2016 年のカンヌライオンズで入賞し注目された[12]。

本研究において、筆者はこれまでの架橋的な行いの延長として、上述のように現場の暗黙知を形式知化し、さらにデジタルデータへと移植することで、新たな価値

---

[10] ネット媒体における、主にリンク付き静止画像によるスペース広告。
[11] AI-CD β（（株）マッキャンエリクソン制作）。CD はクリエイティブ・ディレクターを指す。
[12] カンヌライオンズ 2016 デザイン部門ショートリスト入賞。

の創造を目指している。こうした試行の中で、常に付きまとうのは以下の二つの問いである。一つは、暗黙知の豊穣さを毀損せずいかに形式知にしていけるかであり、もう一つは、形式化しデジタルデータ化した知を、いかに社会的価値にできるか、という問いである（前者は2節、後者は最終節で詳述する）。特に後者については、ストーリーテリングの解析モデルをより広範な社会領域へ拡張応用するという、さらなる架橋の試みであると認識している。

2 「体験」の成分を解明する —— Creative Genome Project の解析方法

2.1 「体験」による分類への気づき

1.3で述べた通り、2012年に「映像へのタギングを核とした、スマートTV用サービス」をプロトタイプ開発し、サービス名をnagaramiと名付けた（図7-1）。契機は家電各社がスマートTV（ネット経由でのTV）を一斉に市場投入したことにあり、アプリを通じて容易にコンテンツを配信できる点が魅力であった。我々のプロトタイプの企画は試行錯誤の末「視る者の感情変容を促す環境インテリア」というものに帰着した。これは無目的に漫然と画面を視る者の気分を、映像の連続によって変容させ、字幕では「心に響きそうな過去の偉人の金言」や「楽しい気分になるアメリカンジョーク」などを流す、というものだった。

具体的に記すと、朝に流す映像群には「活力を与える映像や字幕」、夕方に流す映像群には「解放感を与える映像や字幕」など配信テーマをまず設定し、次に各映像・字幕を吟味して上記配信テーマに見合う読後感のタグを振った。そして最終的に、こうしてタグ付けされた映像・文字コンテンツをデータベースで一括管理し、

図7-1　映像タギングプロトタイプ 'nagarami'〈2012〉

アプリ配信できるシステムを構築した。

特徴的だったのは、用意した映像群の視聴者読後感を想定し、惹起されるであろう気分によってタグ分けすることで、映像群を記号化・データ化したことである。各映像のクリエイティブをひとつのストーリーテリングの記号と捉え、視聴者の読後感と関係付ける方法に筆者は価値を見出していた。

たとえば朝カフェにいてnagaramiを見る人がいるとする。その人の身体は起きているが、どうも精神的にやる気が出ない。そんな人のためには「NEXT」というタグをつけたコンテンツ（未知の領域を発見した研究者の言葉や、モーションやデザインのギミックが秀でた映像の一群）を流す。逆に身体がまだ起きていないような人には「IGNITE」というタグをつけたコンテンツ（発破をかけるような言葉や、スケボーに付けたカメラで路面すれすれを疾走する映像、工場で製造を行う速度感ある機械の動きを見せる映像などの一群）を流して速度感ある刺激を与える、という按配である（図7-2）。

プロジェクトを進行する過程で気づいたことは、これら「NEXT」や「IGNITE」というタグが、視聴者側が映像コンテンツをどのように「体験」するかについての分類記号になっているということだった。たとえば「NEXT」は「次のアイディアにつながる新規性を感じる体験」であり、見た人は「次の可能性を感じる＝世界は面白い、自分もまだまだやれる」という気分になる。同様に「IGNITE」は「活発さや速度感によって身体が起動するような体験」であり、見た人は「自分も動かなきゃ、やらなきゃ」という気分になる。このように「体験」は「気分」を惹起する契機となっている。「NEXT」「IGNITE」という「体験」が、見る側の気分を変容

nagarami タグ チャート表

	大タグ	NEXT					IGNITE				
		(Intellectual)					(Physical/Mental)				
	小タグ(カラム) ※textの属性 (映像のメタファー)	領域拡大・技術革新 / 視点変換アイディア / 金言・納得視点 / ビジネストリビア 時事これから					自己鼓舞/時事ネタ系/金言・名言/脳トレ系				
	チューニング (効能)		把握力 発想力 知識力 活用力 流行力 含蓄力 チャレンジ力 戦略力 競争力 理解力				向上力 闘争力 気力 統率力 判断力 感受力 知識力 積極力 生命力				
朝	insight大	不足	未知	悲愁	承認	未解	不足	未知	悲愁	承認	未解
			疑問 枯渇 不透明感 無力感 焦燥感 無目的感 吸収欲 学習欲 反骨心				無気力 焦燥感 責任回避 不安 ストレス 自信喪失 未達成感 自責感				
	insite小		アイディアがわかない 勉強不足 面白くない 話しが盛り上がらない 対人関係がうまくいかない 子供っぽい 意見が浅い 楽しいネタがない 先が読めない やっていることの価値が見えない 手に入れたい 身につけたい もっと知りたい				レベルが低い やる気がでない 面倒くさい 楽をしたい ショートカットしたい 眠い 刺激がない 逃げたい 希望がもてない 何も肯定できない 自信がない 前向きになれない やめたい 明日やればいい 忘れたい				

図 7-2　nagarami のタグチャート表 —— NEXT タグと IGNITE タグ〈2012〉

させ、読後感を創るのだ。同時に「NEXT」「IGNITE」は映像・字幕が醸す全体感のことであって、個々の映像や字幕の表現内容とは異なる。つまり「体験」とは個々のコンテンツそのものでも、読後感そのものでもなく、コンテンツと読後感の間に生起するものなのだ。この気づきが Creative Genome Project の独自解析モデル（CCT モデル：2.3 参照）へと繋がっていくことになる。

2.2　解釈データという価値

上述の通り nagarami は「コンテンツ」と「読後感」、そしてその間にある「体験」という三項による関係モデルへの気づきをもたらすプロジェクトであった。カフェチェーンや諸施設、都市開発関連など多くの企業関係者の関心を集め、納入事例もできた。

次いで 2014 年から Creative Genome Project への取組みを開始した。これは上記 nagarami の示唆を活かし、（CM 制作会社にとってより直接的なテーマである）TVCM におけるコンテンツ・読後感・体験の関係を解明し、データベース化するプロジェクトである。TVCM を視聴する人々は、短い 15 秒ないし 30 秒の映像を見ることで何らかの気分変容を起こしている（そのことを制作側は望み、それを計算して TVCM を制作する）。この視聴者側の「読後感（気分変容）」と、制作者側が用いる表現方法の諸要素である「クリエイティブ諸要素」、その間に生起する「体験」という根幹の解析領域を設定し、まず最も重要と考えたコンテンツ体験について先行解析し、その結果 TVCM では体験の類型が大きく 16 タイプ存在すると仮説した。次に、これらのコンテンツ体験に大きく寄与しているクリエイティブ要素を特定・解明するため、ひとつの CM を 20 以上の要素項目に分類し解析する方法を考案した。この解析方法により生まれた、映像制作の専門家による記述式の「解釈デー

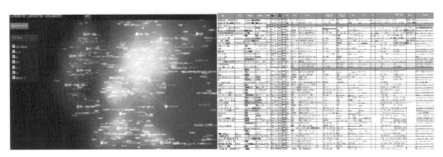

図 7-3-1/ 左　Creative Genome データベース（ver1.0）のインターフェース
図 7-3-2/ 右　Creative Genome 解析による解釈データ群のエクセルファイル
（詳細は非公開）
全日本 CM 連盟（ACC）によるアワード受賞作品過去 30 年分（約 3,000 本）が解析対象

タ」は Creative Genome Project における価値の源泉（そして制作現場におけるアナログ暗黙知の凝縮）であり、機械的な映像解析では到底生み出せないものとなっている（図7-3-1）（図7-3-2）。

2.3　Creative Genome Project におけるタグ項目の詳細

Creative Genome Project におけるタグ項目群は、大別すると「体験」「読後感」「クリエイティブ諸要素」という3つの大領域下に配置されている。

各タグ項目について、まずは「体験」領域に属するものから詳細を述べていく。

Creative Genome Project において中心となる「体験」領域には、最重要の解析項目である「コミュニケーション・コンセプト・タグ（以下CCT）」及び、CCTを細分化した「サブCCT」という2つのタグ項目のみが存在する。CCTには大別すると16の種類があり、さらに細分化したサブCCTでは70種類程度に分別される。すなわちTVCMが視聴者に提供してきた体験はおおまかに16種に類型化される、とも言える。16種類の体験は、各々特定の読後感を惹起する。

CCTは、視聴者にある読後感を惹起させる「体験」についての名称であり、先述のnagarami における「NEXT」や「IGNITE」に該当するものである。一例として「帰属・回帰・愛」というCCTは「共同体による包摂の体験」を総称する名称で「ハートウォーミング」という特定の読後感を惹起する。

CCTを中心的なタグとして据えることで、特定のCCTに対してその原因をなす成分、すなわち「コンテンツのクリエイティブ諸要素」（20個程度のタグ項目）が何なのか、という解析の筋道が明確となる。CCTを中心に据えた、Creative Genome Project におけるこの独自解析モデルを「CCTモデル」と呼ぶ。その意義や拡張性については主に3.3節にて述べることとする。

各CCTについては、その質的関係を明らかにするため図7-4-1のように座標軸上に配置を行った。図の左右軸については、左を「共同体文脈の体験」、右を「個人主義的文脈の体験」として分類している。上下はMaslowの欲求5段階説に依拠した体験階層としており、上から下へ「精神」「実践」「感受」「消費」「生理」という5段階に分けている。

「共同体文脈の体験」と「個人主義的文脈の体験」という左右の体験領域の違いは、やや抽象的に言えば「慣れ親しんだ既知のもの」か「斬新かつ未知なもの」かで判断される。「共同体文脈の体験」では伝統文化や自然、共同体や親子関係などの文脈を有するものが多く、包摂的、共感的な読後感を伴うものが多い。一方「個人主義的文脈の体験」では文脈の趣は異なり、他者との差異付けや自己変革、先進感のほか、奇想天外性や斬新性、催笑性などフィクショナルな語りに起因する文脈

が多く、驚きや格好よさ、面白さなどの読後感を伴う場合が多くなる。

「精神」「実践」「感受」「消費」「生理・本能」という、上下の体験領域を分ける5段階については、CCTとそれが惹起する読後感とを合わせた状態によって分類している。まず「精神」は尊崇感や真理・道理への覚醒感などの高い精神的反応を伴う体験領域である。「実践」は支援感や挑戦欲求などの能動的反応を伴う体験領域、「感受」は愛惜感や憧憬感など一定の心理的反応を伴う体験領域である。以上3領域の各CCTにタグ付けされたTVCMは、視聴者の記憶に残りやすい性質をもつと筆者は仮説している。「消費」は軽度な共感ないし催笑感、あるいは商品・サービスの優位性をただ認識するだけの消費感など、全体として消費的反応を伴う体験領域である。過半のTVCMはこの領域に該当し、利那的な体験であるためストーリー性が総じて薄いことが特徴である。最後の「生理・本能」は、自己搖動感や催淫感などの身体的反応を伴う体験領域である。欧米など諸外国に比べ、日本ではこの領域に該当するTVCMは少ない。

筆者はこのような上下左右軸によって座標化された体験領域に各CCTを配置し、TVCMが視聴者に提供してきた体験を分類した。解析の中心的コンセプトを視覚化したこの分類図を、筆者は「CCTマップ」と名付けている（図7-4-1）。

つぎに「読後感」領域に属するタグ項目について詳細を述べていく。この領域には、読後感それ自体である「UX」と視聴者が印象に残すであろう内容を記述する「勝利打点」の2つが存在する。

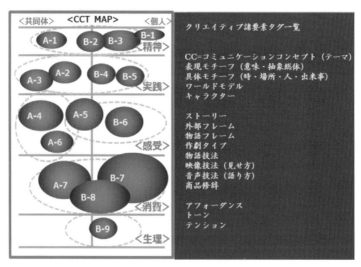

図 7-4-1/ 左　CreativeGenome の CCT マップ
図 7-4-2/ 右　クリエイティブ諸要素の一覧
この16タグにその他4タグ（CCT・サブCCT・UX・勝利打点）を加えた計20のタグにより解析。

UXタグは前述の通り、CCTによる気分惹起の結果として多くの視聴者が抱くであろう最終的な気分・感情の記述データであり、具体的には「登場感のインパクトがすごい」「ベタでダサ面白い」「ムーディー」など様々である。これら気分はCCTと共起関係にあるため、その分類もCCTに準じ大きくは16タイプに分かれている。読後感など人さまざまではないか、とこれまで幾度となく疑問を呈されてきたが、しかしCMは企業による宣伝なので読後感へのコントロールの度合いが並はずれて強い。広告主はCMに莫大な予算をかけており、世の中に放映されるまでに数多くの試写を経るのが通例である。すなわち「（ターゲット層の）視聴者の多数がある特定の読後感を持つように」徹底的なコントロールがなされているのである（したがって、消費者側の体験からコンテンツを大別するという目的にとって、TVCMは極めて優れた解析対象なのだ）。企画制作の舞台裏を読みつつ想定読後感を解析する作業にあっては、筆者のTVCM制作現場での経験も大変役に立っている。

　「勝利打点」タグは「演技の妙なテンション」「主役登場時の逆光感」「印象的なセリフ」など、視聴者の多くが間違いなく記憶にとどめるであろう「具体的な表現事象」を記述する項目である。表情や行為に関するものが大半だが、他にも画の美しさ、コピー文章、音楽など数多くのバリエーションがある。

　最後に、「クリエイティブ諸要素」領域に属するタグ項目（図7-4-2）について詳細を述べていく。この領域には、最も多くのタグ項目が存在する。「クリエイティブ諸要素」領域は「ストーリー内容に関する領域」と「ストーリー技法に関する領域」に大別されるが、もうひとつこれらに属さない「体験に影響する領域」が存在する。まずこの領域から説明することにする。

　「体験に影響する領域」は具体的にはトーン、アフォーダンス、テンションの各タグ項目である。トーンは「撮影手法、編集手法や音楽などに起因する、主として視聴覚経由の感覚的印象」であり、アフォーダンスは同じくこれらによる体感的印象である。テンションはTVCM全体が醸す気分（アゲアゲ、お通夜、リラックスなど）のことで、視聴者側の気分であるUXとは異なる。このようにこれらは非言語的な映像の特徴を表す解析項目であるため、実解析における記述データもひときわ感覚的な語彙となる傾向がある。例えば、同じ青空でもTVCMによっては甘酸っぱさを湛えた「青春感がある夏空」にもなれば、商品のピュアさを示す「透明感のあるブルーな天空」にもなる。こうした解析の際には現場での経験が活きることが多い。実はこうした表現語彙は往々にして、制作時の打合せですでに頻繁にやりとりされているからだ。制作者側は視聴者の体験や読後感を事前に計算（想定）し、何とかその微妙なニュアンスを言語化しようとする。筆者が「体験に影響する要素」を解析する際にも、知らず知らずのうちにこうした現場の繊細なニュア

強いアフォーダンス（体感寄り）			中間的なアフォーダンス	弱いアフォーダンス（心象寄り）	
中心にかさなる	**招かれる**	**空気をまとう**		**気分を味わう**	
CMの世界の中心に引っ張り込む。	におってくるような感じ、引き寄せられる感じ。触りたくなる感じ。	映像の雰囲気やトーンを味わいながら、自分の心が動く。単純な気分というより、圧迫されたり、包まれたり、体感的ななにかをまとって受動的に世界に入る。	体感と心象の両方が混ざっている。中間的。	映像の世界を体感的なことはあまりなしに消化できるが、気分が動く。心象に近いレイヤーになっていく。トーンの心象と近い。	

中心に入り込む	世界に立ち会う	トリップする	強引	快い	魅了	あきらめ
没入	聞き耳	トリップ	強引	爽快感	恍惚	白々しさ
憑依	立ち会い感	トリップ感	強制巻き込まれ感	解放感	うっとり	安直系
投影	居合わせ感	雪国トリップ	ムリやり感	深呼吸	見惚れる	
自己同一化	巻き込まれ	南国トリップ		軽快	ムーディ	
自分事	臨場	大自然トリップ		胸がすく	まばゆい	ものののあはれ
同化	入国		**勢い**	目がさめる	きれい	時の流れ系
為我着化	観光者目線	**包摂**	イケイケ系		ソリッド系	
象客化		包容	イケイケ	楽しくなる	ゴージャス	**ポエム**
参加モノなれ	**世界を目撃する**	包まれ感		まぶしい	オシャレ感	ポエム
	目撃感	包まれる	**力み**			
	目撃感（スタンド目線）	包摂	決戦感		**癒やし**	**不思議**
	観察感	被包摂	力入る	**不快**	癒やし	快い不思議
	のぞき見			キモい不快	いやし（音）	不可解
	環境のぞき見	**弛緩**		毒感		謎
	俯瞰	緊放・自由				
	俯瞰目線	気分緩くなる			**あたたかみ**	
	鳥瞰					

図7-5　タグ項目「アフォーダンス」内での中間タグ例抜粋

ンスを込めた語彙が頻発してくる。こうした語彙のニュアンスを可能な限りそのままデータとして残し、分類できるよう、各タグ項目内に（これら記述データを中間的にまとめる）中間タグを考案し設定している（図7-5）。例えばアフォーダンスというタグ項目には「強いアフォーダンス・中間的なアフォーダンス・弱いアフォーダンス」という3種の中間タグがあり、「強いアフォーダンス」はさらに「包摂」「トリップ」「圧迫」「弛緩」「緊張」などの中間タグで細分化され、「圧迫」の中にもともとの記述データ「息がとまる」「腹にグッとくる」などが属する、という形である。こうした中間タグの設定について筆者は「素材への包丁の入れ方」と呼んでいる。ナマの記述をそのまま活かすため、中間タグ（中間タグの数は少ない方が良い）の質について創意工夫することが、解析上の要諦だからである。

　次に「ストーリー内容に関する領域」と「ストーリー技法に関する領域」について述べていく。

　ストーリー内容に関する領域のタグ項目として、TVCMのコンセプト（コミュニケーションコンセプト＝CCと呼称）、表現モチーフ、具体モチーフ、ワールドモデル、キャラクターがあり、ストーリー技法に関する領域のタグ項目にはストーリー分類（ストーリーがあるかないかの分類）、外部フレーム、物語フレーム、作劇タイプ、物語技法、映像手法、音声手法、商品修辞がある。このようにタグ項目が多いため、連携的に概要を記すこととする。

ストーリー内容に関する領域のタグ項目では、CC と表現モチーフは密接に関連しており、たとえば「母子家庭の平穏な日常（表現モチーフ）」によって「（父の不在＝死という）通奏低音的な傷（CC）」を語る、などという関係となる。この母子家庭の描写に「子供の登校」「食卓での家族の会話」「父親の遺影」などが使用されればそれらが具体モチーフ（細かくは人物、時間、場所、もの、行為などに分かれる）である。この場合、舞台設定を示すワールドモデルは「家族世界」（他には「ビジネス世界」「スポーツ世界」など）、キャラクターは「喪失者（および不在者）」となる。

　次にストーリー技法に関する領域のタグ項目であるが、まず「ストーリー」のタグ（ストーリーがあるかないかの分類）では、ある程度起承転結の印象を感じるようなシナリオが働いているもの、単にシチュエーションだけを描いたもの、イメージや事象列挙のみでストーリーのないもの、という 3 分類にて解析を行っている。「外部フレーム」は独特の項目で、視聴者参加、WEB 連動、イベントとのタイアップなど TVCM 外の文脈との関係を解析している。「物語フレーム」ではストーリーの典型フレーム（仇討ちもの、転校生ものなど）を、「作劇タイプ」はドキュメンタリー風、連続ドラマ風、インタビューものなどの類型を分類、解析している。また「物語技法」では反転、反復、列挙、エスカレーションなどストーリー展開における技法や、見立て、比喩、変形などストーリー内での各技法について分類、解析している。映像手法では撮影時の技法（パンフォーカス、モーションコントロール、タイムラプス、空撮など）と編集時の技法（各種合成技法や特殊効果など）に大別して技法を解析し、音楽手法では音楽の種別（ミュージカル風、カントリー風）のほか SE（サウンドエフェクト）や現場音、ME（短い効果音楽）について、さらにセリフやナレーションの種類（字幕ナレーション、オフナレーション、モノローグ風など）について解析している。最後に商品修辞については、商品カット分類のほか、商品の意味的描写（例えば商品の擬人化としての主人公など）についても解析している。

　特に物語フレームや物語技法に関わる部分は、小方孝教授（岩手県立大学）との共同解析により、かなり詳細な分節化＝切れ目をいれている。「いかにして現場での感覚的なコトバをタグ内のパラメータとして記述するか」という部分がこの作業の本質であり、筆者の現場での経験に加え、人文知を情報知へ架橋する小方教授の知見が大変役に立った。　このようにコンテンツのクリエイティブ諸要素は「ストーリー内容に関する領域」「ストーリー技法に関する領域」「体験に影響する領域」に大別され多くのタグ項目を有する。CCT マップ上にこれらタグ項目の解釈データを順次配置していくと、CCT に共起する、特徴的な要素が見えてくる（3.1 にて再度言及する）。これが「体験」をつくるための成分の解明ということであり、現在その有意性を各 CCT について確認する段階に入っている。

2.4 ストーリー生成へ向けて

　上述の共起関係を利用することで「TVCM ストーリーの生成」が射程に入ってくる。例えば特定の CCT を決めると、他タグ項目から複数の要素候補が自動的に推薦され得る。生成過程について、簡易ではあるが一例を挙げてみる。

　ここに新商品のスポーツドリンクがあるとする。体のカロリーを燃焼しやすくするのが特徴で、若者向けである。若者、スポーツとくると、最も効果がありそうなCCT は「挑戦・破壊」（既成概念の破壊、タブーの侵犯がヌケヌケと行われてしまう体験）という CCT である。この CCT が惹起する UX は痛快さ、具体的には「おお、やるなあ」「いいぞもっとやれ」「やり過ぎだろ笑」などになる。この CCT を選ぶと、共起関係を辿って CC は「権力への反抗」表現モチーフは「街中の激走」トーンは「ハードボイルド」音声技法は「ビート感あるダンスミュージック」などがデータベースから推薦・提案される。こうした骨組みに加えて、具体モチーフ（人物、時間、場所、もの、行為など）に教室や教師を選べば、「学校でちょっとしたトラブルを起こして（授業にプロテストして仲間を扇動して全員退出するなど）怒った教師に追われ、街中を逃げる最中にドリンクを飲むと体力が増強され、すんでのところで教師を振り切ってニヤリと笑いながらそのままクールに街を疾走する」などというストーリーについて、その骨組を比較的容易に生成できる。具体モチーフを別の場所やイベントに変えれば、読後感を変えずに別ストーリーを多数開発可能となる。

　TVCM ストーリーの生成については、Creative Genome の CCT モデル（図7-6）

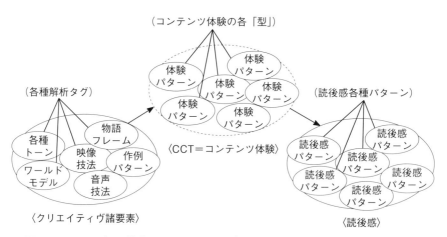

図 7-6　CCT モデルの模式図。クリエイティブ諸要素（左）、CCT（中）、読後感（右）

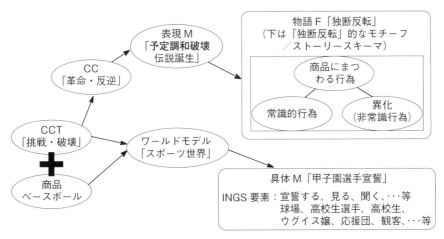

図 7-7　生成モデル　共起関係を結びつける流れの図示

と岩手県立大学小方研究室の統合物語生成システム（INGS）を接続し「映像用字コンテ生成モデル」の開発を進めている（図7-7）。いずれかのタグ項目の要素（上記例では「CCT＝挑戦・破壊」から始めているが、具体モチーフでもトーンでも、どこを手掛かりにしても構わない）さえ決めれば、共起関係を辿ってストーリーを複数生成できるものを目指しており、企画演出案の叩き[13]としての字コンテを多数出力できる設計をめざしている。単に共起関係要素をランダムに羅列しただけの字コンテ（ストーリー）では質の担保は難しいため、出力結果へのクリエーター達による評価をシステムにフィードバックさせ学習させるシステムを実現することが当面の目標である。

3　新たな体験を創造する —— CCT モデルの拡張による「未来の気分・価値観」創造

3.1　Creative Genome Project の3つの目的

　ここまで、Creative Genome Project における CCT モデル、解析項目やストーリー生成の見通しについて述べてきた。これらによって筆者が目指すのは

---

[13]「叩き」打合せにおける検証用としての仮プランや仮草稿に対して使われる。

（1）CM における既存形式知の解明

（2）上記形式知を利用した新結合＝新たなストーリーの生成・開発

（3）これらを通じての、新たな体験（CCT）及び読後感（UX）の生成・開発

という3点である。

（1）については、前節までのまとめを兼ねて整理すれば、

（a）CCT モデル、すなわち「コンテンツ体験（CCT）」「読後感（UX）」「クリエ
イティブ諸要素（多数のタグ）」という3項による解析モデルを開発し、

（b）このモデルのもとで、CCT を中心に20程度のタグ項目に TVCM を分節し
解析を行い、解釈データ（記述のデータ）を蓄積し、

（c）主に CCT と共起関係にある各タグ項目の解釈データを割り出す、

という（a）（b）（c）一連の流れによる解析結果が中心となる。

　特に（c）の解析作業によって、特定の CCT が特定のクリエイティブ諸要素と
結びついていることがわかってきた。たとえば、「挑戦・破壊」という CCT は「速
いビートの音楽」という音声技法や、「疾走感」というトーンと多くの場合紐づき、
「痛快感」という UX（読後感）をもたらす。このような共起関係も、無意識のうち
に制作現場で採られてきた観念や方法論の形式知化であり、今後はこれらをまとめ、
各 CCT における典型的なストーリーパターンを文法化する予定である。

　つぎに（2）については、前節末部で述べた「字コンテによるストーリー生成」
がひとつの手掛かりとなるだろう。前節では CCT を「挑戦・破壊」（読後感は多く
の場合「痛快感」）とし、これを基にシステム側の出力する既存形式知によって各タ
グ要素候補が自動的に提案される例を述べた。このさらなる応用として、たとえば
ここで音声技法のタグ要素のみシステム提案に従わず、共起関係の薄い「ナレー
ションのみで音楽なし」を選択するならば、それは既存形式知を一部変更、すなわ
ち新結合することで「新しいストーリー形式を生成する」という新たな段階への進
化を意味する。喩えて言えば、定番料理の一部レシピをアレンジして新メニューを
創ることと同義である。その大部分が失敗作となる可能性も高いが、一部に看過で
きない新たな表現が発見される可能性がある。この新結合については、前節で述べ
た字コンテ生成システムに「既存形式知を入れ替える機能」を実装し「入れ替えた
結果が良いか悪いか、それによって CCT や読後感は影響を受けるかどうか」をク
リエーターに評価させ、データベースにフィードバックさせる仕組みの実装を検討
している。人生100年の時代にあって、引退した経験豊富なクリエーター達の暗黙
知を、こうした新結合への評価実験を通じて再活用していくことも可能だろう。

クリエーターによる新たな表現とは、本質的には殆どが要素の組み替え、新結合という編集行為による産物であると筆者は考える。Creative Genome データベースは、この新結合の多面的試行を可能にし、新たなストーリーテリングへの仮説形成（アブダクション）をサポートする仕組みとなるだろう。

　最後の（3）については、上記2つの目的によって必然的に生まれてくるものである。（2）における新結合の中から、もしも新たな CCT が立ち現れるとすれば、それは人々や社会に新たな体験をもたらすことを意味する。これは CCT モデルが単なるコンテンツ解析の枠を越えた「視聴者体験を中心とした」ストーリーテリングの解析アプローチ、であるからこそ期待できる成果といえるだろう。

　（1）での既存形式知の発見と体系化、（2）での新結合の試行が、システムによって相当程度自動的に達成できれば、一部のクリエーターはその新結合の評価を通じて、（3）の「新たな CCT の生成」という知的作業に集中できるだろう。これこそ、生身のクリエーターによる職人的評価とデータシステムの機械学習を架橋することで誕生する、高い付加価値を持った知的作業となるだろう。

3.2　CCT モデルの応用

　CCT モデルによって新たな CCT を発見・生成していくこと、広く捉えれば社会に新たな体験を創ること、このことは TVCM という個別のコンテンツ領域に留まらず、日常での幅広い体験領域への応用となるはずである。

　この場合、CCT に対し共起関係を持つ「クリエイティブ諸要素」が何に該当し、どのように分節できるか、という視点が重要になる。たとえば「カフェにおける体験」ではクリエイティブ諸要素として「カフェのコンセプト、構造や内装、デザインや設え」というものがあるだろう。では、これら各要素の結合によるカフェ体験には何個の典型的な CCT があるだろうか、このように考えて筆者は日常世界への CCT モデル応用の研究も開始している。　体験の領域は現状の CCT マップの座標以上に広がり、CCT の数が増えることも想定される。それでもこのように CCTモデルを他領域へと応用拡張し、クリエイティブ諸要素の項目を調整し設定できれば、日常世界における様々な体験も「コンテンツ体験」と捉えて解析できるのではないか。こうして CCT モデルにより日常体験の類型化が進めば、この世界の様々なモノ・コトを CCT 群によって分類し、データ化することも原理的には可能だろう。その上で新たな CCT を創造できれば、それは新たなモノ・コトの開発、あるいは空間体験や生活環境の開発につながるだろう。

　このような想定のもと、2017 年以来、仏教的な認知構造モデルを援用して人間の価値観モデルを定義していた谷田泰郎氏の研究チームと共同研究を始めている。

これは人間の価値観モデルと Creative Genome Project の CCT モデルとを組み合わせ、新たな社会知モデルの構築を推進するものである。詳細は本稿では省くが、人間の価値観とは生活における都度都度の「体験」に依拠するという仮説のもと、CCT マップ上に「日常環境にあるコトやモノ」を大量に配置している。すなわち人々（や社会全体）が様々な「コトやモノ」にどのような読後感を持っているかを想定することで、これら「コトやモノ」を CCT マップ上に可視化していくのである。コトやモノ（特にコト）が醸す体験について、今後その成分分析や新結合の実験が進めば、それらコト・モノの集積である社会にどのような価値観や気分が求められているのか、あるいは生成・開発可能なのか、というスケールの大きな仮説推論が可能になると考えている。

3.3　体験の時代変容とセマンティックの危機

CCT モデルの応用や拡張を考えるとき、今後の時代において人々が依然としてストーリーを「体験」と捉えるのか、それとも利便性や利得性のみを「体験」と捉えるようになっていくのか、という悩ましい問いに直面する。このことについて以下、消費体験の状況を概観しつつ述べてみたい。

石田英敬は人々の意識に欲望を喚起する映画・PR・広告などの諸産業をモノではなく意識をつくる「文化産業」と呼び、プロパガンダから PR へ、そしてマス広告へと至る 20 世紀を概観した[14]。TVCM がマス広告の中心だったことを考えれば、「文化産業」の大衆誘導の歩みとは、すなわち CCT モデルの反復的利用であったとも見なすことができる。消費欲求を喚起するため、読後感や CCT から（制作側も相当程度無意識裡に）逆算的にストーリーが制作され配信され続けた。その結果新たな CCT も多く生み出され、人々の意識、ひいては社会の意識までもが相当程度変容してきたのだと筆者は考える。

多くの TVCM がそうであるように、ストーリーやイメージ供与によるコンテンツ体験（CCT）とは多分にセマンティック（意味生成的）なものである。ボードリヤールは、すべての（製品を含めた）実体物が、モノとしての機能ではなく専らセマンティックな記号として、すなわちストーリーとして人々に意味消費されている状況を早々に看破していた。産業映画や TVCM によるストーリーテリングは、前世紀においては特に、人々の美意識や思考、さらには生き方までをも左右するものであっただろう。

ストーリーテリングとは、通常「メッセージの伝え方」と解釈されている。

---

[14]　石田英敬『大人のためのメディア論講義』第 3 章、pp.97-112 を参照。

CCTモデルを援用してより厳密に言えば、ストーリーテリングとはコンテンツを成り立たせる「クリエイティブ諸要素」、およびそれによって発露する「体験（CCT）」の双方を総合的に語る言葉であると筆者は考えている。そして上述の通り20世紀とは「文化産業」によって、ストーリーテリングの力が最強だった時代といえるだろう。

だが、21世紀に入って状況は全く変容しているように思われる。ネット検索が生活に浸透して以降、すなわち2000年ごろを境にして、ストーリーやイメージ以上に、より細分化された記号である「単語」や「数字（数値）」がその影響力を拡大し、人間の行動原理や社会の判断基準を左右するようになってきたと筆者には思える。90年代後半以降、急速に浸透したITやIoTの分野では、情報はコンピュータ言語でやり取りされ、そのプログラム構文では基本的にシンタックス（構文・仕様）の正確さのみが問われ、セマンティック（意味）が問われることはない。このコンピュータにおける情報交換ルールが実は人々の生活意識にも急速に影響しており、利便や効率、利得を実証する数値が溢れ、それが企業のみならず個人の行動原理を形成するようになっている。多くの人々にとってはもはやストーリーなど不要で、刹那的に消費できるライトな共感や笑いさえあれば十分、そんな状況が一般化しているのではないだろうか。他方でコンピュータが人の会話を機械学習し、その成果の好例として米国では音声会話できるAIスピーカーが浸透中である。自然言語学習によって人間と日常会話ができるとされているが、その実このIoT機器は言語の意味や文脈は一切理解しない。自然言語におけるシンタックスの正確さはあるものの、文脈や含意を踏まえた意味＝セマンティクスの生成は基本的に行われない。

コンピュータそしてAIによる、シンタックスの正確さのみに満ちた生活情報環境に囲まれた人々が、その環境に自らを適応させていく中で、いつしかストーリーは過去のものとなりほとんどの人が理解しなくなる、そのようにすら筆者には思える。

マーケティング領域においては投資効果を最重視するデジタルデータ運用及び自動解析のもと、スマートフォンを通じて個人に最適化されたレコメンデーション配信がすでになされている。行動経済学者のリチャード・セイラー（Richard H. Thaler）やキャス・サスティーン（Cass R. Sunstein）らが指摘した「ナッジ」（気づかれることなく人々を行動や消費へと誘導する情報アーキテクチャ）がある程度において既に実現している。そこで人々に配信される情報は、意味によってではなく、数値のスコアが示す配信効果によって流通しているのである。20世紀最強であったストーリーテリングは、利便や利得・効率性の全面化を前に、どのように変化・進展していくのだろうか。

3.4 ストーリーテリング解析の意義

冒頭において「第三次 AI ブームの始動当時、まず自分たちクリエイティブ産業側が暗黙知を形式知にする努力を始めるべき」と考えた経緯を述べた。思えば当時すでに筆者は「ストーリーを顧みない、刺激と数字のみによる映像表現の席巻」を予感していたように思う。半自動生成されたネット上でのバナー広告などを見るにつけ、こうした予想はすでに現実のものだと感じる。すなわちストーリーないしセマンティックの漸次的な消失である。

今後、人々がストーリー（セマンティックなもの）にコンテンツ体験を感じるのか、あるいは「利便性や利得性」「数字の大小や五感への直接刺激」により価値ある「体験」を認めるのか、この問いは 1 節 (1.4) での「形式化しデジタルデータ化した知を、いかに社会的価値にできるか」という問いに重なってくる。ストーリーテリングやその中心にあるコンテンツ体験、こうしたセマンティックなものが消失してしまう前に、CCT モデルによってこれらを可能な限り総括し、さらにデータ化・アルゴリズム化して、シンタックス性のみが満ちたデータ環境に今一度還流させていく。これがクリエイティブ産業に属する者の責務であろう。

どのようなコンテンツがどのような読後感をもたらすのか、そこにどんな CCT ＝コンテンツ体験の類型が存在するのか。筆者が CCT モデルによって解析しているこの関係は、これまで暗黙知のまま制作の現場に放置されてきた。意識産業の中心と言える広告業界においても、あるいはアカデミックの世界においても、こうした体系的モデルによる研究の前例は存在していない。

一方欧米のコンテンツ業界ではストーリーやデータ解析のコンテンツへの応用が進んでいる。Netflix は 2013 年、ユーザの嗜好データから逆算して配信用ドラマ「House of Cars」を制作し、大ヒットを記録した。この時点での嗜好データとは、ユーザの好みの女優や監督を割り出して起用する程度の初歩的なものであったと思われるが、その後も次々と続編を重ね大きな収益を上げている。

また最近では、ストーリーを詳細な物語構造分析によって解析し、これに表情認識を始めとする視聴者のセンシングデータを組み合わせてコンテンツ体験を捉えようとする、新たなデータ解析が試行されている。脚本分析では先行例として英国のEpagogix 社があるが、ここに来て新たにベルギーの Scriptbook 社や、米 Corto 社、米 Cinelytic 社などがこうした領域に参入している。彼らの多くは、近年流行している脳波センシング解析やユーザ表情の映像解析などの、機械測定可能な解析のみによる分析方法からは距離を置いている。Corto 社の CEO は「表情解析データだけでは何もわからない、ストーリー解析と組み合わせることこそ必要だ」という表

明をしているが、彼らが地道に本気でストーリーテリングの知をデータ化する方向であるならば、それは Creative Genome Project ときわめて近い方法論と言えるだろう。

2020 ～ 30 年代を見据えた場合、コンテンツ体験を含む広義のストーリー解析データに（脳波や表情認識など）人間の情動データを関係づけたアルゴリズムは、多くのビジネス分野に浸透し始め、一般市民には目の届かないなか、幾多の解析システムによって急速に知識集積が進むと筆者は想定している。

3.5 HI（ヒューマンインテリジェンス）による未来の仮説創造

ここまで「新たな CCT の開発に向けたタグ結合の自動化」や「CCT モデルの拡張可能性」そしてこれらを用いての「減退するセマンティック性のデータ化、アルゴリズム化、およびそのデータ世界への再還流」などを記してきた。

特にデータ化・アルゴリズム化の部分は本質的であり、CCT モデルによって得られるストーリーテリングの開発ノウハウを、そのままアルゴリズムとして AI のラーニング機能に組み込めれば、先行して述べた「CCT の開発に向けたタグ結合の自動化」や「CCT モデルの拡張」についてはその相当部分が自動的に達成されることになるだろう。

ところで、Creative Genome Project における CCT マップや各タグの解析においては、「素材への包丁の入れ方」すなわち現場の感覚的語彙をそのまま活かせるようなデータ項目の発案能力が求められると述べた。海外の一部においては、こうした文脈察知や文脈整理の能力を、シンタックス的知能である現在の AI との比較で HI（ヒューマンインテリジェンス）と呼称している。現在の AI をアップデートするためにも、HI との組み合わせが必要であるという意識が世界的に立ち上がってきている。

既存 AI の計測・計量的、シンタックス的な知では不可能な仮説創造力、その礎を成す HI は、今後の産業競争の源泉になるだけでなく、貴重な社会・文化財としても再認識されていくだろう。Creative Genome Project は間違いなく HI の重要領域を占めるものであり、「新たな体験や読後感」を仮説創造できる研究開発として、後進を教育し後世へ継続させていきたいと筆者は考えている。

松岡正剛（2001）.『知の編集工学』朝日新聞出版.

　情報を分類し、その編集を通じてクリエイティブな創発をなすための方法の書である。言語や生命を例にして「分節化」の重要性を紐解き、古代から現代にわたるメディエーションの経緯も踏まえた上で、計量し難い質的情報を分類編集する方法を論じている。

石田英敬・東浩紀（2019）.『新記号論』ゲンロン.

　20世紀のアナログメディアにおける記号論を刷新し、21世紀現在のデータ社会に対応する「新たな記号論」を展開している。スマートフォン等を通じてAIのアルゴリズムが生活浸透する現在について、その記号消費状況を独自の「記号の正逆ピラミッド」で解題しているほか、本稿で示したシンタックス・セマンティックスを巡る状況も論じられている。

【参考文献】

・石田英敬（2016）.『大人のためのメディア論講義』筑摩書房.
・小方孝・金井明人（2010）.『物語論の情報学序説 —— 物語生成の思想と技術を巡って』学文社.
・佐古仁志（2016）.「意味」を獲得する方法としてのアブダクション —— 予期と驚きの視点から.日本記号学会編『ハイブリッド・リーディング —— 新しい読書と文字学』新曜社.
・諏訪正樹（2005）.身体知獲得のツールとしてのメタ認知的言語化（〈特集〉スキルサイエンス）.『人工知能学会誌』20(5), 525-532, 人工知能学会.
・往住彰文（1991）.『心の計算理論』東京大学出版会.
・中山幸雄（編）（2007）.『最新CMプランナー入門』電通.
・西垣通（2018）.『AI原論 —— 神の支配と人間の自由』講談社選書メチエ.
・信原幸弘（2018）.『情動の哲学入門』勁草書房.
・松岡正剛（2004）.『花鳥風月の科学』中央公論新社.
・ジャン・ボードリヤール／竹原あき子（訳）（1984）.『シミュラークルとシミュレーション』法政大学出版局.

【第8章】
認知的コンテンツ生成への招待
味覚の多相的なコンテンツ生成の研究事例紹介

福島宙輝

1　はじめに ―― 認知的コンテンツ生成とは

　認知的コンテンツとは、我々が五感を通じて感じたもののイメージを、何かしらの記号によって表現したもののことである。具体的には、美味しいものを食べたときの味わいの表現や、美的、芸術的な作品を鑑賞した際の鑑賞文などである。言語によるコンテンツもあれば、色や形、描画であらわすなど言語によらないコンテンツもあり、平易な言い方をすれば「ひとが感じたものを表現したもの」である。これは認知科学では外的な表象と呼ばれるものと近い。ここであえて認知的コンテンツと称してみたのは、現在の認知科学で一般的に扱われる、条件を統制した上でゆらぎの少ない表象データを扱おうとする実験心理学的な研究スタイルとはやや異なるものを扱おうとしているからである。外的あるいは内的な表象を問おうとしたとき、客観性と再現性を重視する実験心理学的アプローチが現在の主流である。そこでは表象は静的なものとして扱われる。実験者はあらかじめ設定した項目について、実験室実験によって被験者のイメージをできるだけクリーンに抽出しようとする。

　こうした表象観に対して、筆者は表象を動的で、多相性をもち、一回性を帯びたものとして考える。すなわち、一杯の酒の表象は対象と主体との一回ごとの関係、あるいは関わりによってその場限りの像として立ち現れ、多相的に意味づけられることによってひとつのコンテンツ（一杯の酒の表象）が生成されるという立場である。

　認知的コンテンツの「認知的」が意味するところは、さほど重要ではない。認知

的というのは、機械（人工知能）による自動的なコンテンツ生成とは異なり、味わいのイメージなど「人間が感じたもの」の、「人間による表現」を扱います、という宣言である。したがって、機械によるコンテンツの自動生成などの研究からすると、ナラトロジーあるいはコンテンツ生成の研究としては応用的領域となる。

本章では認知的コンテンツの中でも味覚の表現をとりあげ、味覚の感覚をどのように表現することができるか、味覚の認知的コンテンツ生成に関するいくつかの研究を紹介したい。

2　味覚の多相的なコンテンツ生成

味覚の認知過程の特性は、それを直接的に表す言葉がないという制約と、視聴覚と比した際の認知能力が不足しているという制約の、いわば二重の制約を抱えているという点にある。ここで、視聴覚と比べた際の認知能力の不足というのは、たとえば視覚による色の認識に比べて味の弁別能力が低かったり、あるいは色の名前を言うのに比べて味や香りを「〜の味」というようにすぐに答えることが難しいというようなことである[1]。そしてその制約を補うために、他の感覚の情報が類推的かつトップダウン的に用いられる。このような制約込みの特性をもつ味覚の多相的表象について、筆者は他の感覚領域や言語領域、非言語領域、モノとしての身体、表象された身体、身体の延長としての器、味わっている環境などを含んだ多相モデルをこれまでに提案した（Fukushima, 2018）。本章では福島（2018）で示したモデル図を底に置きつつ、さらに明瞭なモデルを新規に提案する。

味覚の多相的なコンテンツ生成は、図 8-1 として描くことができる。

以下本節では図 8-1 をもとに味覚の認知的コンテンツ生成の流れを示しつつ、本モデルの基本概念である多相性と表象構成の二つの面からモデルを概説する。そして、本章の後半（3 節以降）ではコンテンツの事例として、味わいの言語表象と描画表象を扱う。言語表象については筆者の研究を中心として味覚の言語化支援方略の事例を紹介する。さらに描画表象については、描画表象を生成させる実験課題の紹介を行う。

---

[1] これは全人類に普遍的な傾向ではなく、言語の影響が大きいことに注意が必要である。文化人類学的な研究では、香りの認識が重要な生活を送る部族の言語の話者は、香りの名前を指摘する能力が視覚と同レベルに高いことが示されている（Bremner & Majid, 2012）。

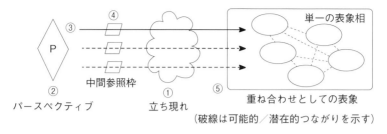

図8-1　味覚の多相的コンテンツ生成モデル

2.1　味覚表象構成の出発点

　味覚表象構成の出発点は、主体（呑み手）と客体（たとえば酒）が別々に（二項対立的に）存在していて、主体が客体を認識する、というものではない。この二項対立的なモデルは、近代自然科学の当然の基礎というように思われている節があるが、単なる一つのモノの見方に過ぎない。

　これに対して、本研究で扱う味覚表象構成の出発点は、「味（がする）」という事態あるいは経験、直接的体験である。

　単純な例として、車と車の衝突をイメージしてみよう。二項対立的なモデルは、出発点が二台の車（の存在）である。衝突がどのように起きるかというと、

　　　車Ａと車Ｂがある → 二台の車が走ってくる → 衝突する

という流れである。一方で、事態あるいは直接的体験から出発する認識というのは、

　　　「何かが起きた！」 → 衝突だ → 車と車だ（→ 車Ａと車Ｂだ）

というものである。この衝突が自分の体験であれば、

　　　「何かが起きた！」 → ぶつかった！ → 自転車だ！

となる。まだイメージできない人のために、視覚を奪われたお化け屋敷を例にしてみよう。

　　　「何かが起きた！」 → ひんやりした！ → こんにゃくだ

このお化け屋敷の体験において「私」と「こんにゃく」の存在とを出発点とするのはナンセンスであることはお分かりいただけるだろう。本モデルがよって立つのは、「客観的」な、すなわち主体から離れた視点を出発点として事態を記述しようとする認識のあり方ではない。「体験そのもの」から出発する認識のあり方である。

それではこんにゃく（と主体である「私」）は、あるいは衝突の例でいうと二台の車はいつ出てくるのか。それは、立ち現れの後である。立ち現れの後に、何が起きたのかを反省的に（内省的に）問うことによって、「対象」（と自己）が浮かび上がってくる。市川（1990; p.192）の説明を借りれば、直接的体験としての立ち現れ（「何かが起きた！」）は反省以前の出来事であるが、反省によって（つまり何が起きたのかを考える、どんな味なのかを考えることによって）世界との関わりそのものが把握される。そのときかかわりの両項として、〈対象〉と〈自己〉が析出する。

2.2 味覚の多相的コンテンツ生成モデル

本モデルでは、図8-1中①で示された部分が立ち現れを示している。本モデルにおいては、認識は対象と主体が関係づけられた「かかわり」として措定される。したがって、①の段階ではまだ「かかわり」は成立していない。

かかわりとしての認識は、立ち現れののち、主体が視点（パースペクティブ）（図中②）をおくことによってはじめて生起する。本研究であつかう表象は動的なものであり、味わう主体がある視点をとることによって、能動的に（一度限りの）対象の像を構成するというはたらきである。

その際、主体と客体の間の関係をとりもつものが、様々な仲だちとしての中間参照枠である。本研究では、仲だちによる認識の原動力として類推的能力[2]、とくに参照点能力[3]を想定し、参照点としてもちいられる情報群（知識フレーム）を中間参照枠（③）とした。中間参照枠には、色や形、言語、俳優に例えると…など、様々なものを措くことができる。中間参照枠は、類推的な投射によって（この味は色でいうと黄色というように）渋って立ち現れた対象（①）に、そのソースドメインの図化効果のおよぶ限りの新たな形を与え、表象を構成する（④）。

この①から④までのステップが一回の、あるいは一杯の酒の表象構成である。これが何度も繰り返されるたびに、つまり異なる相の表象を描きながら何杯か呑み進

---

[2] なにかに喩えたり、ふたつ以上の事物の間に類似性を発見する能力。なお類推とは「異なる知識領域間の全体ないし顕著な部分に類似性や関係性を見出すこと、推論すること」（辻編、2013）。

[3] 「ある事物との心的接触を果たす目的で、別の事物の概念を想起する」（Langacker, 1993）行為において、最初に想起される構造を「参照点」と呼び、これを可能にする人間の基本的な認知能力を「参照点能力」と呼ぶ（辻編、2013）。

めていくうちに、酒の表象はその姿を多相的で豊かなものとなる。そしてその多相的な表象の、錯綜体としての重ね合わせ（⑤）が、ある人のある銘柄に対する認識の総体である。

モデル図では各領域は分かれて描かれているが、一度の味わいの経験は多様な表象の総体として生起する。ただしその総体は、静的で固定的なものではない。一杯の酒を呑むたびに（一つの相による表象構成をするたびに）、その一杯によって酒の総体としての理解は変容する。ある相を通した対象把握は、常に対象の全体としての理解像を更新するのである。

モデル図においては各相、各ドメインはおのおの独立に存在しているように見える。しかし実際には各ドメインは整然と並んでいたりはしておらず、たとえば音の相の「次の」相や「一つ上の次元の」相を規定することもできない。あるいは日本酒の酸味の表象にS音（五感層の聴覚の相）を用いたり、同時にトゲトゲした描画（非言語表象層の描画相）が適用されたりする。すなわち表象は相をまたいで相互に関係する。そして、言うまでもなく相と相との関係づけのあり方は、酒を呑む個人に依存する。

2.3 「たそうせい」の表記について

ここで、今後の研究に向けて「たそうせい」の表記を、それぞれの使用事例を見つつ整理しておきたいと思う。

「たそうせい」については複数の表記が可能である。「多層性」を意図する表記として一定程度の容認度をもつ例としては、多層性、多相性、重層性、重相性、重奏性、複層性、複相性などが考えられる[4]。このうちカバータームはおそらく「多層性」「重層性」であろうと思われる。

このような多層性の表記バリエーションは、おそらくそれぞれの筆者にとっては思い入れがあって用いていることと思われるが、その表記意図を明示した例はさほど多くない。

2.3.1 「た」

対訳としては multi (ple) をあらわす「複／多／重」について、それぞれ類的表現ではあるが、一般的に了解できそうな区別を示す。まず「複」は「単」に対する

---

[4] 表記バリエーションとしては重層性、重相性、重奏性（鈴木, 2003）、重創性、多層性、多相性、？多奏性、多創性、多重性、多元性、多面性、複層性、複相性、？複奏性、？複創性、成層性（市川, 1990）などが考えられる（語頭に疑問符を付したものは、容認度に疑問の残る表記）。

語であり、何かが「2以上」存在するということを示す。一方「多」は、筆者には3以上を表すように思える。したがって二層の構造をしめすには（「二層」以外では）「複層」を用いることが望ましく、「多層」というと容認度が下がる。

「多」と「重」については、「多」がニュートラルに「たくさん」という複数性を示すのに対して、「重」となると層間の関係性を示唆する表現となるだろう。「多層」は関係なくバラバラでも良いが、「重層」となると層の位置関係、上下関係、階層関係などの関係性を説明することが求められる。したがって「複／多／重」はおそらく順に包含的な関係にあり、単に2以上の複数性をあらわす「複」がもっとも意味が広く、ニュートラルであると思われる。つまりカバータームとしては「複層性」が好ましいように思われるが、おそらく「輻輳[5]」との音の衝突（そして意味も近い）から「複層性」を避けて「重層性」「多層性」が一般的に用いられるものと思われる。

2.3.2 「そう」

「そう」については「層」と「相」の表記が可能である。例外的に鈴木（2003）は「重奏性」という表記を用いている。「層」と「相」はそれぞれ英語にするとlayer と aspect ということになる。（「多面的」に近くなるが multi-faceted のような表記も可能）。ただし機械学習における layer、あるいは言語学における aspect など、研究ドメインごとに専門用語として規定されている場合があることに注意が必要である。一般的な語義としては、「多層」あるいは「重層」とすると、ある現象を各層に還元して説明したり、層ごとの独立した構造を持っていることが示唆される。なお「多相」は一般的な表記ではないために、この表記を用いるには注釈を付す必要がある。

「層」と「相」を明示的に区別している数少ない事例は、深谷・田中（1996）である。同書では特にコミュニケーションにおける意味の重相性について、

> ポール・リクールの「発話の意味」と「発話者の意味」の両者は、融合的な関係にある。そこで我々は「重相性」という用語を好んで用いる。なお慣習的には「重層性」と綴られるが、「層」という語は「重ね合わせ」の意味合いが強いため、意味諸相のゲシュタルト的な融合体を協調するため、「重相性」という造語を用いる。

と明示的に区別を行っている。田中によれば、同書では「相」という表記の選択の背景として、ウィトゲンシュタインの「システム全体の中のある相が図化されるこ

---

[5] 様々なものが1ヶ所に集中し混み合うこと。

とによって、他の相は地化、盲化される」という「アスペクト盲」の考え方を意識したという（田中氏私信, 2018）。

3　味わいの表現支援の現在

この節では、味わいの表現を支援する方法のトレンドを紹介したい。

味や香りは、他の感覚に比べて言語表象との相性が悪い。単語を思い浮かべてみても、視覚の最も基本である「色」や「形」を表す言葉が 10 や 20 すぐに思いつくのに対して、味を表す言葉となるととたんに答えに窮してしまうだろう。以下でこのように言葉にすることが難しい味わいの感覚を、それでもなんとか言葉にできないかという研究を以下で紹介する。なお次節では、言葉ではなく非言語的な表象（図形描画など）で表現するという取り組みも紹介する。

3.1　味わいを表現する言葉

3.1.1　味わい表現における名詞のカテゴリ構造

味わいを表すことばとして典型的なものは、ワインのテイスティング・ワードである。言語の認知作用的側面に着目するとき、一般に名詞の機能は、「対象の指示」と考えることができる。対象の指示機能は、認知機能としての一般化・差異化・典型化（類型化）の働きによるものであり、階層的なカテゴリ的知覚に対応している。

味覚に関して考えてみよう。ソムリエのテイスティング・ワードを学習するときには、フレーバーのリストが名詞として有限個用意されており、その言葉のリストに当てはまる香り（あるいは味）を認識できるようにするという順序が取られる。これはすなわち、名詞による言語的カテゴリが、香るという経験に先行して存在しており、その言語的カテゴリに対応した味覚カテゴリを学習するというシステムである。これは言語的なカテゴリ（「言分け」（丸山, 1981））に対して身体的カテゴリ（「身分け」）が従属する関係と言ってよい。

ここで問題なのは、はたして言語の階層的な名詞カテゴリが、味覚に関しても適用可能なのかという点である。すなわち、味覚の「身分け」を基準として世界を分節した際に、そのカテゴリは階層的であるかということである。筆者はこの点に懐疑的であり、味覚のカテゴリは階層的ではなく、平面上のカテゴリではないかと考えている。基本味[6]に関しても、「甘い」と「酸っぱい」の間に「甘酸っぱい」が

---

[6] 甘味、旨味、酸味、塩味、苦味。

成立可能であり、「甘さ」の上位概念を言えと言われても答えに窮してしまう。もし階層的な概念であるならば、種・類における（「哺乳類－ネコ－キジトラ」における「ネコ」のような）認識の基点となる「中間レベル」が必要である。しかしこの中間レベルに関しても、味わいでは「フルーツの香り」を中間レベルとして感じる人と、「りんごの香り」のレベルが中間レベルとして基点になる人など個人差が大きく、明確に規定することは難しいように思われる。

3.1.2 味覚には味覚の認識に即した支援方略が必要

　ここまで検討したことを踏まえると、味覚については、視聴覚を基軸とした自然言語の名詞カテゴリを前提とすることは望ましくないということになる。つまり、たとえばある食品のテイスティング・ワード（味を表現する言葉のリスト）を整備しようとするとき、ワインのテイスティング・ワードのように、上位概念から順に「香り → 果実の香り → 赤い果実の香り → ラズベリー」というような階層的構造を前提としないような方法が望ましい。

　以上の基本概念をふまえ、以下では味わい表現の名詞的表現支援のためのツールとして、「フレーバーホイール」と『日本酒味わい事典』の2種を紹介する。

3.2　フレーバーホイールの再発明

3.2.1　フレーバーホイールの一般的な定義

　フレーバーホイール、あるいはフレグランスサークルは、酒類や香料の領域で用いられる、においや味の記述語を円形に沿って配置した図である。

　一般にフレーバーホイールにおいては、隣り合う特性の語は近くに配置される。また香り物質のカテゴリによる階層構造が反映されており、ホイールの中心部に向かうにしたがって上位カテゴリの語が記載されている（図8-2）。酒類のフレーバーホイールは、1979年にビールの香味評価用語のために作成されたものが皮切りとされており、現在では多くの嗜好品、食品で開発が行われている。日本酒（清酒）については宇都宮（2012）の研究が体系的である。

3.2.2　既存のフレーバーホイールの問題点 —— 階層的な構造は有効か？

　既存のフレーバーホイールは、円の外周を表現用語として、円の中心ほど上位カテゴリの語が配される構造となっている。この階層構造は、円を半径で切って展開すると、ツリー構造に書き換えることができる[7]。

　基本的に自然言語の名詞概念ネットワークは、差異の体系による階層的な構造をもつ。フレーバーホイールは、この自然言語の階層性を反映しているために、表現

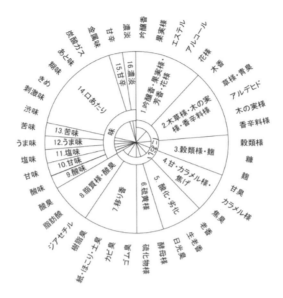

図8-2　既存の清酒のフレーバーホイール（宇都宮，2012）

ツールとして有用視されている。

　しかし味覚による世界の分節化を考えるとき、視覚と同様に味覚も独自に差異化・一般化・典型化の体系を持つか、階層的カテゴリ体系を持つかは疑問である。フレーバーホイールの利点はその一覧性にあると思われる。しかし（視聴覚を基軸とした）自然言語の名詞カテゴリや、対象物の成分に基づく「科学的な」香気成分の分類が、我々が実際に感じている味のカテゴリと同じであるという保証はどこにもない。

3.2.3　フレーバーホイール開発の目的

　筆者は、（味覚に関係なく分類された）「言分け」としての階層的なテイスティング・ワードへのアンチテーゼとして、新規な形式のフレーバーホイールを提案する。

　言分け的な形式に換わって提案したいのは、味わい表現における共起関係を基準とした語の配置である。従来の手法（図8-1参照）では「果物」「硫黄様」のように、実際の味に関係なく、分類的なカテゴリ内の語を並べて配置していた。これに対して、本提案ではアプリオリなカテゴリを規定せず、文を単位として共起関係

---

[7]　ただし制作過程としては逆で、まず用語を集め、「花香」「果物香」などのカテゴリに分類し、そのカテゴリ（ツリー構造）を表現ツールとして円形に配置したものがフレーバーホイールである。

（Jaccard 係数）の強いものを近くに配置するという手法である。したがって、従来の（あるいは一般的な）分類では全く別カテゴリに配されるであろう語、たとえば「夕張メロン」と「ナッツ」が、隣り合って配置されるということが起こる。

3.2.4　分析の手法
（1）テイスティング・ワードの選定
　分析にあたって、まず日本酒の味わい表現を集めた 12 万語レベルのコーパス（福島, 2018）からテイスティング・ワードを抽出した。抽出条件は、①頻度 3 以上の名詞のうち、②味や香りを表現し得る具体的なものである。なお、味の直接表現とされる語、すなわち基本味（基本五味）や複合味（複数の味の集合味で、コクや雑味、えぐ味など）は本分析では除外した。また、形態素解析において名詞と判定されたが、用言ととらえるべき語（クリーミー、ジューシー）は除外した。この抽出条件によって、以下の語をテイスティング・ワードとして選定した。

　　リンゴ、メロン、アルコール、イチゴ、ナッツ、バナナ、ブドウ、チーズ、レーズン、トリュフ、ライチ、カシューナッツ、ヘーゼルナッツ、酸、桃、梨、花、糖、飴、梅、檜、柿、蜜、苔、マスカット、アンズ、クルミ、アーモンド、ヨーグルト、パイナップル、カカオ、カラメル、チョコレート、ミネラル、ラムネ、ロースト、チェリー、柑橘類、乳酸、プラム、マンゴー、ミント、ナシ、バラ、ミルク、メープルシロップ、生クリーム、オレンジ、キャラメル、クリーム、グレープフルーツ、バニラ、夕張メロン

（2）共起関係の計算と共起ネットワークの描画
　今回のフレーバーホイールは、共起関係を各語の配置軸とする。ここでは、上記のテイスティング・ワードの共起ネットワークを、テキストマイニングツール KH Coder（樋口, 2004）を用いて描画した（図 8-3）。なお KH Coder は、テキスト型（文章型）データを統計的に分析するためのフリーソフトウェアである。アンケート、インタビューなどの社会調査データを分析するためのツールであり、「計量テキスト分析」または「テキストマイニング」と呼ばれる方法に対応する。フリーソフトであるが、多言語への対応・語彙ネットワーク作成、多次元尺度構成法などに対応しており、テキストマイニングのスタンダードソフトになっている。

3.2.5　フレーバーホイールの作成
（1）カテゴリ（クラスタ）
　共起ネットワーク図をもとに、クラスタをできるだけ維持しつつテイスティン

グ・ワードを円形に配置したものが、提案手法としてのフレーバーホイールである（図8-4）。

　従来のフレーバーホイールにおいては、用語のカテゴリはその化学的特性や、分類学上の種 - 類系統をもとにした階層的分類であった。すなわちここにも「対象の科学」としての味覚観、すなわち味覚を観測対象として人間の外側に置き、要素に還元して扱おうとする姿勢が反映されており、現象、コト、事態としての用語のカテゴリは捨象されていると言える。

　筆者が提案するフレーバーホイールは、共起関係ネットワークにおけるクラスタを基準としてカテゴリを形成している。すなわちこのカテゴリは、「ある酒を表現するために、一緒に用いられる頻度が高い語」を基準としたカテゴリということであり、換言すれば日本酒の表現のパターンを示しているということになる。すなわち酒質のセンサ工学的計測による分類ではなく、酒のレビューによって与えられる表現によって酒とその表現用語を分類するというこころみである。したがって、たとえば「クリーム」と「生クリーム」、「メロン」と「夕張メロン」が異なるクラスタに配されていたり、「夕張メロン」と「ナッツ」、あるいは「梅」と「キャラメル」のように、従来では同一のクラスタに入り得ない語が同じクラスタを形成していたりする。

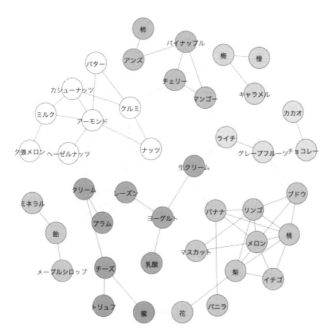

図 8-3　共起ネットワーク図

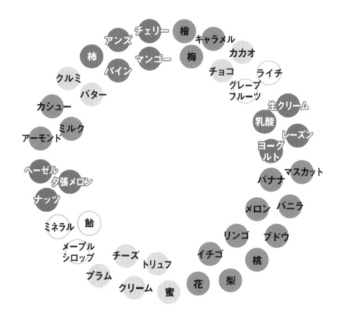

図8-4　フレーバーホイール（提案手法）

　このクラスタ構造は、本来であれば個人の語用（言語表現）の集積から生成することが望ましい。ただし今回のようにあえて他者の語用を交えたクラスタを提示することで、「梅」と「キャラメル」を相互に結びつける仮説を生成させるという、アブダクション的な学習ツールとしての機能も期待される。

（2）外円と内円

　本フレーバーホイール（図8-4）は、二層の円周上にテイスティング・ワードが配置されている。この区分については、内円の語がカテゴリ内のプロトタイプ的用語（そのカテゴリの中心となる、代表的用語）、外円が周辺的概念用語（より細分化された用語）になるように描画している。カテゴリにおけるプロトタイプの規定については、共起ネットワークにおけるリンクの数を基準としており、より多くの語と共起関係のリンクを結んでいる語ほど、そのカテゴリにおけるプロトタイプ的用語であると定義している。

3.3　名詞の表現支援② ── 『日本酒味わい事典』

3.3.1　制作の背景

　「米のワイン」とも称される日本酒であるが、これまでテイスティング・ワードのような魅力的な味わいを表現する表現のリストや、表現支援ツールは存在しな

かった。そこで筆者は、日本酒の味わいを表現する言葉を事典の形式で整備することとした[8]。

　ただしこの際用いるのは、通常の事典や辞書では不十分である。辞書は、ある事柄に普遍的な"意味"を記述したものであり、編集者個人の意味づけはできるだけ排除される。しかし、酒を味わうという経験、ひとつの味を感じるという経験は、多分に個人固有性を持った、私的な感覚である。したがって、味わいの表現支援ツールとして考えたときには、たとえば「キレのある酒」の定義は、「アルコール度数が高く、後口が清涼であるさま」といったような記述では不十分である。キレのある酒を飲んだときに、舌のどの部分がどのような刺激を受けるのか、どのような料理と合わせたくなるかといったような、時には編集者の個人的な感覚が色濃く反映されたような定義が求められる。したがって『日本酒味わい事典』は、読者にとっては辞書というよりはむしろエッセイあるいは物語を読むように、他者の味わいの感覚を追体験することができるような記述によって構成されている。

3.3.2　『日本酒味わい事典』の構成

　『日本酒味わい事典』は、「味わい言葉」が見出し語となっている。味わい言葉とは、日本酒の味質を表現するための用語であり、「甘味」や「酸味」などの五味に加えて、「りんご」や「バナナ」などの香りの表現、「ふくらむ」といった動詞、「すっきり」のようなオノマトペや副詞、さらには「紅茶にミルクを垂らしたような」というメタフォリカルな表現も含まれる。

　事典の構成の事例として、図8-5に「コク」という見出し語を示している。事典のページのはじめには見出し語（味わい言葉）が示されている。そしてその下に定義として、その見出し語がどのような特徴を持つ日本酒に対して用いられるかが示される。

　たとえば「コク」という見出し語の定義としては

　　うまみや甘味が濃く、丸みを帯びてしっかりとしている。
　　一口飲んだだけでわかるほどに味わいが濃く、食事の主役としての力を感じる。

という定義が施されている。ここを読むことで、ユーザは定義に示されたような日本酒に出会った際、「コク」ということばを用いた表現を行うことができるだろう。

　この定義は「コク」という一般的な味わいについてのものではなく、日本酒とい

---

[8] この取り組みは2013年にスタートし、現在も継続中の研究である。なお『日本酒味わい事典』のプロトタイプは、2014年度グッドデザイン賞を獲得している。

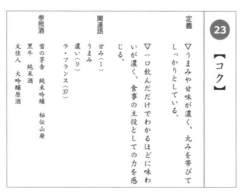

図8-5 『日本酒味わい事典』の記述例

うドメインにおける定義である。また客観的な定義ではなく、筆者自身の考える「コク」の定義である。したがって、読者には見出し語とその定義について、再解釈が求められる。すなわち、本当に「丸み」を帯びた酒のことをコクといっていいのか？　確かにコクを感じるが、濃さはなくさらりとしているぞ？　といったような、読者自身の感覚に引きつけた語の意味づけを要請する。この点が通常の事典とは異なる編集方針である。

　なお、見出し語に加え、本事典では類語や対義語に相当する語を「関連語」として紹介し、見出し語の味わいが感じられる日本酒を「参照酒」として掲載する。

4　味覚の非言語的表象の研究手法

　以下では、視覚領域を中間参照枠（図8-1参照）とした、重層的な味わいの表現について議論する。視覚領域の基本的な要素として従来の研究でも積極的に扱われてきたのは形や色である。本節においても形、あるいは色を中心に議論を進めていく。なお、たとえば「まるい」「とがった」というイメージは触覚的経験も含むため純粋な視覚領域とは言えず、本来であれば「視覚基軸領域」と称するべきところであるが、ここでは議論の簡便さのために、二次元の図などによって示された形や色については視覚領域として議論をすすめる。

　味覚と視覚の連合的表象を扱った研究は、形による表象と色による表象が中心である。本研究の立ち位置を明らかにするために、スペンスらのグループを中心に、先行研究を簡単に整理する。

4.1 味と形の対応

近年の味と形の感覚間対応の研究は、デロイらの研究（Deroy & Valentin, 2011）をその始点とみることができよう。デロイらは、フランス人被験者を対象として、3種類のビール飲料をブラインドで提示し、丸みや尖りを特徴とする2次元図形と3次元図形を、計34種の中から選択させ、同時に単語で味の特徴を報告させるという実験を行った。その結果として、苦味が尖り図形と親和性が高く、甘味が丸み図形と親和性が高いことを示した。

デロイらを嚆矢として活発となった形と味の感覚間対応（cross modal correspondences）に関する実験心理学的研究においては、いわゆるブーバ・キキ効果の実験に用いられるような、角張った図形と丸みを基調とする図形から味の印象に沿うものを選択させるという、強制選択式の実験が主に行われる。

味と形の感覚間対応の研究は、その普遍性の議論として、文化人類学的な広がりをもみせる。ブレムナーらの研究は、ナミビアのヒンバ族での調査によって、苦味や炭酸のテクスチャが丸い形として表象されることが示されるなど、西洋言語話者の一般的傾向とは対立する表象傾向が報告されている（Bremner et al., 2013）。

以上のような、味と形の感覚間対応について、現段階のレビューとしては、食品パッケージデザインへの応用を目指したヴェラスコらの論文（Velasco et al., 2016）に詳しい。レビューにおいては、多くの実験で甘味とまるい形が、苦味と酸味にとがった形が対応するということが示唆されている。

4.2 既存研究の問題点

味覚分野における感覚間対応の研究は、このように興味深い結果を多く示している。しかし、その実験手法と解釈に関しては疑問符を付さざるを得ない研究が多いことも事実である。これまでの研究で標準となっている、対立する特徴を有した2種ないし複数種の図形を見せた上で、味と対応するものを選択させる課題（forced choice task）の実験手法の抱える問題は、主に以下の点に集約される。すなわち、

1. 形のどの部分と味のどの要素が対応しているのかが不明であること
2. 対応づけの根拠、動機が不明であること
3. 実際の飲料ではなく、たとえば甘味であれば糖の水溶液を用いる実験が多い

というものである。

4.3　表象生成課題の提案

　この問題点を克服するために、本研究では選択課題ではなく描画法による表象生成課題を実施した。ただし描画（非言語表象）は、描画のみでは何が描かれているかといった分析が困難であるため、描画とともにおおむね200字程度のテイスティングコメント（言語表象）を付す。

　この生成課題ののち、描画表象と言語データを対応付ける分析を実施し、どの味がどういった描画要素によって記述されるかを分析する。

【手順】
1. 酒の基本データを記述（銘柄名、呑んだ日付など）
2. 酒を味わう
3-a. テイスティングコメントを言葉で記述する
3-b. 酒の描画表象を記述する（酒の口中イメージをスケッチする）
　　　（この際、描画には補助的に言葉によるキャプションが施されることもある）
4. 補足データとして記述の自信度（今回の記述がどれだけ明確に表せたかの自己評価）と、その酒への好感度を5点満点で記録

　図8-6に描画データの例を示す。この描画表象は、第三者が何を描いているか解読したり、事後的に分析することは困難であると思われる。したがって、本研究のような生成課題においては被験者（描画者）とその分析者が同一人物であるか、そうでなくとも被験者の描画意図が理解できる程度に被験者や対象（日本酒の味）に精通した者が分析者となることが求められる。本研究のように感性、感覚の内省的

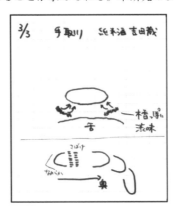

図 8-6　描画データの例（手取川純米酒吉田蔵）

な報告を基本とした認知過程研究では、このように被験者と分析者が同一人物であるか、分析者が被験者と系を一にして（システムや感覚的表現を共有的に理解して）、感覚およびその表現を共感的に解釈できる関係性であることが必須である。

4.4　描画の構成要素の抽出とリスト化

描画表象の分析については定量的な基準が示されていないため、本研究ではまず描画の構成要素の抽出とリスト化が課題となる。

描画の構成要素分析の入り口として、本研究ではカンディンスキーの絵画分析理論を参照した。カンディンスキーはその著書『点と線から面へ』のなかで、絵画の構成要素を以下のように分類する。

点
線（直線、角、鋭角、直角、鈍角、曲線、波状曲線、線の反復）
平面（円形、楕円、自由形態）

同書にみられるカンディンスキー自身の作品解説の文章には、たとえば「鋭角ほど暖かく黄色に関係が強い」というように、多分に共感覚あるいは彼独自の美的感覚と目される記述が含まれる。本研究は、まずは描画要素のリストを作成することを目標とするので、色彩や構成（コンポジション）との関連を論じる前に、上記のカンディンスキーの要素分類をもとに、全描画を対象にして描画要素を抽出した（表8-1）。

表 8-1　描画の構成要素

要素	特徴	例
線	Angularity（とがった）	線分、角、矢印
	Roundness（まるい）	波線、自由曲線、曲線矢印
平面（2D）	Angularity	直線閉図形、曲線閉図形、面矢印、とがった
	Roundness	円、楕円
立体（3D）	Angularity	（本実験では出現無し）
	Roundness	球、湾曲形、雲形
パターン塗り	Angularity	線、スクリブル、ハット
	Roundness	曲線
	Others	点、塗りつぶし

抽出した描画要素はそれぞれ線、平面、立体、パターン・塗りとなった。さらにこれらの要素を、先述した「味と形の感覚間対応研究」と比較するために、とがった形（Angularity）かまるい形（Roundness）かの特徴に分類した。

　なお表に示されているのは実際に出現した例のみであり、描画表象として出現の可能性はあるが今回は出現しなかった要素（たとえば「立方体」など）は含まれていない。

4.5　描画要素が示すもの

　前節での要素列挙によって、一枚の描画に含まれる要素を単位とした分析が可能となった。次なる疑問は、それぞれの描画要素が何を示しているかという点である。それぞれの描画要素の示す意味とも言うべきものについては、以下の分類が可能である。

　　味の要素
　　味やテクスチャ刺激の象徴的な記述
　　味の輪郭線

　これらは基本的には酒を飲んだときに得られる口中での酒の形（のイメージ）や刺激を描画した記述である。このような描画を基本として、以下のような補足的な描画、文字によるキャプションが示される。

　　向き（味の動く方向など）
　　軸（描画平面の軸を「先 → 奥」「上 → 下」のように示す）
　　時間軸
　　動きの象徴的な記述
　　力（力の向きを矢印で示すなど）
　　口内部位、身体部位
　　場所の指示（舌先を矢印で示し、「ここで感じる」など）
　　視点の説明

　図8-7に「手取川」の記述例を示す。図に示されているように、この図からは以下の7つの要素が見出される。平面（楕円）、曲線矢印（力を描画）、パターン（ス

---

[9] ジグザグの連続で、ささっと描かれた線の種類。

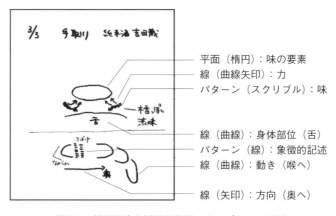

図 8-7　描画要素と補足的描画、キャプションの例

クリブル[9]）、身体部位（舌）、パターン（線）、動き（線によって喉に向かう動きが示される）、向き（矢印による奥方向の指示）の 7 要素である。

　以上のように、たとえば図 8-7 では「楕円」によって「（何かの）味の要素」が、「スクリブルパターン」によって「木香っぽい渋味」が示されるといったような描画要素とそれが示す内容の対応が分析可能となった。

4.6　描画と言語の表象機序

　ここまでの分析では、描画表象の要素群とその意味するもの（描画の指示内容）の分類群を示した。以下では、日本酒を例題とした複相的な表象構造の分析に向け、描画表象と言語表象の統合的な分析を実施する。分析の観点は、「一杯の酒に対して何が描画として表象され、何が描画的に表象されづらいか」という点である。酒に対して描画表象と言語表象を同時に与える場合、味わいと表象の関係性は

（A）描画と言語の両方によって表象される
（B）言語によってのみ表象される
（C）描画によってのみ表象される
（D）どちらでも表象されない（データとして存在しない）

となる。描画と注釈、記述の例は図 8-8 および図 8-9 を参照されたい。

4.6.1　言葉にできる味・できない味
　味に関する名詞については、日本酒における主要な味は描画によって記述されづ

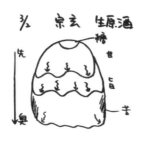

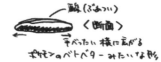

図 8-8　注釈が多い味わい描画の例（宗玄生原酒）

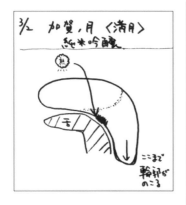

豆乳に漬かっていた絹ごし豆腐のような、濃くもなめらかな入り。味噌の米麹の粒を一粒だけ噛んだときにぽっと出るくらいの熟成香が鼻をよぎる、全体として特筆すべきはなめらかな入りからのおちついた丸い輪郭。この輪郭よ。心地よい丸。言いたくはないが、酒の名が体をたしかに表している。その練れたおだやかな熟成香は徐々に渋味に姿を変えて舌の付け根の裏側あたりで感じられる。喉越しというより喉通りという名前をつけたいほどに、落ちていく際までころりとした輪郭が保たれている。

図 8-9　味わい記述の例（加賀ノ月〈満月〉）

らいという傾向があり、テクスチャや刺激としての味は描画的に記述されやすいという傾向が確認された。

　動詞については、その機能において両群に違いが確認できる。言葉で表現されやすいのは「広がる、入る、伸びる」のように、「口の中での味の動き」を示す働きを持つ語であった。一方で描画によって表されづらい動詞としては、「感じる、思う」などといった味の印象を表すものに加え、「飲み込む、飲む」のように「身体の動き」を示す動詞が特徴的である。

　味の動きとは口中での味の経時変化である。筆者らのこれまでの研究（福島・田中, 2016）では音象徴語が味の変化を副詞的に修飾することが示されており、本研究の結果とも呼応する結果と言える。

4.6.2 味わいの言語表象と描画表象の関係

(1) マトリクスによる集計

ここでは、以上のような言語化と描画の複相的なコンテンツ生成をどのように分析できるか、その手法を簡単に紹介しておきたい。

複数の表現相の関係を分析するには様々な手法が考えられるが、筆者は、言語表象と描画表象のさらに詳細な関係を示すために、「どの描画要素によって何が示されているか」を分析した。分析は、以下の手順で行われた。

1. 全描画に対して描画要素を抽出
2. 一つ一つの要素が何を表しているかを描画内のキャプションおよび言語記述から照合する
3. 描画要素とその表すものの関係をマトリクス（図8-10）に集計する

結果の概略として、味の表現は甘味、旨味、酸味、渋味、辛味に分類され、出現傾向の近さによって主要味群（甘味、旨味、酸味）と刺激味群（渋味、辛味）に二分された。なお、その他の味は出現回数が少なかったために二分からは除外された。

(2) 描画表象の特徴

日本酒の味にとっての主要味（甘味、旨味、酸味）と刺激味（渋味、苦味）に注目してみると、マトリクスから各群の特徴が見て取れる。

まず主要味については、

1. 平面（57%）、とりわけ曲線閉図形が最も多用される。
2. 甘味、酸味は楕円として表象されやすい。
3. Roundness が70%と、丸みを帯びた図形によって表象されやすい。

一方刺激味については

1. パターン[10]（58%）、とりわけ線パターンとスクリブルパターンが最も多用される。
2. 辛味は「とがった形」「線パターン」「スクリブルパターン」で記述される。
3. Angular が73%と、角張った形が好まれることが示された。

---

[10] 線や点などである一定の面積を塗っているものを「パターン」としている（図8-7参照）。

	LINE ANGULAR			CURVE ROUNDNESS			平面 (2D) ANGULAR		平面 (2D) ROUNDNESS				立体(3D) ROUNDNESS			パターン ANGULAR			ROUND	Others	
	線	角	矢印	波	曲線	曲線矢印	フリー直線	面矢印	とげ	円	楕円	フリー曲線	球	丸い立体	雲形	線	スクリブル	ハット	曲線	塗り	点
甘み		1		2	3		1			4	7	12				2	2	1	1		
旨味	1	1		2	2		1	2	1			8				1	3	1	1		
酸			3	3	2					2	5	11	1	2		1	4	1	1		
渋味				2	1						1	2				5	5		1		
辛					1				4							3	3	1	1		
塩		1	2		3					1	5					3					
苦み														1							
発泡				1	1									1							
熟成	1									1		2									
香気											2					8	8	2		2	
果物	1																				
香ばし				1	1											2	1				

図 8-10　味わいの要素と描画の構成要素の対応マトリクス

5　本章のまとめ

　本章では、認知的なコンテンツの生成について、味覚の例をとりつつ、コンテンツ生成の支援手法を紹介した。本章で紹介した手法は名詞的な表現の支援と、非言語的な表現支援についてである。言語的なコンテンツ生成支援については、ここで紹介した他にも、動詞の表現支援あるいはオノマトペによる味わいの表現研究などを行っている。非言語的なコンテンツ生成支援については世界的にも研究手法が模索されている段階であり、コンテンツ生成を始めとした理論的背景に裏打ちされた表現生成支援方略が数多く開発されることが期待される。

　認知的コンテンツ生成は、周辺領域との協奏によって研究が発達していくべきテーマである。表象に関する研究は、現在では認知科学、とりわけ実験心理学的な研究手法が盛んに行われているが、実験によって明らかにできる範囲はごくわずかである。認知的コンテンツ生成をより骨太の理論的枠組にしていくためには、認識論、あるいは美学における鑑賞研究など、哲学領域をふくめた人文領域の議論の積み重ねに学ぶところは大きいものと思われる。

ブリア・サヴァラン／関根秀雄・戸部松実（訳）（1967）.『美味礼讃（上）』岩波書店.

　サヴァランの『美味礼讃』（原題を直訳すれば『味覚の生理学』）をどのように評価するかを問えば、単に過去の生理学と見るか、「食べる」という行為に深く入り込んだ研究スタイルに共感するか、その研究者の味覚研究へのスタンスが明らかになると思う。

スペンス, C.／長谷川圭（訳）（2018）.『「おいしさ」の錯覚』KADOKAWA.

　オクスフォード大学のスペンスらのグループは、多感覚の複合的な認知を研究している。実験心理学的なアプローチが主体だが、興味深い事例が報告されているので、入り口として参考にされたい。また同グループは、積極的にレビュー論文も執筆しているため、視覚と味覚など、テーマに応じて深く知りたいときには参考文献に挙げたレビュー論文に当たることをお勧めしたい。

福島宙輝（2018）.『「あ、これ美味しい」の言い換え力』三才ブックス.

　本章で取り上げたような、味わいをどのように表現するかについて具体的な手法については上記の一般向け書籍も参考にされたい。

その他
　最後に、味覚の多相的な表象生成を扱う上での基礎的な考え方について、現象論、意味論関連の書籍をいくつか挙げておきたい――

大森荘蔵・飯田隆・丹治信春・野家啓一・野矢茂樹（2011）.『大森荘蔵セレクション』平凡社.
市川浩（1990）.『〈中間者〉の哲学』岩波書店.
廣松渉（1997）.『もの・こと・ことば』勁草書房.
深谷昌弘・田中茂範（1996）.『コトバの〈意味づけ〉論』紀伊國屋書店.
田中茂範・深谷昌弘（1998）.『〈意味づけ論〉の展開』紀伊國屋書店.

【参考文献】
・Bremner, A. J., Caparos, S., Davidoff, J., de Fockert, J., Linnell, K. J., & Spence, C. (2013). "Bouba" and "Kiki" in Namibia? A remote culture make similar shape-sound matches, but different shape-taste matches to Westerners. *Cognition*, **126**(2), 165-172.
・Deroy, O., & Valentin, D. (2011). Tasting liquid shapes: Investigating the sensory basis of cross-modal correspondences. *Chemosensory Perception*, **4**, (80).
・樋口耕一（2004）. テキスト型データの計量的分析.『理論と方法』**19**(1), 101-115.
・市川浩（1990）.『〈中間者〉の哲学』岩波書店.
・深谷昌弘・田中茂範（1996）.『コトバの〈意味づけ〉論』紀伊國屋書店.
・Fukushima, H. (2018). A Phenomenological Model for Generating the Tasting Description of Japanese Sake. In T. Ogata & S. Asakawa (Eds.), *Content Generation Through Narrative Communication and Simulation*. IGI Grobal.
・福島宙輝・田中茂範（2016）. 味覚表現における音象徴語の使用原理.『人工知能学会論文誌』**31**(6), AI30-N_1-8.

・丸山圭三郎（1985）. 言語と世界の分節化. 『岩波講座哲学2, 経験 言語 認識』（pp.35-64）. 岩波書店.

・諏訪正樹・藤井晴行（2015）. 『知のデザイン —— 自分ごととして考えよう』近代科学社.

・鈴木宏昭（2003）. 認知の創発的性質. 『人工知能学会論文誌』18(4), 376-384.

・宇都宮仁（2012）. フレーバーホイール. 『化学と生物』50(12), 897-903.

・Velasco, C., Woods, A. T., Petit, O., Cheok, A. D., & Spence, C.（2016）. Crossmodal correspondences between taste and shape, and their implications for product packaging: A review. *Food Quality and Preference, 52*(4), 17-26.

【第9章】
美術館の中の「ことば」

只木琴音・阿部明典

1　はじめに

　美術館とはどのような場だろうか。多くの場合、美術館は、美術作品や美術作品等によって構成された展覧会を見に行く場所であると理解される。美術館に限らず、ミュージアム[1]全般において展示されるコレクションは、ミュージアムに訪れる人にとって大きな意味を持つ。たとえば、一般の人々は地域の資料館には考古資料や古文書といった歴史的資料を見に行き、自然史博物館には恐竜の骨格や鉱物を見に行く。しかし、様々な種類のミュージアムが所蔵する様々なコレクションの中で、美術作品については、少し特殊な感覚で人々から理解されている現状があるように著者は感じている。つまり、美術作品とは鋭い感覚を持つ人が直感的で神秘的な「美」や「良さ」を感じるものであり、それらの感覚は説明しづらく、さらには、説明すること自体が野暮であるという理解である。カントはあるものが美的であるか否かの判断（趣味判断）は、「何か或るものが美であるか否かを判断する場合には、その物を認識するために表象を悟性によって客観に関係させることをしないで、構想力（おそらく悟性と結びついている）によって表象を主観における快・不快の感情とに関係させるのである。それだから趣味判断は認識判断ではない。したがってまた論理的判断ではなくて美学的判断である」（Kant, 1790）のように、快・不快の主

---

[1] 美術館、博物館、動物園などの展示施設全般の総称。

観に基づいた非論理的な判断であるとしたが、このような言及は上述した「美」や「良さ」の感じ方のような理解の典型例であると言える。これは周辺知識を与えられないと見ることが難しいように思える考古資料や標本とは全く違った感覚であるように思われる。美術館以外のミュージアム、たとえば科学館では、展示されているモノに対する説明が少ないと来館者は情報が不足していると感じるが、美術館では作品に対する説明が少なくても、来館者はそれほど不満を感じなかったり、あるいはその作品の「良さ」を読み取れなかった自分に知識が不足していると思ったりするのではないだろうか[2]。

このように非言語的な感覚が重要であるように見られがちな美術館での美術作品鑑賞だが、実は、美術館は「美」や「良さ」ということの言語化が積極的に行われる場である。美術館の展示空間の中をよく見ると、多様な形態で言語的な情報が配置されている。代表的なものは作品の横に配置される解説文（図9-1）である。

解説文は、展覧会や美術館全体の展示趣旨に基づき、作品の関連情報や作品の読み解き方などを鑑賞者に伝達する役割を持つ。解説文の書き手は大抵の場合、専門的な知識を持った学芸員（＝キュレーター）であり、解説文は作品に関する広範な美術史的な知識を紹介することで、「美」や「良さ」などと呼ばれるような作品の価値を伝達する。ガイドツアー等においては、解説文に書かれるような作品の鑑賞を補助する情報を聞きながら来館者は展示を見てまわり、時にはガイドに質問することで作品についての理解を深める。この場合、ガイド側つまり情報を伝える側にいるのは、学芸員や外部の専門家と思われる人か解説スタッフのいずれかであるこ

図 9-1　東京国立博物館の解説文が含まれたキャプション（2015 年 12 月 18 日）

---

[2] たとえば、https://kindaipicks.com/article/001375 の中でインタビューアが「美術の価値が理解できないことをある意味コンプレックスに感じている」と言っているように。

とが多い。さらに、作品の価値を言葉にしようと試みているのは専門的な知識を身に着けた人だけではない。一緒に来館した友人と作品の感想を話し合うのも、子どもが親に自分が発見した作品について伝えようとするのも、展覧会を見終わってからアンケートで気に入った展示について記述するのも、作品の価値を言語化する試みであると言える。さらには、美術館という物理的な空間を越えて、SNSなどで自分が訪れた展覧会について紹介したり、気にいった作品についてのブログ等を執筆するのも、作品の価値の言語化である。このように、美術館という空間では、美術館側が言語を用いて作品について伝え、鑑賞者はその言語化された情報を介して作品を鑑賞し、さらに鑑賞者が自分の体験を言語で表現する ··· という、受け取った情報を言語化してアウトプットするというサイクルができあがっている。

　本章では、美術館での美術作品鑑賞にまつわる言語を用いたコミュニケーション、その中で鑑賞者が作品から受ける非言語的な（あるいは美的な）感覚、特に作品に対する「思い入れ[3]」の言語化活動に注目する。鑑賞者が美術作品鑑賞において生成した作品の物語の事例を紹介し、単に鑑賞者による作品に対する感想 —— 好き／嫌いだけではなく、「思い入れ」をキーワードにすることにより、鑑賞者による作品についての言語表現等を美術館の展示評価に用いることの可能性までを視野に入れて考察することを目指す。

2　ミュージアムの基盤 —— 「思い入れ」に向けて

　本節では、今後の議論の前提として、まず美術館を含むミュージアムの役割について確認する。ミュージアムの役割は資料の収集、保管（育成）、展示・教育、調査研究の4つであると定義されている（博物館法 第2条（http://www.tcp-ip.or.jp/~syaraku/hakubutuhou.htm））。つまり、ミュージアムは資料を収集してコレクションを形成し、それらを保管（動植物であれば育成）し、教育的意図を持ってそれらを展示することで利用者にコレクションを見せ、コレクションを収集するフィールドやコレクションそのものについての調査研究を行う施設である。他の教育施設や研究施設とミュージアムが大きく異なる点は、収集されたコレクションが上記4つのすべての活動の背景にあることである。コレクションは各館の収集方針に沿って収集され、たとえばテレビゲームから土偶まで、各地の館で特徴あるコレクションを形成している。中には国宝や重要文化財に指定された物品がコレクションに含まれる館も存在する。ある特定の物品が貴重であるか否かにかかわらず、

---

[3] 次節で詳しく述べるが、物事に対して、何か特別な感情を抱いているくらいの意味である。

ミュージアムがコレクションを基本とする活動を行う施設である以上、コレクションを保管し、それらを将来的に長いスパンで利用できるように細心の注意を払うことは必要不可欠である。

　本来、資料の保存を最優先で考えたとき、最も劣化の少ない保管方法は、資料をそもそも展示せず収蔵庫から動かさないことである。展示中は来館者が見やすいように資料に光を当てるが、どれだけ気を使っても光（最近は、LEDを使ってはいるが）を当てることにより資料（特に紙や植物標本）は劣化することが知られている。収蔵庫から移動させる際には資料の周囲の温度や湿度が変化することも考えられるが、これも劣化の原因である。展示中は周囲を来館者が通ることになるため、来館者がケースにぶつかったりすると資料の性質と展示方法によってはそれだけで破損する可能性もある。温度、湿度管理された暗くて揺れない収蔵庫から展示室に資料を移動させるというだけで、トラブルの可能性が無数に想定できるのだ。

　このような様々な危険があるにもかかわらず、ミュージアムが資料の展示を継続するのはなぜだろうか。ミュージアムの展示はそれぞれ様々な役割を果たすことを期待して計画されるが、それらを包括する、ミュージアムという施設に対して展示が果たす役割として、資料の存在と価値をアピールするということがある。つまり鑑賞者に、「そこで保管されている資料は保管し続ける必要あるいは価値があるものである」と伝えることで、ミュージアムという施設の存続を下支えする基盤をつくるということである。ミュージアムの存続には、金銭的な支援を伴うような現実的な基盤に限らず、ある作品を保護する必要性を感じたり好ましく思ったりするというような、執心とも言える情緒的な基盤、いわばモノへの「思い入れ」も必要である。この「思い入れ」は「市民の理解」や「思い出」等の表現でも部分的に代替可能だが、「理解」や「学習」は知識の獲得を伴う側面が過剰に強調され、「思い出」はモノに物理的に遭遇した経験が強調されるため、本章では「思い入れ」という表現を用いる。ミュージアムをとりまく国家や企業、個人からの金銭的な支援（現実的基盤）は、当然、収蔵庫の整備や、空調の維持、それらを含む施設の建設・維持・更新、資料の研究・整理、そしてそれらを担う人員の雇用・育成に直接的に役立つ。一方、情緒的な基盤は短期的に効果を確認できることは多くないように著者は感じているが、長期的にミュージアムやミュージアムが保管するモノを支えていく基盤として働く。

　たとえば、最近の例ではノートルダム大聖堂の火災における情緒的な反応がある。ノートルダム大聖堂の火災は、報道機関による報道が始まってしばらくすると、日本時間では2019年4月16日未明の出来事だったにもかかわらず大手SNSであるTwitterにおいてその単語が含まれた投稿が急増し、日本国内のトレンドワードになった。NHKも、速報[4]を出した30分後には現地からの生中継[5]を開始していた。

この爆発的な反応から、ノートルダム大聖堂は日本国内において非常に情緒的な基盤が強固な施設であると言うことができるだろう。ノートルダム大聖堂は現在でもカトリック教会を代表する重要な教会堂であり、パリの精神、そしてフランスそのものの象徴である。また、ユネスコによって評価された通り（UNESCO World Heritage Centre, 2019）、セーヌ河岸の建築・都市開発の傑作のひとつである。つまり、ノートルダム大聖堂はゴシック建築を代表する建物であり、セーヌ河岸の景観を構成する重要な建造物である。日本国内においては主に観光のアトラクションとして有名であるが、「芸術の都」や「花の都」と表現されるパリ自体の知名度と相まって非常に知名度の高い施設である。火災の際の日本語でのSNS投稿を見ると（NHK, 2019）、ノートルダム大聖堂はパリに観光で訪れる日本人は大体必ず訪れると言っても過言ではないため、観光でノートルダム大聖堂に訪れた経験のある人によるSNSへの投稿が多く見られた。同時に「いつか行きたかった」のような、まだ訪れた経験がないが訪れるつもりでいた人による投稿もあった。また、ノートルダム大聖堂を舞台として書かれたヴィクトル・ユゴーの『ノートルダム・ド・パリ』（Hugo, 1831）はディズニー映画（"The Hunchback of Notre Dame"（1996））をはじめとして多くの映像作品（たとえば、Jean Delannoy監督作品 "Notre-Dame de Paris"（1956））や舞台作品（たとえば、劇団四季の『ノートルダムの鐘』）の原作になっており、それらの作品群を思い出して言及する人も見られた。これらの投稿は、自分が訪問した経験や、ノートルダム大聖堂に関して見聞きした情報からの憧れやその場所を舞台とした物語の知識をもとに行われているように見られ、ノートルダム大聖堂に強い「思い入れ」を持つ人が多いことを示している。

これらの「思い入れ」の表出として、個人や企業からは大規模な募金が行われた（CNN, 2019）。注目されがちな多額の寄付の以外にも様々な寄付への動きが見られたことは特筆しておきたい。たとえば、火災当時に舞台『ノートルダムの鐘』を名古屋で上演中だった劇団四季は、4月16日に公式Twitter上でノートルダム大聖堂の火災に対するお見舞い[6]を投稿したが、その投稿に対して、劇場で寄付をできるようにしてほしいという趣旨の返信が相次いだ（後日、実際に募金活動がはじまっている（STC, 2019））。これは、上演中の作品や作品の舞台に対する「思い入れ」が、金銭的な支援の動機になっている様子が見られる例である。つまり、情緒的な基盤が重要なのは、情緒的な基盤が存在するか否かによって、現実的な基盤を維持できるか否かが決定されるからなのだ。

---

[4] https://twitter.com/nhk_news/status/1117840770986196995（2019年4月28日アクセス）

[5] https://twitter.com/nhk_news/status/1117849467716116481（2019年4月28日アクセス）

[6] https://twitter.com/shiki_jp/status/1118000694655471616（2019年4月28日アクセス）

ミュージアムに収蔵されているモノに対するこのような「思い入れ」が作品の保管に役立った例もある。たとえば、茨城県水戸市の徳川ミュージアムが保管している刀剣「燭台切光忠」[7]は関東大震災で被災したために長らく展示されない状態だったが、2015年にDMM.comによる刀剣を題材としたゲーム『刀剣乱舞』に登場したことにより「思い入れ」を持ったゲームのファンたちからの問い合わせが相次ぎ[8]、同年5月17日にはミュージアムトーク参加者限定での展示が実現した[9]。この後、「燭台切光忠」は頻繁に展示されるようになり、同館が企画する被災刀の再現プロジェクト（TAM, 2019）を経て再現作が制作された[10]。

　このように、知識や訪問経験の有無によらない情緒的な「思い入れ」は、ミュージアムの機能を長期的に支える重要な基盤として機能している。国立公文書館ニュース Vol.1 第1回「特別展ができるまで」（http://www.archives.go.jp/naj_news/01/interview.html）で氏家幹人が以下のように話している。

　　… 町奉行所与力が、無実だとわかっている家の召使いに言いがかりをつけて自白するかどうか試してみるエピソードをコラムで紹介しましたが、紹介だけで、展示資料はありません。「読ませる」部分です。こういうエピソードを入れることで、個々の資料に繋がりができてくる。自分と関係のない事柄ではなく、「今」や「私」と結びついてくる。展示からそのような結びつきを感じて頂き、何かしら心揺さぶられる印象が残れば嬉しいですね。

　彼の思惑通りに来館者が感じれば、ミュージアムでの展示が「思い入れ」を生む最初のきっかけとなるのではないであろうか？　このようにミュージアムでの展示は、仕掛け次第で「思い入れ」を涵養するためという側面を持つことができる可能性がある。つまり展示は、『展示論』（日本展示学会, 2010）において「空間のコミュニケーションメディア」と表現される通り、各種のメディアを内部にふくむ総合的なメディアであり、しかも、その結果、コミュニケーション手段としてさまざまな特異性をそなえているものと言わなければならない。つまり、梅棹忠夫が言っているように、マス・メディアによる情報伝達が、しばしば情報の一方的配達となり、

---

[7] 鎌倉時代の長船派・光忠作と伝えられ、伊達政宗から水戸徳川家に贈られたとされる日本刀（Wikipedia）。伊達政宗の小姓某に少々の不行跡の事があり、政宗より懲戒を与えられるも少しも懲りたところがなかったため、差していた光忠の刀で抜打ちにこの小姓を斬った。小姓は二つになって倒れたが、切先がその先にあった燭台を真ん中より切り落としたために以後「燭台切光忠」と号したという（名刀幻想辞典 https://meitou.info/）。

[8] https://ameblo.jp/tokugawamuseum/entry-12021525871.html（2019年4月28日アクセス）

[9] https://ameblo.jp/tokugawamuseum/entry-12027141437.html（2019年4月28日アクセス）

[10] https://ameblo.jp/tokugawamuseum/entry-12301159894.html（2019年4月28日アクセス）

情報の流れが一方交通的となりやすいのに対して、展示においては、情報の受け手がみずから体を運んで積極的に参加するという側面があり、そこには、見るものと見せるもの、見るものと見られるものとのあいだに、双方向的な対話と相互作用が成立するのである（梅棹, 1982）。

3 ミュージアムでの「思い入れ」について

本節では、ミュージアムの内部の人々が持つ「思い入れ」について議論する。

3.1 「思い入れ」の伝達（内から外へ）

ミュージアムの内部の人々が持つ「思い入れ」は、展示を通じて内から外へ伝達される。ミュージアムの展示を作成する人は多くの場合専門家であるため、この場合の「思い入れ」は「好きな作品だから」や「好きな作家だから」といったものに加えて、専門的な知識に由来するような「○○年代に流行した○○派を牽引した作家の若い頃の作品だから」や「○○と○○の間の同盟関係を証明する資料だから」なども含む。本章では特に、美術館の内部の人々の「思い入れ」が、展示の中の言語表現を通じて内から外へ伝達される場面について考えたい。

美術館に限らずミュージアム全般においては、この側面を見てほしい・この流れで見てほしいなど学芸員の「思い入れ」が鑑賞者がひとつひとつのモノを見るときのガイドとして機能するように展示が作られる。これらの学芸員による「思い入れ」によって、展覧会のタイトルや作品の展示の並び順や解説文という形で、作品には文脈が与えられる。なお、日本では紙や木製品等の劣化しやすい素材の作品が多いという特性があり、常設展示と銘打っている展示であっても展覧会のように何らかのテーマを持って定期的に展示する作品を入れ替える館が多い。また、展示の入れ替えを行わないミュージアムであっても、収蔵方針が存在し、コレクション自体に文脈が存在する。比較的大規模な美術館の一部展示替えのある常設展示に関しても、美術館の個性というか、自然に文脈を与えられて展示を行っている。たとえば、国立西洋美術館では、松方コレクション[11]がベースになっていることにより、「中世末期から20世紀初頭にかけての西洋絵画と、ロダンを中心とするフランス近代彫刻」という文脈が自然と出てきてしまう。そのため、文脈がある展示について

---

[11] 大正5年頃から昭和3年頃までの間、当時株式会社川崎造船所の社長であった故松方幸次郎氏がヨーロッパ各地で集めた絵画、彫刻等。

の考察は必ずしも期間限定の（企画／特別）展覧会についての考察ではないことを記しておく。

　鑑賞者が展示を見る際に最もはじめに目に入る情報のひとつは、「若冲展」や「平安時代の都市」といった（企画／特別）展示のタイトルである。たとえば、「初音の調度[12]」として有名な初音蒔絵調度のうちのひとつ「初音蒔絵手箱」は、2014年に大阪市立美術館「うた・ものがたりのデザイン」展（OCMFA, 2014）、2015年には徳川美術館「国宝 初音の調度 —— 日本一の嫁入り道具」展（TAM, 2015）で展示された。展示されたものは、同じ初音蒔絵手箱だが、これら二つの展示を企画したそれぞれの学芸員は初音蒔絵手箱に対して異なる「思い入れ」を持ち、展覧会全体の中での初音蒔絵手箱の意味は異なっていただろう。

　『うた・ものがたりのデザイン』展では「初音蒔絵手箱」は、「日本の美術は文芸と密接に関わりながら多彩な作品をつくり上げてきました。移ろいゆく自然や、人の心を表す和歌、源氏や伊勢の物語など、文芸は工芸デザインにも深く影響を与えました。古歌、そして物語を主題としたさまざまなデザインが平安時代から、料紙下絵、蒔絵手箱・硯箱、刀の鞘、女房装束の色や文様などに用いられました。」（https://www.osaka-art-museum.jp/sp_evt/uta-monogatari）と企画展のHPに書かれているように、物語を主題にしたデザインの工芸品として扱われていた。一方、『国宝 初音の調度 —— 日本一の嫁入り道具』展では「物語では、この年の正月元日がちょうどおめでたい子の日であった。春の訪れを告げる鶯の「初音（はつね）」と「初子」（はつね）を重ねた題材で、まことに 婚礼調度にふさわしい」（https://www.tokugawa-art-museum.jp/exhibits/planned/2015/0411/01/）と企画展のHPに書かれているように、「初音蒔絵手箱」は国宝に指定された嫁入り道具の中の一品として扱われていた。重要な点は、企画者だけでなく、その展示がそのような名前であると認識して鑑賞をスタートする鑑賞者たちも、展覧会の途中で初音蒔絵手箱に遭遇したときには初音蒔絵手箱の展覧会のタイトルに示唆されたような文脈／意味に従って作品を見るだろうと考えられる点である。

　一方で、キャプションは展示の中で最も作品の近くに配置される言語情報である。キャプションは、タイトルや基本的な情報からなることが多く、必要に応じて解説文（図9-2）や作者の紹介文（図9-3）が追加される。壁面に固定されているものだけでなく、手に持って鑑賞するようなタイプも存在する（図9-4）。タイトルは美術作品では基本的に作品のタイトルだが、たとえば子ども向けの展示などでは平易な言葉で言い換えて展示されることもある。作品に関する基本情報についても、美術

[12] 『源氏物語』の第二十三帖「初音」の帖に因んだ調度品。「年月をまつにひかれてふる人に今日鶯の初音きかせよ」の歌を意匠としている（https://www.tokugawa-art-museum.jp/exhibits/planned/2015/0411/）。

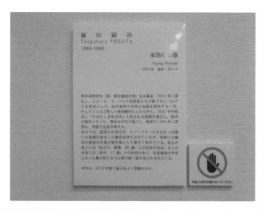

図 9-2　北海道近代美術館の下半分が解説文のキャプション（2017 年 11 月 4 日）

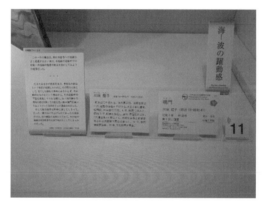

図 9-3　山種美術館のキャプション（中央が作者についての解説、左手が作者自身のことば）
（2018 年 8 月 8 日）

図 9-4　北海道近代美術館の手に持てるキャプション（2017 年 11 月 4 日）

作品では作者・作者の生没年・生まれた／活躍した国・制作年・技法／素材の情報が含まれていることが多い。たとえば都内では上野の森美術館で開催された『ミラクル エッシャー展』のキャプションでは、キャプション下部にエッシャーの生没年を結ぶ線が引かれており、その線の上に矢印で制作年を描いているため何歳頃の、さらには、人生のどのあたりの作品かが直感的に分かる[13]ようになっているなど、細部に意味があることが多い。

　一方、日本民藝館の『柳宗悦の『直観』美を見いだす力』展においては、先入観を排除したいとの意向であえてキャプションを排除した（青柳, 2019）。これらの事例も、どの情報を強調するかの判断基準になるのは展示を作る側の「思い入

図9-5　ミュージアムのキャラクター「バン爺」が解説をしている（富山市民俗民芸村考古資料館）（2019年1月13日）

図9-6　商店街に面した展示ケースで行われていた書道展の手書きの解説文（富山市の中央通アートプロムナード）（2019年1月14日）

[13] https://twitter.com/escher_ten/status/1006116489076731904（2019年4月28日アクセス）

れ」である。実際、展覧会を企画した月森は「『直感』を体験してほしい、見る人の既存の価値観を揺さぶりたいという想いがありました」と述べている（月森×青柳, 2019）。キャプションに含まれる解説文は展示によって最もばらつきが大きい要素である。解説文は通常、図 9-2 のように設置されるが、キャラクターが台詞として解説を話しているものや（図 9-5）、稀におそらく作家本人による手書きのもの（図 9-6）も見られるなど、多種多様なスタイルが存在する。著者は学芸員に対して2015 年に非公式のインタビューを行ったが、解説文に関して必ず含めなければいけない情報項目や文字数についての規定は特にない、もしくは知られていないということが明らかになった。

　著者による東京国立博物館、国立西洋美術館、国立近代美術館という国立館三館を対象にした調査では、キャプションとして掲示されている解説文の過半数には描写物の解説、技法や効果に関する物理的な情報、作者の略歴の３つが含まれ、150〜 380 文字からなる４〜６文から構成されることが明らかになった（只木・阿部, 2017）。ただし、国立三館のみを対象とした調査にすぎず、これがすべてのキャプションに共通する形式であると結論づけるのは難しい。各館での結果は 表 9-1 の通りである。ただし、表 9-1 の最初の行において、「西美」は国立西洋美術館、「西美新館」は国立西洋美術館新館、「近美」は東京国立近代美術館、「東博」は東京国立博物館である。なお、国立西洋美術館については新館版画素描展示室（表の西美新館）と常設展（表の西美）を区別して計算している。これらの結果からも分かる通り、非常にばらつきが大きい展示と小さい展示が混在するなど、同じ館の中ですら解説文は様々な形を取ることが分かる。

表 9-1　館ごとのキャプションにおける文字数などの数値の平均値

調査項目		西美	西美新館	近美	東博	平均
文字数 （字）	算術平均	334.48	374.11	246.69	112.65	266.98
	標準偏差	62.25	214.82	42.34	18.06	115.85
文数（文）	算術平均	6.00	6.78	5.56	2.91	5.31
	標準偏差	1.67	4.52	1.19	0.90	1.66
平均語数 （語/1 文）	算術平均	35.52	36.34	29.17	27.37	32.10
	標準偏差	6.52	9.43	6.54	7.55	4.49
フォント		明朝体	ゴシック体	ゴシック体	ゴシック体	
1 行の文 字数（字）	算術平均	21.27	24.44	20.97	18.00	21.17
	標準偏差	0.69	5.75	0.31	0.67	2.63

3.2 「思い入れ」の伝達（外から内へ）

　冒頭に述べた通り、美術館の中で言語化を行うのはミュージアム側の人だけではない。鑑賞者たちは美術館の内外で作品に遭遇することで、学芸員たちが作品に対する「思い入れ」を持つようになったように、「思い入れ」を持つようになることがある。たとえば美術館のリピーターになったり、気にいった作品のポストカードを買って帰ったりするような美術館側に直接に伝わる美術愛好家としての行動とし

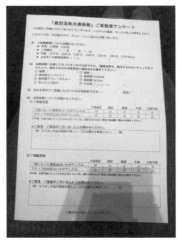

図 9-7　典型的な来場者アンケート（森記念秋水記念館）（2019 年 1 月 14 日）

図 9-8　国立近代美術館の子ども向けのセルフガイド（ワークシート）

て表出する。また、模写や、いわゆる触発体験と呼ばれるような作品からインスピレーションを受けて何かを表現したい気持ちになるなどの美術館からは見えない芸術家としての行動をするなど、様々な方法で表出する。著者が注目することばによる表現を用いた「思い入れ」の表出には、美術館に直接伝わる方法として来館者アンケート（図9-7）や、個人的な行動の傾向が強い方法としてワークシート（図9-8）への記入、他の来館者や来館していない人への口コミ情報などがある。ことばによる表現を用いた鑑賞行為に注目した先行研究として、美術鑑賞中・後の発話の分析により美術鑑賞の段階を検討した研究等が存在する（Houson, 1987; Matthew & Akiba, 2011）。

3.3 「思い入れ」の計測と反映

上記のように、現在でもことばによる表現によって「思い入れ」を美術館の来館者等が美術館側に伝えることは可能である。しかし、横須賀美術館の評価委員会（YMA, 2011）において自由記述形式で収集したアンケート結果の分析が充分に行われていないという指摘がなされるなど、せっかく来館者によって言語化されたものの存在は分かっていても、その内容や傾向を詳しく見ていない館は少なくない。このように、言語化されたものをきちんと分析し、分析された結果を展示改善に活かすという流れが確立しているとは言い難い状況である。

次の節では、作品に関して言語化された文章を収集し、傾向を分析した結果について紹介する。

4　美術館の中の「ことば」へのアプローチ例 ── 感想

現実場面において、絵画につけられたキャプションをはじめとした仕掛けを含む展示環境によって、どのような行動および態度（感想）の変化が生じうるかを検討するために実験を行った。デザインによる仕掛けの物理的トリガは、メタファー、デフォルト、五感からの情報などと、身体性の関連性が指摘されている（松村, 2013）。予備実験としてコンピュータに絵画の写真やキャプションを表示する実験を行ったが（只木, 2017）、美術館をはじめとするミュージアムのような空間で有効な仕掛けを考えるためには、身体性を伴う物理的環境での実験が不可欠であると考える。したがって、美術館をはじめとするミュージアムやギャラリーのような空間を作り、本物の絵画を使った実験を行った。本節では、その実験の結果についての議論を行う。

4.1 実験の目的

以前、美術館において作品についての文章表現を検討していた際、既存の解説文においてどのような項目で解説が行われているかを調査した（只木, 2017）。解説文の解説内容については、解説文に含まれる特徴的な情報を「要素」と呼び、1つの解説文について要素の有無を数えた。要素としては、(1) 描写物解説、(2) 技法、(3) 形式的特性（構図やリズムやコントラストなど主に作品全体を俯瞰して技術について言及したもの）、(4) シンボル解説（アトリビュートや伝統的なシンボライズの解説）、(5) タイトル解説、(6) 細部（一見して気付かないような細かい部分についての解説）、(7) 作品プロファイル（作品の来歴や制作経緯などその作品のモノとしての歴史）、(8) 時代背景、(9) 作者略歴、(10) 作者の意図、(11) 推測される作者の意図、(12) 他者との関係、(13) 社会的評価、(14) 研究動向、(15) 他作品へのリンク（対象の作品以外について言及した解説文）、(16) 作者の発言、(17) 他者の発言、(18) 主観的評価、(19) 問いかけ（解説文の中で読み手、つまり来館者に問いかける口調で書かれている文章）の19種類を考えた。その結果、全館で半数以上の解説文が含んでいた要素は描写物解説であった。それ以外では、作者略歴も多かった。技法と形式的特性のどちらか、もしくはどちらも含んでいた解説文も半数くらいの数になっていた。その結果を踏まえて調査した館における文字数やフォントなどの平均的特徴を持つキャプションを著者が生成し、作品とキャプションを1対1で1セットずつ実験参加者に呈示したとき、作品に対してどのような感想を持つか調査した。

4.2 実験参加者

学生11人および大学教員1人が実験に参加した。12人中2人は過去にアート・美術の創作経験があったが、現在創作活動に関わっている人はいなかった。

4.3 装置・方法

図9-9のような部屋で実験を行った。この部屋は、千葉大学の中にある多目的ラウンジである。中にはカウンターなどもあり、比較的広い部屋である。したがって、使い方によってはギャラリー（画廊／美術館）のような空間になる。その部屋に作品をイーゼルに載せたり、カウンターや机に置くなどして作品を展示した。展示方法は、ギャラリーで展示を行うような感じにした。実験参加者（鑑賞者）による作品についての感想を、質問紙を用いて収集した。質問は1つの作品に対して、(1)

鑑賞した作品の番号、（2）好感度（5段階評価）、（3）作品の感想、（4）キャプションの理解への貢献度（5段階評価および自由記述）、（5）キャプションによる見方の変化（5段階評価および自由記述）とした。そして、展示されている作品のうち実験参加者が任意に選んだ作品について感想を書くように求めた。これらの質問は、実験参加者の利便性を考慮し、A5サイズの紙もしくはGoogle Formを用いて作成したウェブ上でのアンケートフォーム経由（https://goo.gl/s8FtgYにサンプルページあり）のいずれかの方法で回答できるように作成した。実験参加者へは、2つのいずれからも回答できることを口頭および実験空間内の掲示で伝えた。

　キャプションは、上述したように著者による事前調査で明らかになったキャプションの特徴を踏まえ、300字前後からなる4～6文の文章を1行に18～23文字としてゴシック体で表示した解説文に加え、作品タイトル、制作年、作者名、作者の生没年、画材の情報を記述し、Adobe Illustrator CCを用いてA5サイズで作成した。作成したキャプションは、印刷後、段ボール片を用いて補強し、対応する作品の近くに掲示した。キャプションの実例を図9-10に示す。そして、キャプションの内容およびキャプションを含む作品周辺の展示環境により条件を設定した。

　作品は著者のコレクション合計53点を用いた。絵画や写真などの平面的な作品を用い、絵画作品の中には具象画と抽象画が混在していた。なお、1つの作品に対して1種類のキャプションやラベル（タイトル）を呈示したため、作品そのものの魅力などの可能性をこの実験のやり方では除外できていないことを明記しておく。

4.4　手続き

実験では、実験実施者（＝著者）が最初に口頭で実験についての説明を行い、紙

図9-9　実験の様子

図 9-10　実験に用いたキャプションの例（右上の「No.2」は作品番号）

もしくはウェブ上のアンケートフォームへの記入を依頼した。各自で自由に鑑賞を行った後、紙の質問紙を使用した実験参加者については実験参加を終了したいタイミングで質問紙の提出を求めた。実験は、実験参加者が到着したら随時開始し、鑑賞中の会話も特に制限しなかった。また、鑑賞時間も制限を設けなかったが、30分から1時間の間で大部分の実験参加者が記入を完了した。

4.5　結果と考察

感想には大きく分けて、「色が好き」などの鑑賞者の主観的評価、描写物についての解説、細部に関する情報、作者の意図への推測が含まれていた。

パーソナルコンピュータの画面上に、作品の写真と作品に対応するキャプション画像とラベル画像を順に呈示することで行った予備実験（詳細は、只木, 2017）とやや結果は異なっていた。「好き」あるいは「好きでない」の理由を説明するような実験参加者の主観的評価に言及した感想は2件に留まり、新たな傾向として「わからない」と書く感想が7件見られた。後者のうち5件は「わからない」理由を説明しており、たとえば、以下のものがあった。

「絵が抽象的すぎて何の絵かわからなかった。」
「作者のコメントの居心地の良さがあまりよくわからなかった。まわりの模様に目がいってしまう。」

それ以外には、以下のような感想があった。

「作者のバックグラウンドは参考になった。」

「自己犠牲は何となく分かるけど、この角の正体は？」（「自己犠牲」はキャプションでの記述内容へ言及したもの）

「両脇の聖母子像に引っ張られる。」（作品の左右に参考資料として聖母子像を展示していたことへの言及）

「絵が描かれた年を見て、「なるほど」といった感じ。」

「一見なんともないが、よく見るとすごく細かい絵であることがわかった。」

「愛しく思い描いたにしては不気味だと感じるようになった。」

「オマージュって言われても、もとの作品が分からない。」（隣接してオマージュ元の作品の図版を展示していたが、気づかずに書いたものと思われる）

　本実験で新たに見られた傾向としては、具体的なフォルムがない作品等についてシーンを想像するような内容が見られたことがある。たとえば、ジャン・フォートリエ（Jean Fautrier）の作品《森（Forêt）》は、暗い色のラフな線が緑色の色面の上に描かれた作品であり具体的な物体は描かれていない作品だが、この作品に関して

「好きな線いっぱいでうれしい。キャプションを見てから見ると一瞬森の精が見えた場面のように感じる。」

「蛍みたい。または雪。げんそう的でずっとみてたくなる。」（原文ママ）

「なんか、真ん中のがクリーチャーみたい」

という感想が見られた。今回の実験においては、美術館に所蔵されている作品の画像を使った先行する実験と違って、個人コレクションを使ったため、やや作品の傾向に偏向があったためこのような結果になったのかもしれない。

　また、好感度は単純に見かけの情報量に比例するのではなく、キャプションに含まれるべき情報が明らかに不足しているように感じられたときのみ、ネガティブに影響すると考えられる。このように作品への好感度はキャプションへの好感度に大きく影響を受ける可能性があるため、キャプションへの好感度を下げないことをまず意識してキャプションを作成する必要性があることを示唆している。

　本実験は実験参加者12人のデータを用いて各条件2〜6件の作品を含む10条件について検討したものであり、一人当たりが感想を書いた作品の数は平均6.08点（SD = 3.95）とサンプル数は不足している。したがって、残念ながら、感想の傾向がこれで完全に解明されたとは言い難い。しかしながら、展示環境と鑑賞者のインタラクションの可能性を探るための実験であったとはいえる。

5　美術館の中の「ことば」へのアプローチ例 —— 物語

4節に示した実験では、物語を作成しながら鑑賞する鑑賞者がいた。鑑賞者は、作品に含まれる色や線などに、物語の1シーンを描いたものであるという意味を見出して鑑賞することがあるのではないかと考えた。そこで、本実験では、感覚や「思い入れ」を物語の形式で書くように指示した際にどのような物語が現れるかを検討した。さらに、「物語を作成しながら抽象画を鑑賞したとき、抽象画鑑賞時よりも具象画鑑賞時に見られるものに近い行動・態度が見られる」という仮説をたて、その仮説を検証しようと試みた。

5.1　実験の目的

4節に示した実験の結果を踏まえて、本実験では作品に関する感想ではなく、実験参加者（鑑賞者）に作品に関して物語を作成してもらうという形式で実験を行い、作成される言語表現に注目した。

4節に示した実験では、物語を作成しながら鑑賞する鑑賞者がいた。たとえば、ジャン・フォートリエの《森》についての感想として、「一瞬森の精が見えた場面」を描いたのではないかと書いた人がいた。このように、鑑賞者は、作品に含まれる色や線などに、物語の1シーンを描いたものであるという意味を見出して鑑賞することがあると考えられる。美術館においては、Visual Thinking Strategies（VTS）という鑑賞教育の方法論（Yenawine, 2013）が存在し、日本でも広く普及している。VTSは、対話型鑑賞法の一種であり、多くの場合美術館側のスタッフであるファシリテーターと呼ばれる進行役が、鑑賞者に対話を促して鑑賞する鑑賞方法のことである。特徴的なのは、鑑賞時に作品について「この作品の中では何が起きているのか？（"What is going on in this picture?"）」と問いかけて鑑賞を行うことである。現在は非営利団体である Visual Understanding in Education（VUE）を中心に学校教育の現場での定着を目指した活動が行われている（VTS, 2018）。

実は、芸術鑑賞時以外でも、モノに対して文脈や意味や物語を付与することは多く行われている。たとえば、ブランディング戦略は典型例であり、ブランド企業の創業秘話などによるドラマ性の演出や年間行事として特定の商品を食べるイベントの定着など、会社や商品に様々な文脈・意味・物語を与えることによりそれらの認知度を向上させることが可能となるとジェンセンによって指摘されている（Jensen, 1999）。ジェンセンは、「21世紀前半に商品に最も多額のお金を払ってもらえる人

は‘語り部’である。商品の価値は彼らが話す物語に依存している。」と指摘しており、物語の重要性を主張している。

本節においては、物語を、鑑賞者とは異なった行動の主体（主人公、語り手）の行動や思考等について記述された一連の文とする。本実験では、感覚や「思い入れ」を物語の形式で書く（言語化する）ように指示した際にどのような物語が現れるかを検討した。物語を書くという行為は、感想を書く行為よりも外界や他者に触発されて起きる創作行為に近い。そのため、ただ感想を求めた4節で行った実験と、外界や他者に触発されることを指示したともいえる本実験とを比較して考察することで、「思い入れ」を伝達する言語の多様性を示したい。

5.2 実験参加者

大学生、大学教員、一般の人などの29人を対象とした。

5.3 装置・方法

各作品に対して、作品タイトル、制作年、作者名、作者の生没年、画材、解説文を含む解説パネルを作品近くに設置した。

実験参加者が回答に用いるワークシートも作成した。実験参加者には後述する通り、選んだ作品ごとにワークシート（図9-11）へ記入しながら鑑賞することを求めたため、A4サイズのワークシートをあらかじめバインダーに挟んで手渡し、必要

図9-11　ワークシートの一例

表 9-2　実験で展示した作品リスト

作品	種類	作者	生没年	タイトル	制作年	画材
1	具象	伊東明日香	1978-	結婚指輪	2015	パネル、寒冷紗、白亜地、鉛筆、墨、アクリル・カンバス
2	具象	ネルソン・ドミンゲス	1947-	王の祝杯	1998	ミクストメディア・カンバス
3	具象	トーナス・カボチャラダムス	1944-	ぐるぐる長屋	2004	銅版画・紙
4	具象	鹿間麻衣	1989-	12の色 —Amethyst—	2016	岩絵の具・和紙
5	具象	佐久間友香	1990-	昨日見た夢	2017	アクリル・カンバス
6	具象	ネルソン・ドミンゲス	1947-	ノアの方舟	2008	ミクストメディア・カンバス
7	抽象	モニカ・ゲウーズ	?-	Atlantis IV	2017	ミックストメディア・板
8	抽象	太田由香子	1968-	Peaceful mind おだやかな気持ち	2017	水彩・和紙
9	抽象	ヴォルス	1913-1951	Pierced	1948（1962年の刷り）	ドライポイント、エングレービング・紙
10	抽象	津上みゆき	1973-	View, Kitakata, May 2016 'Yellow'	2016	顔料、アクリル・会津木綿
11	抽象	永井吉穂	?-	スターダスト	201?	顔料、シルバー・和紙
12	抽象	ハミダ・ジャリル	?	マスク	1998	アクリル・カンバス
13	抽象	ファン・リン	1964-	作品番号80	2001	油絵の具・カンバス
14	抽象	ザオ・ウーキー	1920-2013	イリュミナシオン	1967	カラー銅板画・紙
15	抽象	吉岡耕二	1943-	Hvar（CROATIA）	2011	油絵の具・カンバス
16	抽象	イヴ・タンギー	1900-1955	うがたれた岩の神話	1947	エッチング・紙
17	抽象	ヴィフレド・ラム	1902-1982	（散葉詩集）夜	1965	エッチング・和紙
18	抽象	ビヴァン・チャムピチンパ	1980-	Kangaroos drinking at the Waterhole	2017	アクリル・カンバス

なページだけ回答するように求めた。ワークシートには、以下の3問が書かれている。

「Q1. この作品についての感想を簡単に述べてください。」
「Q2. この作品の物語を作ってください。」
「Q3. この作品に対する印象を答えてください。」

　ただし、「Q2. この作品の物語を作ってください。」については、回答が漠然としすぎてしまうことを防ぐため、あらかじめ回答欄に「いつ どこで だれが なにをした」と発想のガイドになるような項目を与えた。作品の印象を質問するSD法[14]において用いる単語対は岡田・井上（1991）で使われたものと共通のものを用いた。それらは、個性的 – 平凡、男性的 – 女性的、動的 – 静的、明るい – 暗い、暖かい – 冷たい、派手な – 地味な、深みのある – 表面的、まとまった – ばらばらな、重い – 軽い、感情的 – 理知的、力強い – 弱い、鮮やかな – 濁った、安定 – 不安定、複雑な – 単純な、やわらかい – かたい、大胆な – 慎重な、にぎやかな – 寂しい、鋭い – 鈍い、好き – 嫌い、むずかしい – わかりやすい、おもしろい – つまらない、美しい – 醜い、芸術的である – 芸術的でない、である。
　実験には絵画18点を用いた。作品リストは表9-2の通りである。作品は著者のコレクションを使用し、後述する順路に沿って並べられた。なお、分析にはNo.13以降の作品を用いた。

5.4　手続き

　実験では、実験者（著者）が最初に口頭で実験についての説明を行い、実験参加者にワークシートへの記入を依頼した。4節に示した実験と同じく、各自で自由に鑑賞を行い、鑑賞中の会話も特に制限しなかった。また、鑑賞時間も制限を設けなかった。
　なお、ここでは、「物語を作成しながら抽象画を鑑賞したとき、抽象画鑑賞時よりも具象画鑑賞時に見られるものに近い行動・態度が見られる」という仮説を検証することが目的なので、本章ではQ2に対する回答のみを紹介する。

---

[14] Semantic Differential 法：弁別される概念とそれを弁別するための相反する形容詞対（早い – 遅い、明るい – 暗い、重い – 軽いなど）の尺度を被験者に呈示し、5〜7段階程度で評定させる手法のこと。

5.5 結果と考察

分析には KH coder（Higuchi, 2016, 2017）を用いた。ちなみに、KH Coder は、テキスト型（文章型）データから語を自動的に取り出して統計的に分析するためのフリーソフトウェアである。

物語中に使われた語に対して対応分析を行った結果は 図9-12 の通りである。

作品 No.16（[C16]）と作品 No.17（[C17]）と作品 No.18（[C18]）が同じ領域に集まっているのに対して、作品 No.15（[C15]）に関する物語で使われた語は他の作品について用いられた語群から孤立しており、他の作品に関する物語で使われた語のタイプとはかなり異なっていると思われる。実際、この作品に対する物語は「ヨー

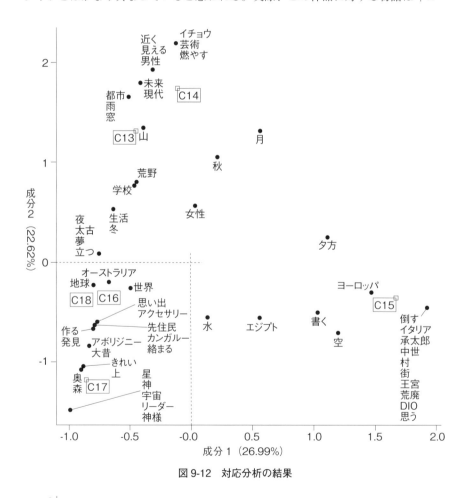

図9-12　対応分析の結果

ロッパ」という文脈で語られていた。この絵には少なくとも昔のヨーロッパらしい建物が描かれているのは分かる。他の絵に関しては、作品 No.16 は風景にも見えないし、何かの積み重ねのようにも見える。そこで、積み重ねや集合の文脈で物語を作っていた。作品 No.17 にはエイリアンみたいなものが描かれているので、その文脈で物語を作っている人が多かった。作品 No.18 に対しては、アボリジニーの描いたものであることが分かった上で、その文脈で物語を作っていた人が多かった。分析では、これらの絵は、同じ領域に集まっている。物語の共通点は非日常性である。そして、これらの作品には何が描かれているのかははっきり分からないものの、作品中にはっきりと線が見えることが共通点としてあり、岡田・井上（1991）が強い描線がフォルムの存在を認識するための重要な要素であると指摘した通り、この線の存在が物語を作成する際に使った語（非日常的なものや宇宙）に影響した可能性が考えられる。

　物語はおおむね「○○が○○で○○をした」とガイドに従う形で書かれていた。この中から主人公である主語に着目すると、人間ではない主人公・他者・自分・作者のいずれかだった。人間ではない主人公としては、たとえば「動物達」、「意識を持った星雲」、「神様的なものたち」などが含まれていた。人間が主人公の場合は、「1 人の少女」、「旅人」などの他者や、「私」や「私のようなおっさん」などの自分に近い存在や、「自室で、書いていた人」、「芸術家たち」などの作者の 3 種類に大きく分類できた。作者を主人公としている物語は、作品の中で展開される物語ではなく、「この絵を書いていた時、自室で、書いていた人が、ジョジョの 3 部バステト編に思いをよせて描いた。が赤色が足りず、左上部分の空を仕方なく黄色で塗った。」のように、作品の制作時に展開される物語を描いており、区別して考える必要がある可能性が高い。

　いつ・どこで・だれがの 3 項目について分析すると、たとえば「いつか」と「夕方 1900 年代」のように、具体性の異なる記述が混在していることが分かる。どれぐらい具体的な物語を想像できるかが作品の好みなどに関係しうるかについては今後検討すべき課題である。

6　おわりに ── 鑑賞の「成功」と「楽しさ」

　本章では美術館の中に保管されている作品について、作品に関わる人々の「思い入れ」がどのように機能しているか、また、新しい鑑賞者がどのように自分の思いの言語化を行い、どのように「思い入れ」を持つようになるかを検討した。これらの結果から、感想と物語という絵画の言語化の成果物に含まれる内容や作品の特徴

との関連を考察した。

　本章後半は作品への「思い入れ」を観測することで展示の評価につなげられるのではないかという観点からの考察を行った。

　この際、作品への「思い入れ」を得る鑑賞が「良い鑑賞」であると定義して考察を行っていたと言える。また、美術鑑賞の習熟の段階を定義しようとする試みも多く存在するが（たとえば、Housen, 1987 や Matthew & Akiba, 2011）、これらの試みも同様に「良い鑑賞」あるいは専門的な鑑賞を定義してそこに近づく段階を探るものである。あるモデルで美術鑑賞に習熟していると定義される鑑賞者は、本章で目指したような強い「思い入れ」を持つことができるような鑑賞者だろうか。美術館は、2節に示したような様々な社会的な機能を持ちつつも、鑑賞者にとっては基本的に趣味の場所である。鑑賞者が来館を強要されることはないのである。したがって、ミュージアムはミュージアムの4つの役割の維持のための現実的・情緒的基盤を築き続けるために、来館者に提供し続けてほしいと思われるような価値のある体験を提供できる場所であることが重要なのである。「思い入れ」に直結する価値のある体験は、人によって知的好奇心を満たす楽しさであったり、未知のモノとの出会いだったり、あるいは美術館に一緒に来た人との会話かもしれない。鑑賞に習熟することや作品についての知識を得ることも価値ある体験のひとつであり、鑑賞者が鑑賞に習熟することや作品についての知識を得ることに固執することはその鑑賞者にとって価値のある体験になるかもしれないが、展示の評価を行うミュージアム側がひとつの指標のみで「良い鑑賞」および「良い鑑賞」を誘発する「良い展示」を判定してしまうことには注意が必要である。つまり、たとえば作品について得た知識量が多いほど「良い展示」として定義されるとき、「良い鑑賞の起こる展示」は作品の周辺情報を暗記させることを最重要視したものになる可能性がある。評価の指標を知識の量のみに限ってしまうと、鑑賞者が知識以外に得た体験をすべて無視してしまうことになりかねないのである。

　本章を執筆している段階では、言語化されたものから展示を評価する方法を提唱するまでには至っていないが、指針くらいは述べたいと思う。著者による実験ではほんの一部しか見られないが、言語化という側面だけを見ても鑑賞者たちは様々な方法で様々な表現を行っていると思われる。これらの多様な鑑賞の形をひとつの軸で評価するのは不十分であり、「楽しい」鑑賞を阻害してしまう可能性すらある。まずは現状をありのままに観察し、ひとりの鑑賞者を長期的に観察するような丁寧な調査が今後必要なのではないだろうか。著者らは一つの絵を、一人の鑑賞者に対して説明のレベルを変えて鑑賞してもらって物語を書いてもらうという実験を行っている（Abe & Tadaki, 2019; 阿部・只木, 2019）。一つの絵に対して、30分から45分程度かかる実験である。説明を段階的に変えられる作品を使わないといけないとい

う問題もある。論文で示した絵画を用いた実験は、セルビアの画家の絵を用いたので、画家のプロフィールを見た時点で、その絵に対してユーゴスラビア紛争からの観点で意味付けをする人が多かった。したがって、やや誘導尋問的な実験になってしまったが、このような実験による鑑賞者の感覚の変化の観察も一つの手段と考えている。さらに、価格とか、制作年代とか、画家の説明の有無により、絵に対する価値観がどのように変わるかについても考察を加え始めている（Fukushima et al., 2019）。意外ではあるが、高額（100万円以上）な作品に関しては、値段が分かると、作品に対する価値観が下がるという結果が得られている。この結果だけでも、鑑賞行為に関しては様々な側面からの観察が必要であると考えている。

読書案内

秋田麻早子（2019）.『絵を見る技術』朝日出版社.

　様々な絵を、使われている技術など、特に「意味」と「形」の二本柱で説明して、どう見ればいいかを平易に説明している本。

長谷川祐子（2013）.『キュレーション ── 知と感性を揺さぶる力』集英社新書 0680.

　人気キュレーターが、芸術作品をどのような空間、文脈、関係性で見せるのかというキュレーションのあり様を説明することで、キュレーションという仕掛けを描いている本。

田中久美子（編集）.（2018）.『名画で学ぶ主婦業』宝島社.
田中久美子（編集）.（2019）.『# 名画で学ぶ主婦業 ── 主婦は再びつぶやく』宝島社.

　ツイートに投稿された主婦の呟きを掲載するとともにその絵の説明を書いている本。意外とツイートが普通の人の鑑賞なのかも知れない。

【参考文献】

・Akinori Abe, Kotone Tadaki（2019）. Captions with Several Levels of Explanation. *Proc. of KES2019, Procedia Computer Science*, 2335-2344.
・阿部明典・只木琴音（2019）. 段階的に説明を加えるキャプションの効果？.『人工知能学会研究会資料』SIG-LSE-B901-3, 31-42.
・青柳龍太（2019）. 展覧会レポート 日本民藝館「柳宗悦の『直観』美を見いだす力」展.『美術手帖』(pp.30-33). 2019 年 4 月号, 美術出版社.
・Kotaro Fukushima, Akinori Abe, & Reina Kawada（2019）. How will sense of values change during art appreciation?. *Proc. of 2019 IEEE International Conference on Data Mining Workshops* (CDEC2019), 5-12.
・Koichi Higuchi（2016）. A Two-Step Approach to Quantitative Content Analysis: KH Coder Tutorial Using Anne of Green Gables (Part I). *Ritsumeikan Social Science Review*, 52(3), 77-91.

· Koichi Higuchi (2017). A Two-Step Approach to Quantitative Content Analysis: KH Coder Tutorial Using Anne of Green Gables (Part II). *Ritsumeikan Social Science Review,* **53**(1), 137-147.

· Abigail Housen (1987). Three Methods for Understanding Museum Audiences. *Museum Studies Journal,* Spring-Summer.

· Victor-Marie Hugo (1831). *Notre-Dame de Pari,* Charles Gosselin.

· Rolf Jensen (1999). *The Dream Society: How the coming shift from information to imagination will transform your business,* Mcgraw Hill. (宮本喜一 (訳) (2001). 『物語 (ドリーム) を売れ —— ポスト IT 時代の新六大市場』ティビーエス・ブリタニカ.)

· Immanuel Kant (1790). *Kritik der Urteilskraft.* (篠田英雄 (訳) (1964). 『判断力批判』岩波文庫.)

· 松村真宏 (2013). 仕掛学概論. 『人工知能学会誌』**28**(4), 584-589.

· Pelowski Matthew & Fuminori Akiba (2011). A model of art perception, evaluation and emotion in transformative aesthetic experience. *New Ideas in Psychology,* **29**(2), 80-97.

· 岡田守弘・井上純 (1991). 絵画鑑賞における芸術性評価要素に関する心理学的分析. 『横浜国立大学教育紀要』31, 45-66.

· 只木琴音・阿部明典 (2017). ミュージアムにおける仕掛けの検討 —— 美術館におけるキャプションを題材に. 『2017 年度 人工知能学会全国大会 (第 31 回)』4B1-OS-23a-5.

· 只木琴音 (2017). ミュージアムにおける仕掛けの検討 —— 美術館におけるキャプションを題材に. 『千葉大学文学部 2016 年度卒業論文, 文学部の新しい波 2016 年度 優秀論文集』1-83.

· 日本展示学会／日本展示学会出版事業委員会 (企画・編集) (2010). 『展示論 —— 博物館の展示をつくる』雄山閣.

· 対談 月森俊文×青柳龍太 (2019). 『美術手帖』(pp.34-35). 2019 年 4 月号, 美術出版社.

· 梅棹忠夫 (1982). 日本展示学会の主旨. http://www.tenjigaku.com/about/statement.html

· Philip Yenawine (2013). *Visual Thinking Strategies: Using art to deepen learning across school disciplines,* Harvard Education Press.

· Cable News Network (CNN) (2019 年 4 月 16 日). CNN.co.jp. 参照日：2019 年 4 月 28 日, 参照先：ノートルダム大聖堂の再建, 仏富豪が総額 380 億円の支援表明. https://www.cnn.co.jp/business/35135853.html

· NHK (Japan Broadcasting Corporation). (2019 年 4 月 16 日). NHK NEWS WEB. 参照日：2019 年 4 月 28 日, 参照先：ノートルダムに寄り添いたい. https://www3.nhk.or.jp/news/html/20190416/k10011886271000.html

· Osaka City Museum of Fine Arts (OCMFA). (2014). 大阪市立美術館. 参照日：2019 年 4 月 28 日, 参照先：うた・ものがたりのデザイン —— 日本工芸にみる「優雅」の伝統. https://www.osaka-art-museum.jp/sp_evt/uta-monogatari

· SHIKI THEATRE COMPANY (STC) (2019 年 4 月 23 日). 劇団四季. 参照日：2019 年 4 月 28 日, 参照先：ノートルダム大聖堂火災 復興再建支援のための募金箱設置のお知らせ. https://www.shiki.jp/navi/news/renewinfo/031903.html

· The Tokugawa Art Museum (TAM) (2015). 徳川美術館, 参照日：2019 年 4 月 28 日, 参照先：徳川美術館・蓬左文庫開館 80 周年記念春季特別展 全点一挙公開 国宝 初音の調度 —— 日本一の嫁入り道具. https://www.tokugawa-art-museum.jp/exhibits/planned/2015/0411/

· The Tokugawa Museum (TAM) (N.A) 徳川ミュージアム. 参照日：2019 年 4 月 28 日, 参照先：刀剣プロジェクト. http://www.tokugawa.gr.jp/study/research/token/

・UNESCO World Heritage Centre.（N.A）. UNESCO. 参照日：2019 年 4 月 28 日，参照先：Paris, Banks of the Seine. https://whc.unesco.org/en/list/600/

・Visual Thinking Strategies（VTS）（2018 年 12 月 13 日）. About Us. 参照日：2018 年 12 月 13 日，参照先：https://vtshome.org/about/

・YOKOSUKA MUSEUM OF ART（YMA）（2011, 4 27）. 第 2 回横須賀美術館評価委員会議事録. Retrieved 8 9, 2018, from YOKOSUKA MUSEUM OF ART. http://www.yokosuka-moa.jp/hyoka/info/minutes.pdf.

第10章

障害者支援のための情報学的物語分析の提案
テキストマイニングと物語論による混合研究法

清野　絵・榎本容子・石崎　俊

1　はじめに

　近年、医学や看護、心理、福祉等の対人支援の領域では、個別性や主観性を伴う個人の物語（ナラティブ、語り）を用いる手法であるナラティブ・アプローチの重要性が指摘されている。筆者らは、こうした個人の物語を知る材料の一つとして、障害のある人（以下、障害者）のニーズや効果的な支援について知るためのインタビューやアンケート等の調査で得られたテキストデータ（自由記述文等として得られる文字データ）に着目し、研究を行ってきた（Seino et al., 2016, 2018）。

　本章では、これらの研究を踏まえ、障害者の自立と社会参加を支援する障害者支援の研究に活用するための、物語論を手がかりとしたテキストデータの分析方法の一部を紹介し、かつ物語生成とその活用方法の提案を試みる。このうち、物語論を手がかりとした分析方法とは、テキストデータを量的、機械的に処理するテキストマイニングという技術と、物語論の知見を参考にした分析（以下、物語分析）を組み合わせたもので、筆者らが独自に提案しているものである。この新しい分析方法を、ここでは仮に「統合的エビデンスのための情報学的物語分析（以下、情報学的物語分析）」と呼んでおくこととする。

　実際のテキストデータを使った「情報学的物語分析」を通して、障害者支援において物語分析と物語生成がどのように役立つか、その意義と今後の可能性について論ずる。具体的には、近年注目されている、発達障害のある学生やその疑いのある

学生（以下、発達障害学生）の就労支援に関するデータを分析する（なお、本章で言う就労支援とは、働くことに関する支援全般を指すこととする）。そして、データの内容から支援等に役立つ情報を抽出するとともに、発達障害学生について、発生する可能性があり、支援の参考となる物語を提示することを試みる。また、生成された物語を踏まえ、課題解決策についての検討を行う。こうした分析手続きを通し、障害者支援における物語論および物語生成の応用可能性を示したい。

2 物語とは？

2.1 物語の定義

物語には多様な定義がある。大別すると広義の定義と、文学的物語論の用語に代表される狭義の定義がある。広義の物語は「言語によって語る行為と語られたもの」と定義される（やまだ, 2007）。一方、狭義の物語は「現実の、あるいは、虚構の事象の再現現象」であり、「常に、時間的な連鎖を伴う」と定義される（Prince, 2003）。

次に、本章で分析するテキストデータの例を表 10-1 に示す。本章で扱うテキストデータ（表 10-1 の例 1, 2）は、言語によって語られたものであるので、広義の物語の定義に該当する。また、一部のテキストデータ（表 10-1 の例 2）は時間的連鎖を伴うため、一部は狭義の物語の定義にも該当する。

表 10-1　質問文と自由記述文による回答例

質問	（障害のある方の支援者に対しての質問）発達障害のある（または疑いのある）学生に対し、支援を実施するうえで，困っていることがあれば教えてください。
回答	例 1：学生には特性を理解してもらいたいというニーズがあります。 　　　（広義の物語に該当）
	例 2：早い時期から，障害を理解し対応してきた家庭の学生と，そうでない学生とでは就職意欲に大きな差が出ています。 　　　（広義および狭義の物語に該当）

※例はプライバシー保護のために，実際の記述を文意を損なわない範囲で改変している

2.2　ナラティブ・アプローチの定義と課題

ナラティブ・アプローチの定義は「ナラティブという形式を手がかりにしてなん

らかの現実に接近していく方法」である（野口, 2005）。本章で紹介する研究は、テキストデータを物語（ナラティブ）という視点で分析するという点で、ナラティブ・アプローチを用いた研究と言える。このナラティブ・アプローチの特徴は、患者やクライアントを主体とし、人間の全体性や個別性を重視していることである。しかし、ナラティブ・アプローチの研究については事例的研究への関心が強いため、実験や調査によって収集されたデータの統計的研究はほとんどないという課題が指摘されている（野口, 2009）。本章で紹介する研究は、この課題を解決するため、実際の調査から得たデータを活用し、また質的データを量的データに変換することで統計的研究を可能とした。

3　2つの物語論

3.1　文学的物語論

　狭義の物語論は文学理論としての物語論である。物語論は、物語の性質や形式、機能を研究する学問である（Prince, 2003）。本項では、物語論のうち、本節の内容と関連が強い理論に限定して紹介する。

　物語論において、物語は内容面である「物語内容」と表現面である「物語言説」から構成される（Prince, 2003）。そして、物語論には、この物語内容を分析するものと、物語言説を分析するものの2つのアプローチがある。本章では、物語内容の分析の方法を応用している。

　物語内容の分析として、プロップ（Propp, 1968）は、昔話のストーリーを、31個の機能と、登場人物の7つの役割から構成されるものと捉えた。プロップによる登場人物の役割とは、①敵対者、②贈与者、③援助者、④王女とその父親、⑤派遣者、⑥主人公、⑦偽主人公である。また、グレマス（Greimas, 1966）は登場人物を以下の6つの行為項（行為と役割の型）に分類した——①主体、②客体、③送り手、④受け手、⑤補助者、⑥反対者である。また、ジュネット（Genette, 1980）は、物語の構成要素を物語内容、物語言説、語りの3つに分類した。さらにジュネット（1972）は物語言説を、①物語内容の時間的順序とそれを提示するテキストの順序のずれを扱う「時間」、②物語言説による物語内容の「再現」の諸様態を扱う「叙法」、③語り手の時間的位置との関係を扱う「態」の3つに分類した。

　こうした文学的物語論の応用研究として、プロップやジュネットの理論を応用した物語の分析や生成の研究等がある（Klein et al., 1974; 秋元ほか, 2013）。これらの応用研究について、本書籍の編著者である小方（1999）は、計算論的物語論という研

究枠組みを提案した。これは、物語論による文学研究と、人工知能や認知科学による物語の理解や生成の研究を発展的に融合した研究枠組みのことである。本章の内容は、この計算論的物語論の枠組みを背景としている。

3.2　心理学的物語論

　ここでは、心理療法に関連するナラティブ・アプローチで使用される物語論を、心理学的物語論とする。本節ではそのうち、主要な理論と、本章の内容に関連するものに限定して紹介する。心理学的物語論は、主に社会・文化の文脈の中での社会的物語および個人的物語の分析に使用される。リオタール（Lyotard, 1979）は、様々な物語を背後から正当化する「大きな物語」と、「大きな物語」の支えなしに成り立つ「小さな物語」という分類を示した。フーコー（Foucault, 1980）は、ある状況を支配している「ドミナント・ストーリー」と、「ドミナント・ストーリー」が疑われた時に現れる「オルタナティブ・ストーリー」という分類を示した。ホワイトら（White et al., 1990）は、家族療法のナラティブ・セラピーにおいてフーコー（1980）の分類を応用し、問題を「外在化」することにより、人生を制約するような「ドミナント・ストーリー」からこぼれおちた「ユニークな結果」に着目し、新しい「オルタナティブ・ストーリー」の発掘を目指した。エリオット（Elliott, 2005）は、個人が自分や自分の経験について語った「ファースト・オーダー・ナラティブ」と、主に研究者が個人の世界ではない社会的世界を理解するために語った「セコンド・オーダー・ナラティブ」の分類を示した。マクアダムス（McAdams, 1998）は、語られたライフストーリーを分析し、「回復の物語」、「転機の物語」、「聖なる物語」等の定型を見出した。また心理学的物語論においても、文学的物語論と同様に、物語内容と物語言説についての理論がある。その中で、物語内容と関連するものとしてアダン（Adan, 1999）は、ナラティブ（物語内容に相当）の構成要素を、時間、登場人物、述語、述語に変形をもたらす出来事とした。

　このようなナラティブ・アプローチを用いたもので、本章と同じ障害者を対象とした研究としては、失語症者の語りの分析（能智, 2008）、障害者の語りの分析（田垣, 2014）等があり、これら以外にも多様な研究がある。これらのナラティブ・アプローチの研究は、主に質的研究の観点から心理学的物語論を使用しており、物語を明確に定義しているものや、文学的物語論の知見を用いているものは、筆者らの見たところ少ない。

3.3 2つの物語論の特徴と本章の位置づけ

2つの物語論の特徴は、文学的物語論は小説的物語を、心理学的物語論は社会的、個人的物語を主な研究対象としていることである。そして、どちらの物語論でも、プロップやグレマス、アダンの理論において、共通して物語内容の構成要素についての関心が見られる。これらの理論を統合すると、物語内容の構成要素としては、登場人物（役割、行為としてのものを含む）、機能、時間、物、場所、述語、述語に変形をもたらす出来事が挙げられる。本章で紹介する方法論は、この物語内容の構成要素を応用したものである。

4 テキストマイニングとは？

4.1 テキストマイニング

近年、テキストデータの分析方法として、テキストマイニング（テキストアナリティクス）が注目されている。テキストマイニングは、テキストデータを質的データから量的データに変換し、「文書集合を対話的に分析」する作業である（Feldman et al., 2007）。テキストマイニングには、データマイニング、機械学習、自然言語処理、情報検索、ナレッジマネージメントの分野の技術が使用されている（Feldman et al., 2007）。このテキストマイニングの発展の背景の一つに、自然言語処理技術の進展の影響がある。1990年代半ばから、自然言語処理の領域で自由記述文等を対象とした、感情や評価に関するテキストマイニングを用いた分析が行われた（大塚ほか, 2007）。自由回答の自由記述文の利点として、追体験的な了解があること（見田, 1965）、選択式回答の問題を補うことができること（安田, 1970）が指摘されている。しかし、自由記述文の分析については、分析できない回答の存在や、体系的・客観的な分析方法の欠如から、回答が解析されないままであることが問題として指摘されている（辻ほか, 1987）。また結果の解釈に関する調査者の主観の問題も指摘されている（続ほか, 1975）。テキストマイニングは質的データを量的データに変換し、多変量解析により自動的に分類することで、これらの問題を解消すると期待されている。

4.2 テキストマイニングと質的研究

テキストマイニングは、テキストデータを質的（定性的）データから量的（定量的）データに変換して、量的分析を可能にする。このことにより、テキストマイニングは、使用方法によっては、質的データの分析の再現性や客観性を高め、研究の信頼性を高める可能性があると考えられている。一方、テキストマイニングには、質的データのもつ個別性や具体性という情報が抜け落ちてしまうという欠点が指摘されている。このような個別性や具体性とは、いわゆるデータの質的また物語的な側面といえる。つまり、テキストマイニングは、研究の量的エビデンスを高めるのに貢献するが、一方で質的エビデンスを低下させる、あるいは担保しないという課題をもつと言える。しかし、テキストデータから、支援に役立つような一定の信頼性がある必要な情報を抽出するには、量的エビデンスと質的エビデンスの両方を同時に担保する必要があると考える。

このように「客観性を担保しつつ」質的エビデンスを担保する方法の一つとして、筆者らは、テキストマイニングと物語分析を組み合わせた新しい分析方法を提案している（Seino et al., 2016）。これが、「情報学的物語分析」である。この新しい分析は、量的分析と質的分析を組み合わせた混合研究法（Mixed Methods）の一種と考えられ、量的分析と質的分析の利点を併せもっていると考えられる。具体的には、テキストマイニングによる量的分析により、手続きの再現を可能とした。また、量的データの分析により結果の客観性と信頼性を高めた。一方で、物語分析による質的分析により、自由記述回答の内容を、物語論の視点からより詳細に読み解いた。

4.3 対人支援の領域におけるテキストマイニングの研究

近年、テキストマイニングは対人支援領域の研究に利用されてきている。そうした研究としては、自殺予防に対する医師の説明モデル（川島ほか, 2008）や障害者のニーズ（田垣, 2009）、知的障害者の性に関する支援（京, 2012）、筆者らの障害者の就労支援（Seino et al., 2016, 2018）についての研究等がある。しかし、物語論と併用された研究は筆者らの研究を除いて確認できていない。

5 発達障害のある学生の就労支援

ここでは、発達障害学生の就労支援の必要性と、関連研究について、筆者らの研

究（榎本ほか, 2018a）を基に紹介する。近年、発達障害学生の就労支援の充実が社会的に期待されている。たとえば、近年、就労経験のない発達障害学生の就労支援機関の利用が増加している（遠藤ほか, 2017）。一方で、就労支援機関の利用者の中に、いったん就職したものの職場に適応できず、抑うつ等の二次障害を抱える発達障害者がいることが報告されている（知名, 2018）。また、現在、大学に在籍する発達障害の診断がある学生は5,174名である（日本学生支援機構, 2018）。このような中、大学に在学中から、発達障害学生に対し効果的に就労支援を行っていくことが重要になると考えられる。

　また、発達障害学生の就職の難しさが課題となっている。具体的には、発達障害の診断がある学生や、その疑いから特別な配慮を受けている学生の予後をみると、最高学年にいる学生のうち、34％が卒業していない。卒業したとしても、追跡可能者のうち、30％が進学や就職をしていない。しかし、大学において、発達障害の特性を踏まえた就労支援の充実が求められつつも、現状では「就職支援の情報提供・支援機関の紹介」で39.2％、「就職先の開拓、就職活動支援」は30.2％等と、全体の実施率は低い（日本学生支援機構, 2018）。また、対応を実施している場合でも、「障害者として働くことに関する専門的知識」を有する者は少なく、発達障害学生の就労支援に苦慮するケースが多くあることが懸念される。

　しかし、これまで大学において発達障害学生の就労支援を行っている支援者が困っている事柄[1]を把握した調査は見当たらない。そこで、筆者ら（榎本ほか, 2018b）は、大学のキャリアセンターにおける発達障害学生への就労支援上の困難を調べることにした。具体的には、本研究で分析の対象としたのと同一の自由記述文を、意味内容の類似性によりグループ化し、カテゴリを生成した。結果、生成されたカテゴリは、下記の6つであった。①センターの利用を促す支援の困難（例：学生の来談時期が遅く、早期支援ができない等）、②センター利用時の支援者の対応の困難（例：本人に障害の自覚がない場合、障害学生としての支援策への促し方が難しく苦慮する等）、③保護者との連携の困難（例：親が障害の事実を認めず、健常者と同じスタンスで活動させ失敗する等）、④大学内の他部署等との連携の困難（例：学生の情報が就職支援担当部署へ提供されない等）、⑤大学外の関係機関との連携の困難（例：卒業後の公的な外部機関の利用手続きがとれないまま無職になる等）、⑥企業との連携の困難（例：障害に理解を示してくれる企業の開拓が難しい等）。また、このうち記述が最も多かったのは〈センター利用時の支援者の対応の困難〉であり、i 学生の自己理解の課題（障害特性の理解・受容を含む）、ii 学生の仕事理解の課題、iii その他：

---

[1] Seino et al（2018）では、「困り感」という言葉で調査を行っている。本章では以下、「支援上の困難」とする。

能力面の課題等から構成されていた。

　しかし、榎本ら（2018b）の研究は、テキストデータを分析者が読んでグループ化してカテゴリ生成するという質的分析を用いているため、いくつかの課題がある。1つ目は、生成したカテゴリは抽象度が高いため、それだけでは支援の困難さの具体的な内容を把握しづらいという点である。それにより得られた結果から課題解決のヒントを得にくい可能性がある。2つ目は、カテゴリ生成という質的分析を行っているため、量的分析に比べ手続きの再現性や、結果の客観性が低いことである。したがって、今後、発達障害学生の就労支援上の困難をより具体的に把握し、その困難を解決する方法を明確にするためには、より客観的かつ具体的な分析を行う必要がある。

6　発達障害のある学生の就労支援のための情報学的物語分析と物語生成

6.1　統合的エビデンスのための情報学的物語分析

　本節では、筆者らの提案している「情報学的物語分析」の方法の実際を紹介する。この分析方法は、物語学の知見を参考に、テキストマイニングを組み合わせたものであり、テキストデータをテキストマイニングと物語論の視点を手掛かりに分析するものである。この方法は、テキストマイニングを用いることで分析の再現性と信頼性を担保し、物語論の視点を取り入れることで個別性等のナラティブの要素を担保しようと意図するものである。下記に、筆者らの過去の研究（Seino et al., 2018）で使った事例を使って、その方法と、実際の分析例を見ていくこととする。

6.2　本研究の目的

　本研究の目的は2つある。第1の目的は、大学において支援者が発達障害学生（疑いのある学生を含む）を就労支援する上での困難について書いたテキストデータから、発達障害学生への就労支援の際に支援者が体験する課題を把握し、その課題の解決に向けた示唆を得ることである。さらに、第2の目的は、その分析の過程で、物語生成への示唆を得ることである。

6.3 本研究の意義・独自性

本研究は、発達障害学生の就労支援について実践と研究の2つの側面での意義がある。実践面では、大学における支援の内容を詳しく明らかにすることで、より効果的な支援を考える手掛かりが得られると考えられる。研究面では、テキストデータを効果的に分析する新しい方法を提示することで、量的分析のように再現性や妥当性が高く、かつ質的分析のように個別性や具体性の要素を反映した結果が得られる可能性がある。このように、筆者らの提案する新しい分析方法は、障害者支援におけるエビデンス・ベースとナラティブ・ベースを統合できる可能性がある。また、この方法は、コンピューターによる物語生成を容易にし、また生成した物語を支援へ応用できる可能性がある。

6.4 データ収集と分析の方法

6.4.1 アンケート調査

本研究で用いたテキストデータは、下記の調査により収集された。全国の4年制大学のキャリアセンター751か所に、自記式の質問紙を郵送した。調査は2014年9月から10月に行った。回答は、キャリアセンターの支援者に求めた。調査は選択式の回答と自由記述式の回答から構成されていたが、本研究では、下記の質問への自由記述式の回答についてのみ分析した。質問内容は、「発達障害のある（または疑いのある）学生に対し、支援を実施するうえで、困っていることがあったら教えてください。」というものであった。

6.4.2 情報学的物語分析

「情報学的物語分析」は、筆者らが提唱する、物語論的分析とテキストマイニングを組み合わせた方法である。

①テキストマイニング

「情報学的物語分析」では、はじめに、自由記述文のテキストデータを、テキストマイニングを用いて分析する。テキストマイニングを行うためのソフトウェアには様々なものがあるが、今回は、学術利用の成果がある程度蓄積されており、かつフリーソフトである KH Coder（Ver.2. beta 32; 2014）を使用した。また、複合語の抽出や形態素解析については、KH Coder 内の Term Extract を使用した。KH Coder の使い方については、開発者である樋口氏の Web ページ（https://khcoder.

net/）で確認することができる。

②物語分析

物語分析は、テキストマイニングの形態素解析やそのほかの結果と組み合わせて、テキストデータを物語論の知見を参考に分析するものである。特定の決まった方法はないが、たとえば筆者ら（Seino el al., 2016）は下記のような分析を行ってきた。本章でも、この方法を踏まえて分析を行うこととする。その過程を通して、情報学的物語分析の一例を紹介したい。

a. 抽出語や特徴語を、物語論の物語内容の構成要素の分類を応用して、「登場人物、述語、場所、物、時間」等として分類する。

b. a で得られた登場人物を、プロップの理論を参考として具体的な役割を分析する。

c. a で抽出された後の元のテキストデータに戻って内容を読解し、物語論の物語内容の構成要素の分類を応用して、行為等の重要な述語を抽出する。そして、登場人物と行為を関連させて分類する。

③倫理的配慮

本研究は、日本職業リハビリテーション学会研究倫理指針を遵守した。

6.5　発達障害学生の就労支援の内容把握

6.5.1　回収率

アンケート調査の結果、大学のキャリアセンターの支援者 257 名から回答を得た（回収率：34.2%）。そのうち、直近 2 年以内に、発達障害学生の支援経験があったのは 168 名（65.4%）であった。そのうち、本研究で分析対象とする「支援上の困難」に関する記述を得たのは 62 名（回答数の 24.1%、支援経験がある機関の 36.9%）であった。

6.5.2　テキストマイニングによる分析

①基礎データ

自由記述文の内容を把握するため、テキストデータをテキストマイニングにより分析した。分析したテキストの数は 62 個であった。前処理後の形態素解析の結果、総抽出語数は 1,193 語、分析対象となった異なり語数（全体で異なる単語の数）は 475 語であり、抽出語の出現回数の平均は 2.51 回、標準偏差は 5.89 であった。

②抽出語の頻度

多くの回答者が使用している語を明らかにするため、回答者のうち 5 名以上が使用した語を抽出した（図 10-1）。結果、抽出語は右図に示された 32 個であった。抽

出語のうち、質問内容と直接には関係しない名詞は、「保護者」「理解」「連携」「時間」「自覚」等であった。これらの語は、回答者の自由記述文の具体的内容と関連している可能性が高いと考えられる。

③構成要素の分類

抽出語について、物語内容の構成要素の分類を参考に、文脈上の意味から、登場人物、行為を表す述語、場所、時間の要素に整理した。それぞれ出現の多い上位10語を示す（表10-2）。

分析の結果、たとえば登場人物については発達障害学生（語としては、学生、本人、障害学生）と、保護者、教職員、企業、外部機関、支援者（語としては支援者、専門家、キャリアカウンセラー）の6種類が抽出された。発達障害の学生に対する就労支援に際しては、これらの登場人物の連携や関わり方が重要な要素となる可能性が考えられる。ストーリー分析の結果は、登場人物、述語、場所、時間の具体的内容を示した。これらの

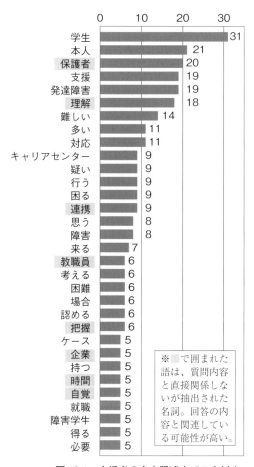

図10-1　支援者の自由記述文で5名以上が使用した語（横軸は回答者数）

具体的内容は、クラスタリングや頻度解析では得られない。また、具体的内容は、頻度で整理されることで、現実に出現しやすい要素が整理できた。具体的には、ストーリーの構成要素（登場人物、述語、場所、時間）は、物語生成の際に、その構成要素となるものである。したがって、表10-2で示されたような構成要素の具体的情報は、物語生成のための材料として使用できる。また、出現頻度のより高い要素を物語生成の材料とした場合、生成される物語は、より現実に起こり得る可能性が高い物語となることが考えられる。

④クラスター分析

回答の概要を明らかにするため、クラスター分析を行った（図10-2）。なお、語

表 10-2
構成要素による語の分類（上位 10 語）

登場人物	
抽出語	回答者数
学生	31
本人	21
保護者	20
教職員	6
障害学生	5
企業	5
外部機関	3
支援者	3
専門家	2
キャリアカウンセラー	1
述語	
支援	19
理解	18
対応	11
行う	9
困る	9
連携	9
思う	8
来る	7
考える	6
認める	6
場所	
キャリアセンター	9
学内	4
学生相談室	2
キャリアサポートセンター	1
キャンパス	1
時間	
早期・早い時期	3
今後	2
活動シーズン	1
来談する時期	1
卒業間近	1
卒業後	1

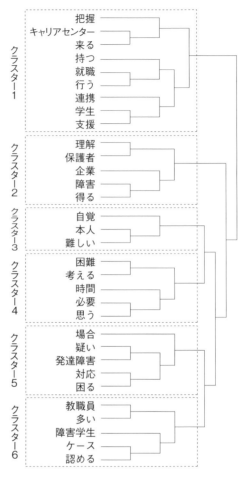

図 10-2　クラスターの樹形図

が出現する最小文書数を5とした。

結果、語は6つのクラスターに分類された。次に文書検索を行い、クラスターに含まれる語の文脈上の意味と、語が含まれる自由記述文の全体の意味を把握することで、クラスターのグループの意味を解釈した。なお、意味の解釈妥当性を高めるため、障害者の就労支援の研究者2名が協議して決めた。

クラスターに含まれる語は、図10-2のとおりである。

結果、クラスター1は【障害学生の実態把握と支援上の課題】、クラスター2は【保護者や企業から学生の障害について理解を得ることの難しさ】、クラスター3は【学生に障害の自覚がない場合の対応の難しさ】、クラスター4は【学生への効果的な就労支援の実施を阻む背景】、クラスター5は【発達障害学生への専門的対応の難しさ】、クラスター6は、【教職員との連携支援または保護者の理解を得た支援の難しさ】についてのグループと考えられた。

6.6　本研究の考察

6.6.1　就労支援の課題解決への示唆

本研究から、発達障害学生の就労支援上の課題として、クラスター化された内容である「障害学生の実態把握と支援」「保護者や企業の障害理解」「障害の自覚がない場合の対応」「効果的な就労支援を阻む背景」「専門的対応」「教職員との連携支援」「保護者の理解を得た支援」の難しさがあることが示唆された。次に、課題の要素を基に、各クラスターの元のテキストデータから共通要素を把握する作業を行った。結果、支援上の課題については、キャリアセンターに来ない学生は支援できないこと、本人と家族に障害の自覚や理解がないこと、教職員や企業に障害の理解がないこと、支援に時間がかかること、支援者に専門知識がないこと等が把握された。これらの知見を踏まえると、支援の課題解決への示唆として、今後、早期支援や時間をかけた支援、本人と保護者の障害受容と理解、学内の体制整備、学内外の関係者との共通理解、大学側と本人・保護者の相互理解、障害者手帳の取得、事業主の障害への理解、を促すための大学内外の取り組みが必要となると考えられる。

6.6.2　先行研究との関連

本研究の結果を、同一のデータを分析した筆者らの先行研究（榎本ほか，2018b）の結果と比較したところ、共通点は、先行研究（2018b）の抽出した6カテゴリの内容は、クラスターの意味の解釈から同様に抽出された点である。一方、差異点は、たとえば先行研究では別のカテゴリとされた「大学内の連携」と「大学外との連携」が、本研究では同じクラスターに分類されていた。また、先行研究ではカテゴ

リ名となっている「センターの利用を促す支援」が、本研究ではクラスターを代表するものではなく、その下位の具体例に位置づけられた。これらは、分析方法により、分類の視点や規則が異なるためと考えられる。また、本研究の物語内容の分析は、先行研究には含まれない新たな視点での分析であり、支援を検討する上で新たな側面の情報を提供できる可能性がある。

7 障害者支援における物語論と物語生成の意義と可能性

7.1 支援についての研究への示唆

はじめに、テキストマイニングが貢献できる点は、質的データを量的データに変換して分析できるため、テキストデータからさらに客観的で代表性が高い知見を得られる可能性がある点である。一方、課題点は、語と語の関係や、語の文脈上の意味を把握するためには、分析者による内容把握や解釈が必要となる点である。

次に、物語分析が貢献できる点は、テキストデータをストーリーの構成要素の視点で整理することである。自由記述文をさらに構造的に把握でき、今後の仮説形成や現場の実態把握に向けた質問項目の作成の手掛かりになる可能性がある点である。一方、課題点は、現実に記述されたテキストデータを分析対象としているため、既存の理論や構成要素に当てはまらない場合がある点である。

7.2 物語生成の可能性

テキストマイニングと物語内容の分析が、物語生成に貢献できる点は、既存のテキストデータを一定の物語内容の構成要素に分解できるため、複数のテキストデータがあれば、既存の要素を組み合わせて、新しい（または起こり得る）物語内容を生成することが可能になる点である。また、そこから今後起こり得る課題や実施し得る支援を検討するという点で、一種のシミュレーションの機能の可能性をもつ点である。一方、課題点は、分析による構成要素は既存のものに限定されるため、存在が推測される新しい構成要素を生成するには、物語のテーマに関する専門知識や、あり得る可能性を要素化する創造的な作業が必要になる点である。

7.3 今後の研究の方向性

物語生成と関連する枠組を踏まえると、文学や工学等の他分野の研究者との共

同により、テキストデータで記述された物語のより詳細な分析や、本研究のような現実のデータを用いた概念辞書の構築、コンピュータプログラムによる物語生成のシミュレーション、それらを用いた現実への応用等の可能性が考えられる。たとえば、本研究課題に関しては、調査から得たデータを物語の構成要素に分解し、「支援者（登場人物）は、学生（登場人物）への支援に際し、このような状況（時間や場所）で、このような支援上の困難を持ち（述語）、それに対して、このような支援をしたり（述語）、また、ほかの部署や外部機関の人（登場人物）とこのような連携をしたりすることで（述語）、このような成果や課題を感じている」というような、学生の状況別の支援内容についての物語を自動生成するような仕組み（物語生成システムのイメージ図、図10-3）が考えられる。それが可能になれば、生成された物語を、支援の事前の仮説構築に利用したり、あるいは支援者の教育教材に支援の一例として活用したりする等の利用方法が考えられる。この方法の利点としては、物語の要素は複数の現実の出来事に基づき抽出されているため、代表性のある現実的知見を提供できることである。

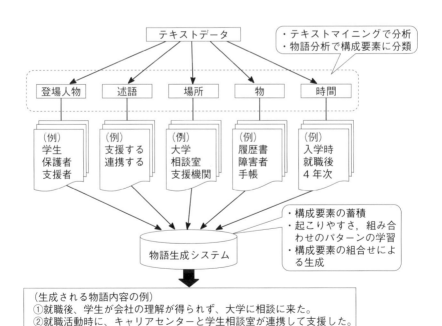

図10-3　物語生成システムのイメージ図

8　おわりに

　本研究は、テキストデータという質的データについて、先行研究（榎本ら，2018）で行った「分析者が自由記述文の意味内容を把握して類似性によるカテゴリ化を行う」質的分析の追加分析として、テキストマイニングによる量的指標の把握、クラスター分析による分類という量的分析を行った。さらに、その結果に対し質的な解釈を深める手続きを取り入れた。これにより、先行研究では、発達障害の学生への支援上の困難について、具体的要素を把握しづらいという課題があったが、本研究では、その具体的な要素を抽出することができた。また、ナラティブ・アプローチの研究では、統計的研究が少ないという課題が指摘されていたが（野口，2009）、その課題の克服に向けた分析手法を提案することもできた。

　本研究で提案したこの複合的な方法は、質的データや質的分析のもつ利点である個別性や具体性の把握に加え、量的データや量的分析のもつ利点である客観性、信頼性の担保が可能となる点で、大きな意義があると考える。本研究はその複合的な方法に、さらに物語論的分析という質的分析を加えることで、現場実践に資する新たな示唆を得ることもできた。

　ただし、本研究で行った、テキストマイニングによる量的指標の把握、クラスター分析による分類では、語や文の解釈は、分析者の専門性や読解能力に影響されること、1つの自由記述文が複数のクラスターに分類されるため、クラスターのグループの解釈が難しいこと等が分析手法の限界として挙げられる。また、これらの量的分析で得た結果に対し、物語内容の分析結果を踏まえ、いかに総合的解釈を行っていくかについては、十分な検討を行うには至っておらず、今後の課題として残されている。

読書案内

テキストマイニングに関して

樋口耕一（2014）.『社会調査のための計量テキスト分析 —— 内容分析の継承と発展を目指して』ナカニシヤ出版.

　著者の樋口氏は、フリーのテキストマイニングソフト「KH Coder」の開発者である。本書は、前半はテキストデータに対する量的研究と質的研究の変遷や課題、新たなアプローチとしての計量的分析の提案、後半は「KH Coder」の使用方法が解説されている。なお、「KH Coder」の使用方法については Web でも詳細が公開されている（https://khcoder.net/）。

Udo Kuckartz／佐藤郁哉（訳）（2018）.『質的テキスト分析法 —— 基本原理・分析技法・ソフトウェア』新曜社.

　質的データの分析方法について、変遷や方法を説明している。テキストマイニングだけではなく、内容分析やグランデッドセオリーというテキストデータの分析の全体像を把握できる。後半に、コンピュータを用いた分析の方法についても記載されている。

自由記述文の分析に関して

大塚裕子・乾孝司・奥村学（2007）.『意見分析エンジン —— 計算言語学と社会学の接点』コロナ社.

　意見という観点から、テキストデータの収集、分析の方法、コンピュータを用いた自動処理の技術、応用例が紹介されている。テキストマイニングを含む自由記述文の分析の意義や方法について知ることができる。

【参考文献】

・Adam, J. M.（1999）. *Le Recit.* Paris, France: Presses Universitaires de France.
・秋元泰介・小方孝（2013）. 物語生成システムにおける物語言説機構に向けて.『認知科学』2, 396-420.
・Buchanan-Barker, P. & Barker, P. J.（2008）. The Tidal commitments: Extending the value base of mental health recovery. *Journal of Psychiatric and Mental Health Nursing,* Vol.15, No.2, 93-100.
・知名青子（2018）. 就業経験のある発達障害者の職業上のストレスに関する研究 —— 職場不適応の発生過程と背景要因の検討.『障害者職業総合センター資料シリーズ』100.
・Elliott, J.（2005）. *Using Narrative in Social Research.* London, UK: Sage Publications. doi:10.4135/9780857020246
・榎本容子・清野絵（2018a）. 高等教育機関における障害学生へのキャリア支援・就職支援の動向 —— 発達障害学生を中心に.『職業リハビリテーション』32, 25-31.
・榎本容子・清野絵・木口恵美子（2018b）. 大学キャリアセンターの発達障害学生に対する就労支援上の困り感とは？ —— 質問紙調査の自由記述及びインタビュー調査結果の分析から.『福祉社会開発研究』10, 33-46.
・遠藤雅仁・望月葉子・榎本容子・浅賀英彦（2017）. 発達障害者に係る地域の就労支援ネットワークの現状把握に関する調査研究 —— 発達障害者支援法施行後10年を迎えて.『障害者職業総合センター調査研究報告書』135.
・Feldman, R. & Sanger, J.（2007）. *The Text Mining Handbook: Advanced approaches in analyzing unstructured data.* Cambridge, UK: Cambridge University Press.
・Forster, E. M.（1927）. *Aspects of Novel.* London: Edward arnold.
・Foucault, M.（1980）. *Power/Knowledge*（C. Gordon., L. Marchall., J. Mepham, & K. Soper, Trans.）. New York, NY: Pantheon Books.（Original work published 1972）
・Genette, G.（1980）. *Narrative Discourse: An essay in method*（J. E. Lewin, Trans.）. Ithaca, NY: Cornell, University Press.（Original work published 1972.）
・川島大輔・小山達也・河野健治・伊藤弘人（2008）. 希死念慮者へのメッセージにみる、自殺予防に対する医師の説明モデル —— テキストマイニングによる分析.『パーソナリティ研究』

17, 121-132.

・Klein, S., Aeschlimann, J. F., Appelbaum, M. A., Balsiger, D. F., Curtis, E. J.,Foster,M., Kalish, S. D., Kamin, S. J., Lee, Y. Pride, L. A., & Salsieder, D. F. (1974). *Modeling Propp and Levi-Strauss in a Meta-Symbolic Simulaiton System.* Computer Sciences Tech-Report 226. University of Wisconsin.

・京俊輔 (2012). 保護者と施設職員の「知的障害者の性」に対する意識 —— テキストマイニングを用いた探索的分析.『島根大学社会福祉論集』4, 1-16.

・Lyotard, J. F. (1979). *La condition Postmoderne.* Paris, France: Minuit.

・McAdams, D. P. & St. Aubin, E. (Eds.) (1998). *Generativity and Adult Development.* Washington, DC: American Psychological Association.

・見田宗介 (1965).『現代日本の精神構造』弘文堂.

・野口祐二 (編) (2005).『ナラティブの臨床社会学』勁草書房.

・野口祐二 (編) (2009).『ナラティブアプローチ』勁草書房.

・日本学生支援機構 (2018).『平成 29 年度大学、短期大学及び高等専門学校における障害のある学生の修学支援に関する実態調査』

・能智正博 (2008). 失読症の〈語り〉を聴くこと.『質的心理学講座 2 人生と病いの語り』東京大学出版会.

・小方孝 (1999). 計算論的物語論の提唱.『情報処理学会人文科学とコンピューター研究会報告集』53-60.

・大塚裕子・乾孝司・奥村学 (2007).『意見分析エンジン —— 計算言語学と社会学の接点』コロナ社.

・Prince, G. (2003). *A Dictionary of Narratology* (Revised edition). Lincoln, NE: University of Nebraska Press.

・Propp, V. Y. (1968). *Morphology of the Folktale* (L. Scott, Trans.). Austin, TX: University of Texas Press. (Original work published in 1928.)

・Seino, K., Enomoto, Y., & Miyazawa, S. (2018). Narrative analysis of employment support for students with developmental disabilities: Using an objective analysis of free-expression answers. In T. Ogata & S. Asakawa (Eds.), *Content Generation Through Narrative Communication and Simulation* (pp.341-357). Hershey, PA: Information Science Reference (IGI Global).

・Seino K, Haruna, Y., & Ishizaki, S. (2016). Employment Status and Support Needs of Persons with Disabilities in Japan: An Analysis of Narrative using Narratology and Text Mining on a National Survey. In T. Ogata & T. Akimoto (Eds.), *Computational and Cognitive Approaches to Narratology* (pp.245-275), IGI Publishing, USA.

・田垣正晋 (2014). 脊髄損傷者のライフストーリーから見る中途肢体障害者の障害の意味の長期的変化 —— 両価的視点からの検討.『発達心理学研究』25, 172-182.

・田垣正晋 (2009). 市町村障害者基本計画のニーズ調査の自由記述回答に対する KJ 法とテキストマイニングの併用のあり方.『社會問題研究』58, 71-86.

・続有恒・村上栄治 (編) (1975).『心理学的研究法 9 質問紙調査』東京大学出版会.

・辻新六・有馬昌宏 (1987).『アンケート調査の方法 —— 実践ノウハウとパソコン支援』朝倉書店.

・White, M. & Epston, D. (1990). *Narrative Means to Therapeutic Ends.* New York, NY: W. W. Norton. (小森康永 (訳) (1992).『物語としての家族』金剛出版.)

・やまだようこ（編）(2007).『質的研究の方法 —— 語りをきく』新曜社.
・安田三郎 (1970).『社会調査の計画と解析』東京大学出版会.

【第11章】
物語受容における
「ストーリー」と「背景」への注目
物語生成論による自閉スペクトラム症の理解

青木慎一郎

1　はじめに

　近年、自閉スペクトラム症をはじめとする発達障害が話題となることが多い。特異的な高い能力を示すサバン症候群という言葉をご存じの方も多いだろう。この方たちが示す多様さや有能さが人間一般を理解するヒントをもたらす可能性もある。本章では、小方孝の物語生成論の観点からこの方たちのコミュニケーションのあり方を検討する。物語生成論とは、物語の内容を対象とするものではない。そして、物語の構造や形式を静的に対象とする「分析的アプローチ」ではなく、物語が構成され受容されるプロセスを対象とする「構成的アプローチ」とも呼べるものである。本章では、この物語生成論から導いた次の点に注目した。①物語生成の受容プロセスでは「心理社会的文脈」によって物語生成のあり方が個人によって異なる。②物語生成における情報の受容には「抽象」と「捨象」がある。③物語生成においては「ストーリー」と「背景」がある。

　本章では、テーマに合わせて物語生成論とは異なる用語も採用する。「捨象」とは「抽象」に対比するもので、「抽象」とは「多くの具体的な情報からストーリーと背景を抜き出すこと」である。物語生成では、何を「抽象」しているかに注目しがちであるが、「抽象」には必ず「捨象」、つまり情報の消去が伴う。コミュニケーションにおける抜き出されなかった「捨象」や抜き出されたとしても並列的な情報である「背景」に注目することで自閉スペクトラム症を理解したい。そして「物

語」では、「ストーリー」に注目しやすいが、「ストーリー」と「背景」は交代もする。しかも、何を「ストーリー」、あるいは「背景」として選ぶのかは相対的なものであり、少数派の自閉スペクトラム症者（ASD者）と多数派の定型発達者（多数派）の違いはその選択の相違にある。これらの観点は一方で、多数派の人々が心理社会的文脈によって無意識のうちに「ストーリー」とし、「背景」としている情報に気づかせてもくれるだろう。本章では、物語生成論によるASD者理解の可能性を検討する。

2 自閉スペクトラム症理解の課題

　私は自閉スペクトラム症の認知行動傾向のある学生や社会人の学習・就労支援を行ってきた（青木, 2017a）。自閉スペクトラム症とは、ASD（Autism Spectrum Disorder）のことである。これ以後は、自閉スペクトラム症をASDと記す。「ASDの認知行動傾向」とは、これから述べるASD者に見られる、認知と行動の特徴のことである。本章では、「ASDの認知行動傾向」のある方を、ASDの診断のあるなしにはこだわらずASD者とする。ASDの診断はDSM-5[1]による場合が多いのだが、この診断基準の症状の最初は「A. 社会的コミュニケーションおよび対人相互反応における持続的な欠陥」である。しかし、熊谷（2017, p.534）が指摘するように「コミュニケーション上の困難はコミュニケーションを取ろうとしている相手がどのような人物かという環境側の要因次第で、発生したり消失したりする」。つまり、社会的コミュニケーションは相手次第であり、特に知能の高い高機能の方は、社会的コミュニケーションの困難は明確ではないので診断がつかない場合も多い。
　ところで、私のDSM-5の診断基準についての疑問は、新たに加わった「B. (4) 感覚入力に対する敏感性あるいは鈍感性、あるいは感覚に関する環境に対する普通以上の関心」以外は、対象者の「行動」の「観察」のみに基づくという点にもある。この診断基準に対応する臨床的な自閉症診断観察法であるADOS-2においても、「流暢に話すレベル」の成人についてさえ「行動に基づいて評定を行う」ことを強調している（Lord, C. et al., 2012, p.112）。ところが、DSM-5の他の診断名では、たとえば「抑うつ気分」や「不安」など患者の主観的心理的体験を症状としている。これらの症状は、ヤスパースによる古典的な精神病理学の「精神生活の主観的現象」についての症状である（Jaspers, 1948, p.82）。一方で、「観察」される「行動」は、

---

[1] DSM-5とは、アメリカ精神医学会が出版している精神疾患の診断基準・診断分類の第5版（2013年）である。日本でも診断に広く使われている。ASDの症状は、AとBに分かれている。はじめに症状のAを、次にBを取り上げる。

同じくヤスパースの分類では「意味ある客観的事実」となっている。精神医学では、この両者をともに対象とするはずである（Jaspers, 1948, p.394）。そこが、身体医学と比べた特徴である。ところが、ASD の診断においては「行動」の「観察」に偏っている。それは、当初の診断が主観的心理的体験について言語化することが少ない児童で、しかも知的障害もある方が多かったためと想像される。私は、高機能の成人の ASD も多い現代では、主観的心理的体験も取り上げる必要があると考える。

　この「ASD の認知行動傾向」とはどのような現れ方をするのだろうか。たとえば、フリス（Frith, 2003, p.379）は次の例をあげている。自閉症児が病院で指先に針を少し刺すという採血の際に、看護師の「手をこちらによこしなさい、痛くないから（原文では "Give me your hand ; it won't hurt"）」という言葉に「手を切り落とされる」という恐怖を感じて逃げ出してしまった。看護師の上記の発言の前半のみや、想像ではあるが真剣な表情のみに注目すれば勘違いもあり得る。しかし、通常の心理社会的文脈からは起こり得ない間違いである。この場合には「人差し指を伸ばしなさい（"Stretch out your index finger"）」と具体的な指示をすれば自閉症児でも間違えないとフリスは述べている。

　このような認知と行動を上述の「主観的心理的体験」から説明すると「その方に特有の心理社会的文脈による情報の受容における選択の仕方」となる（青木, 2017a, 2018, 2019）。これが本章でこれから述べようとする内容である。はじめに強調しておきたいのは、この認知行動傾向は意識して行っているものではないという点である。本人にとっては自然な情報の選択なのだが、ほかの多くの人とは異なるのである。そして、これを理解することで、周囲は彼らの行動を予想でき、また支援も可能となる。専門職としてはその理解を周囲に説明することが役割だろう。また、本人に対して上述の特徴ある「心理社会的文脈による情報の選択」を言葉で説明することも可能である。それを本人が自覚すれば、時間はかかるとしてもある程度の変更可能性もあるだろう。そのためにも物語生成論が有効である。

3　ASD 者の認知行動傾向の新たな理解

　ASD 者の認知行動傾向は、たとえば精神病理学ではどのように説明できるだろうか。上述の看護師の「手をこちらによこしなさい」への自閉症児の恐怖は、その恐怖という感情自体は理解できる。これは精神病理学的には、ヤスパースの言う「静的了解可能」である。また、そのような恐怖が起きた理由も看護師の発言や表情のみに注目した場合の勘違いは理解できる。これを精神病理学では「心の連環の了解、心的に一方から他方が生ずることである発生的了解が可能」という（Jaspers,

1948, p.41）。心理的なものとしての因果関係を理解できるという意味である。

　それでも、この「恐怖」に多くの人が違和感を覚えるのはなぜだろうか。多くの子どもは、看護師の言葉だけではなく、たとえば病院という環境や、看護師の仕事ぶりや、ほかの子どもが平気で手を差し出しているのを見て、恐怖感を抑えることができる。多くの子どもは、そのような心理社会的文脈による情報の選択によって恐怖を抑える。つまり、自閉症児は多くの子どもとは情報の選択が異なるのである。

　これまでの精神病理学の「発生的了解」においては、理解できるような心理的な因果関係は、概ねではあろうが一つのものという発想である。そうでなければ「発生的了解」にもとづく診断ができなくなってしまう。それから外れた場合に、たとえば「妄想」というような病的な症状とされる。しかし、ASD 者の場合には多数派とは異なるのだが、特有の心理社会的文脈として心理的な因果関係を理解できる。当然だが、ASD は「精神病」ではないのである。一方で、ASD は心理的因果関係が漠然と「一つ」ということでは説明できないのも事実である。これまでは未議論だった、この「一つ」が問題なのである。仮に「情報の選択」と、ここでは述べたが、選択が異なるとすることによって別の心理的因果関係が可能となる。精神病理学がより普遍性を有するためには、この情報の選択のプロセスを課題とすべきだろう。そうすると、ASD 者ではない多数派による情報の選択についての検討も必要であり、後述の物語生成論が精神病理学にとっても有効となるだろう。

　さて、前出のフリス（2003, p.322）は ASD 者について、たとえば「細部に焦点をあてた後には、それが属している大局的な視野へと目標を転換すべきだが、それが欠如している」と説明している。「欠如している」というのは、「できない」という説明である。また、ASD には、「弱い全体的（中枢性）統合」と「実行機能の障害」と「心の理論の障害」という三つの仮説理論があるとされる。フリス（2003, pp.366-367）は「これら三つの仮説理論には共通した特性がある」として、「トップダウン型のコントロールの弱さとボトムアップ型のコントロールの強さのアンバランス」や「社会的シグナルのボトムアップ型の処理とトップダウン型の強調との不調和」とまとめている。「アンバランス」や「不調和」も、やはり「できない」という説明である。本章では、ASD 者についての理解を深めるため、「できない」ではなく、いわば「こうしている」という理解を物語生成論の観点から検討したい。

4　ASD 者支援における「物語」への注目

　これまでも「物語」は ASD 者支援において注目されてきた。いずれも示唆深いものであり、それらと比較することから後述の「物語生成論」への導入としたい。

ナラティブ・アプローチという支援の方法がある。ASD者と思われる方を対象としている例もある。斎藤（2010, pp.17-43）は「同じ経験に対して、物語の紡ぎ方は複数ある」として、発達障害の方への「ナラティブ・アプローチ」を「『多様な複数の物語』を語り合う中から、『その状況におけるもっとも役に立つ物語を共同構成すること』」としている。斎藤（2010, p.37）は物語の定義を「あるできごとの経験についての複数の言語記述がなんらかの意味のある関連によってつなぎ合わされたもの」としている。この定義は物語の構造や形式であり、後述の「分析的アプローチ」である。しかし、構成される物語が「複数可能」であるからこそ、「物語を共同構成する」支援の前に、物語を作るプロセス自体を検討すること、つまり後述の物語生成論の「構成的アプローチ」、それも「ストーリー」と「背景」への注目が必要なのではないだろうか。

　郷式（2016, pp.187-202）は自閉症児の「心の理論」を取り上げ、「心の理論は物語のような姿をしている」としている。人は、心的状態を表象・予測するため「意識内に疑似的な状況を構築し、他者、もしくは、自己の反応」をシミュレーションする。そのシミュレーションには「並列的で非言語的な刺激感覚から直列的で符号化された表象へは周辺的な情報の削除や圧縮」が必要だと述べている。これは後述する物語生成における情報の「捨象」や「背景」のメカニズムとも共通すると思われる。そして、この「シミュレーション」は法則ではなく「物語の姿」をしていると述べる。ここでは、この「物語の姿」とはなにかに注目したい。郷式は、自閉症児が「ごっこ遊びのキャラクターになりきってしまうため、かえって遊びが成立しない」という状況を「物語の用い方が直接的」であり、「融通無碍さがない」と説明している。しかし、上記の「シミュレーション」の際に、「周辺的な情報」として、「削除や圧縮」してしまった情報を検討すれば、後述の「多くの並列的な情報を集めて『背景』とせず、前景化してしまうこと」として「なりきってしまい、融通無碍さがない」を説明できるだろう。

　このように、ASD者を対象として「物語」が注目されることは多い。上述のフリス（2003, p.275）はASDの認知行動傾向について、（ASD者では）全体の意味を求める動因が欠如しているため、文脈が全体の意味にとって無効、意味は断片にとどまると述べている。また、「ストーリー」という概念を使ってASD者の認知の特徴について「ある物語を読むとき、自閉症の子どもはストーリー全体より個々の単語に対して注意を払っている」という説明もしている（フリス, 2013, p.231）。同じように綾屋（2008, p.179）は「全体よりも部分にフォーカスした情報をたくさん摂取している」としている。このように、ASD者の説明は、「物語」に注目したとしても「部分対全体」という対比で説明されることが多い。上述の熊谷（2017, p.539）も感覚レベルについて「全体よりも部分にフォーカスしがちである」と述べている。

また、熊谷はASD者を対象として「物語の統合」という考え方を示している。この場合の物語とは「物語的なフォーマット」と表現され、物語の構造や形式を対象とするもので、やはり「分析的アプローチ」である。「その場にいた人々の過去の経験や意図、自分の立場、両者の利害関係など、その場では直接観察し得ない周辺情報を推測しあう」という「意味づけ介助」（熊谷, 2017, p.541）という支援方法も述べている。これは有効な支援であろうが、後述のように「直接観察できる情報」における「捨象」や「背景」を意識化することも必要であり、どの情報に焦点をあてているのかを考える必要がある。また、物語生成論から考えると、「全体よりも部分にフォーカス（熊谷, 2017, p.539）」も「できない」という説明である。本章では、そのような「意味づけ」を介助する前にその「意味づけ」のプロセスについて、「こうしている」と理解することを目指す。つまり、「部分対全体」ではなく「背景対ストーリー」が物語生成の観点である。

5　物語生成論によるコミュニケーションの分析

　繰り返しになるが、物語生成論とは、物語の内容を対象とするものではない。そして、物語の構造や形式を静的に対象とする「分析的アプローチ」ではなく、物語が構成・受容されるプロセスを対象とする「構成的アプローチ」である。ここでは「構成的アプローチ」とはどのようなものかを詳しく論じたい。
　物語生成論は本来小説や演劇などが対象だが、小方（2018a, p.31）は「生身の人間のすべてが一種の物語生成システムに相当」するとしている。つまり、本来の物語との違いを意識しつつ、これを日常的なコミュニケーションの分析に応用することも可能である。小方は、物語の受容（受け入れ）過程は、受け手が「見える要素」を通じて「見えない要素」を確立する過程であるとしている。前者の「見える要素」とは、知覚からはじまる様々な情報がそれに当たる。そして、「見えない要素」とはそこから抽出される意味、価値、さらには後出の感情などが含まれる。「見えない要素」は、「心的なもの」「心的内面性」とも呼べるだろう。物語生成論を取り上げる理由は「見える要素」から「見えない要素」への転換のプロセスを明らかにすることによって、多数派とは異なる（にすぎない）ASD者における、その転換の特徴を理解するためである。
　さて、コミュニケーションとは自分の「見えない要素」を、他者に伝えることであり、小方のいう「社会的な流通過程に乗せる」ことになる。つまり、社会の「産出－消費」が必要である。これは、本章のテーマであるコミュニケーションに合わせれば「心理社会的文脈」といえる。それは、「個人レベルでは表現し尽くされな

い要素」であり、また「無意識、自然に考えられてしまう」ものでもある。つまり、後述するコミュニケーションの物語生成における「抽象」と「捨象」による「転換」は、心理社会的文脈によって「自然に考えられてしまう」ものなのである（青木, 2019）。さらに、物語生成は心理社会的文脈によって、個々人どうしで異なるし、また同じ個人においても変化する「切り替え」があることも前提となる（図11-1）。金井（2018）は映画における物語生成の情報（見える要素）について「（情報の）処理の方略は受け手にまかされている。正しい認知、というものはないだろうし、送り手の意図があったとしても、それは受け手による変更可能性の中にある」、「（受け手は）同時に非常にたくさんの処理を行っている。そして、その処理の何を重視するかによって、受け手に生じる効果は異なる」と心理社会的文脈によって異なる物語の受容（受け入れ）について述べている。

　まとめると、本章はコミュニケーションのあり方として物語生成における「見える要素＝情報」から「見えない要素」への転換のメカニズムを検討する。その際、心理社会的文脈による「見える要素＝情報」の取り上げ方しだいで、個々人の「見えない要素」は「切り替え・選択」され異なったものとなる（小方, 2018a, pp.26-35）。

　物語生成における受容（受け入れ）過程では、「情報の多くが棄却され意味の構成に貢献する僅かな情報だけが残される」（小方, 2018b, p.26）。しかし、この「見える要素」から「見えない要素」への転換のメカニズムは単純ではない。小方による具体的な例示がある。「物語の前の方に現れた事象中に不足していた情報を、後に現れた事象によって補足し納得する」「物語自体の中に全く現れていない事象を事象展開の自然さや必然性の認識に基づいて補足する」「飛躍しているように見える事象どうしの間に情報を補完」「時間的順序が煩雑に入り組んでいるように思える場合にはそれを尤もらしい順序に並べ替える」（小方, 2018b, pp.48-49）。ここから、物語生成における「見えない要素」への転換が心理社会的文脈によって容易に「切り替え」うることも想像できる。そして、これらはコミュニケーションにおいても使われているだろう。

　さて、私が取り上げるのは、コミュニケーションにおける物語生成である。上述

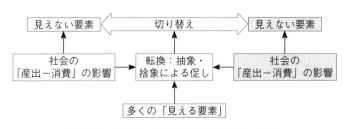

図11-1　「転換」と「切り替え」のメカニズム

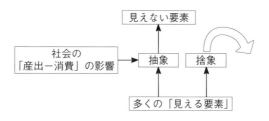

図 11-2　抽象と捨象

のように、物語の受容（受け入れ）過程では「情報の多くが棄却され意味の構成に
貢献する僅かな情報だけが残される」。私はその「残される」ものである「ストー
リーと背景」を「抽象」されたもの、棄却されるものを「捨象」されたものとし
た（図 11-2）。本章では、テーマに合わせて物語生成論とは異なる用語を使ってい
る。ナラトロジーの成果によるさらなる分析から多くが期待されることは前提であ
り、これらは仮に設定した用語である。上述した「複雑なメカニズム」を、「抽象・
捨象」と言い換えたのは、第一に支援への応用をわかりやすくするためである。第
二に、後述するように、物語生成そのものとは異なり、ASD 者理解においては「抽
象・捨象」をきっかけとした、後述の「ストーリー」と「背景」に注目したいから
である。

　ここでいう「抽象」とは、多くの具体的情報である「見える要素」から「ストー
リー」と「背景」を抜き出すことである。本章の「ストーリー」とは「前景」と
なっている「言葉で置き換え可能な出来事の連鎖（後述）」である。何を「抽象」
するのかによって、後述の「ストーリー」と「背景」が異なってくる。この「抽
象」からは、ASD 者において「できない」とされがちな上述の「大局的な見方」
が連想されるかもしれない。しかし、たとえ多数派の定型発達者による「大局的
な見方」でも、そこには「抽象」された要素だけでなく、「捨象」によって選択さ
れなかった要素が必ず存在する。あくまでも、転換のメカニズムである「抽象」の
結果の一つが「見えない要素」としての「大局的」という選択なのである。つまり、
「抽象」「捨象」をどう選ぶかは人それぞれであり、そこに優劣はつけられない。一
方で、後述するように、ASD 者のいわゆる「細部にこだわる」という場合にも「抽
象」「捨象」が必ず存在するのである。

　コミュニケーションにおいても、心理社会的文脈によって「見える要素＝情報」
を「抽象」「捨象」して、「見えない要素」へ「転換」するメカニズムがある。さ
らに、どの「見える要素＝情報」を選ぶのかの選択（「抽象」「捨象」）による「見
えない要素」どうしの「切り替え」も行っている（青木, 2019）。そして、本章では、
「棄却された情報」にも「捨象」として注目する。コミュニケーションにおいても、

「抽象」が「見えない要素」へと繋がるものだが、その際に必ず「捨象」も伴っているという点が重要である。どの「見える要素＝情報」を選ぶかには個人差があるということが重要であり、別の選び方の提案によって ASD 者を支援することも可能だろう。

　以上をまとめると、物語生成論によって理解することの意義は、上述の「アンバランス」や「不調和」、そして「融通無碍さがない」等という、いわば「できない」とだけ表現されていたことを物語生成のメカニズムとして検討し、「こうしている」という説明に変えるという点にある。第一に「アンバランス」「不調和」といっても、心理社会的文脈の選択の問題であり、「社会」であるからその選択には少数派と多数派がいるということである。そして、第二にその心理社会的文脈の選択のメカニズムを理解するためには、どの「見える要素＝情報」が残されたのかという「抽象」だけではなく、どの「見える要素＝情報」は選択しなかったのかという「捨象」にも注目すべきである。

6　物語生成における「ストーリー、前景」と「背景」

　上述の物語生成論による ASD 者の理解における「捨象」と「背景」の重要性は、それに気づかされたきっかけがある。それは、「精緻な絵画」と評される自閉症の画家、福島尚さんの絵画である（福島, 2017）。福島さんは著名な画家であり、自閉症についての議論でも、佐藤（2019, p.133）が図 11-3 を提示し、同書で三浦・相川（2019, p.167）は「福島の知覚世界は、視覚によって捉えられた一つひとつの情報を

図 11-3　首都圏　大宮駅

図11-4　線路は続くよ（心象画）

『見えるまま』に写し撮ったもの」と述べている。「写真のような絵」と称される特徴が確かに第一印象である。この絵の描き方については「いきなり列車の前面から、下描きもなくボンと書く」とお父さんが述べている（福島, 2017, p.6, p.111）。

　つまり、その場で写生しているわけではなく記憶に基づいて描いているらしい。ところで、私は図11-4の「線路は続くよ」を見たときに、「首都圏　大宮駅」においては「捨象」されている情報があることに気づいた。「線路は続くよ」の中央の黒い人影に注目してほしい。この人影は同じ絵画のそのほかの情報（見える要素）と比較すると省略されている。この人影が動かしている照明の動きが、残され前景化されている。ここで、心象画と書かれているのは「空想画」ということだそうで、空想の中で影のようなものとして人物が描かれている（福島, 2017, p.14）。二つの絵画について、私には人影があるかないかの区別にしか気づかなかったが、福島尚さんにとっては二つの絵画の描き方は異なるものなのだろう。「心象画」とはいくつかの記憶のコラージュ的なものではないだろうか。

　そこで、図11-3を振り返って見てみると、電車の運転手をはじめとして人物が全く描かれていないことに気づく。これが「捨象」である。一見した印象とは異なり、この絵はある意味では抽象画ともいえるものだったのだ。これは、福島尚さんの絵画では一貫しており、画風ともいえるだろう。当然だが、この絵画は「見えるまま」の写真ではない。人物は、場合によっては「捨象」され、あるいは省略して並列的情報とした人影となっている。これが「背景」である。そして、鉄道や照明灯などの動きのあるテーマが「前景」となっている。絵画の場合は「ストーリー」よりも「前景」と言い換えた方が分かりやすいだろう。考えてみると、多数派（定型発達者）にとっては「背景」となりやすい情報がこの絵画では「前景」となって

いると言えそうである。その情報が前景に出るため、「背景」となった人物は消えるか省略されている。もし、複数の人物が描かれたとしても、おそらく人物どうしの差異は少ないだろう。その意味で情報は並列的なのである。そのため、見る者に多数派とは異なる物語生成を促し、決まりきった見方との違いに気づかせ、独特の静謐感が生まれる。もちろん、芸術という観点からは抽象している「前景」の方が重要だろう。しかし、本章では「何を捨象したのか」にも注目したいのである。そのことにより、「抽象」のメカニズムについても理解しやすくなる。「捨象」があることから、よく言われるようにASD者は細部や断片や部分に拘っているのではなく、多数派とは異なっているかもしれないが、独特の全体の意味（大局）を「抽象」し捉えていると理解できる。ASD者の説明によく使われる「部分と全体」や「細部対大局」という対比から、「背景とストーリー（前景）」へ、つまり「見える要素＝情報」から、「見えない要素」である「認識などの心的内面」へと至るプロセスの理解、すなわち構成的アプローチへと視点を変えたい。

　ところで、多数派の人々は同じような線路や列車の光景を見たとしても、福島尚さんのような「抽象」による前景化の仕方は「できない」。たとえば、それぞれの心理社会的文脈によって、その光景はたまたま見かけた人や、これから行こうとしている目的地への道標等として、光景の情報を「捨象」したり、あるいは薄めて並列的情報化したあくまでも「背景」として「抽象」すると予想される。したがって、多数派の人々は、この線路や列車の光景については、見てはいるのだがちょうど福島さんの人影のように、「抽象」したとしても並列的な「背景」として記憶するか、あるいは「捨象」し、忘却するのである。

　次に、「ストーリー」と「背景」という視点から理解を深めたい。金井は本書の第1章で「ストーリー（金井：言葉で置き換え可能な出来事の連鎖）は物語の一つの側面にすぎず、送り手は映像作品を通して受け手の認知的制約を緩和し、ありのまま、あるいは別の姿で見せ、体験させる」と述べている。「転換技法」や「美醜」としても取り上げられている（金井, 2017, 2019）。終わりのある連鎖の「ストーリー」以外にも、物語の受け手に別の見え方や体験をさせる情報があることを示している。小方は「完全なストーリーが予め存在してすべての情報を一元的・階層的に統制・管理するわけではない」として、たとえば、歌舞伎では「非ストーリー的構成原理が最も支配的なものとして存在する」という（小方, 2018c, p.191）。「非ストーリー」とは、たとえば歌、踊り、音楽のようなストーリーからは外れた情報である。そして、「多重物語構造」では、ストーリー（筋書き）を特別視せず、ジャンル、題材、人物、場所、時間等の15項目を優劣をつけずに取り上げている（小方, 2018d）。本章では、コミュニケーションというテーマに合わせ、物語生成の理解でもあるのだが、あえて「ストーリー」と「背景」とに分けた。「背景」という言葉のイメージ

が誤解を招きそうだが、小方が示すように「ストーリー」と「背景」に優劣はない。映画以上に映画音楽が有名になることは多い。また、歌舞伎におけるストーリーと踊りのように、心理社会的文脈（文化的背景）によって「支配的なもの」が交代もする。後述するように、踊りは「背景」であることが多いのだが、「ストーリー」と交代もする。そのメカニズムや生成プロセスに注目し、本章では「非ストーリー」とはせず、「解説可能性としてのストーリー」とした。「可能性」だから、終わりのある連鎖ではない。ここで、テーマに合わせ、「ストーリー、背景」と言い換えたのは、やはり第一に支援への応用をわかりやすくするためである。第二に、後述するように、ASD者理解においては「背景」が重要であることを強調するための仮の設定である。

　話をASD者に戻すと、ASD者は表情等の情報を「抽象」することで他者の感情を理解するというストーリー化、いわば終わり（結論）のある「言葉で置き換え連鎖化」をしようと試みる。後出の手記でドナ・ウィリアムズ（Williams, 1994; 河野, 1996, p.132）は、他者の感情を読み取ろうと努力している。「少しなら、それらを『翻訳』することはできる。たとえば、もし人の声が大きくなったり、早くなったり、語尾が上がり調子になったりしたら、それは怒っているということだ。もし顔に涙が流れたり、口元が下がってしまったりしたら、それは悲しいということだ。もし震えていたら怖がっているのか、気分が悪いのか、寒いかだ。にこにこしていたら、それは笑っているのだ。そしてその中で一番重要なのは、人が怒っているかどうかをチェックすることだった」。

　本人が重視している「怒り」については後述するが、この例のように、表情・発言などの情報から他者の感情を言葉で置き換える「解説」をしようとしている。これは、心理学的には「命題的心理化」つまり、「理由を言葉でルール化できる心の理解」が相当するだろう。これに対比されるのは、「理由を言葉で言えないすばやい心の理解」の「直観的心理化」となる（別府, 2019, p52）。しかし、本章ではこの「理由を言葉で言えない」を後述のように物語生成の観点から「解説可能性としてのストーリー」という物語生成プロセスとして捉えた。これを多数派もASD者も行っている。

　ドナ・ウィリアムズはこの「解説」による理解に当然だが、限界を感じていた。「『皆、どうやってこういうことを身につけるんですか？』… 人がどうやって身につけたのかわかれば、わたしも独学で、同じようにできるかもしれない」と考える。しかし、「生まれつき身についているんだよ」というのがマレク先生（相談相手）の答えである。この「生まれつき」というのが、「直観的心理化」であり、多数派が無意識に行っている、「背景」としての物語生成である。彼女は、「もし人間についても、算数のような規則性と明確な答えがあるとすれば、わたしはまだ一番

基礎的な段階にいて、数えることと一桁の足し算、引き算ぐらいしかできない。だが残念なことに、ミラー夫妻（学生時代の相談相手）にとって、『人間についての算数』を分析することは、とてつもなく難しいことのようだった」という（Williams, 1994; 河野, 1996, p.146）。

　多数派にとっては無意識のうちに行っていることだからこそ、それを多数派自身も分析するのは難しいのである。多数派は暗黙のうちに「背景」とする情報だが、ASD者は後述のように「解説可能性としてのストーリー」を「終り」のある「解説」、つまり「ストーリー」にしようとする。しかし、この試みは延々と続いてしまう。それは、彼女が「解説」をしようとしていた表情や声は、多数派にとっては「ストーリー」ではなく「背景」であることが多いからである。

　再度、「背景」について考えてみよう。「背景」というのは、情報の一部が「捨象」つまり消去され、あるいは「抽象」されて残されても薄められた並列的情報のことである。つまり、「背景」とは「捨象」されたものではなく、「背景」も「ストーリー、前景」も「抽象」によって残された結果である。例えば、福島さんの絵画での人影は「捨象」されずに残され「背景」化された情報である。一方、多数派は無意識のうちに列車を含めた風景全体を「背景」として「抽象」するため人影はその薄められた並列的情報の一部となるか、場合によっては「ストーリー、前景」となる。この場合も、多数派の「背景」の「抽象」作業は無意識であるため、福島さんが人影を「捨象」することもある「背景」としていることには気づきにくい。その結果、福島さんがストーリーとして「抽象」した、際立ったところにのみ目がいって多数派にとっては「写真のような」となってしまう。つまり、福島尚さんが「ストーリー、前景」の対象とした情報は、多数派にとっては「背景」となることが多い。多数派とASD者とでは、「ストーリー、前景」と「背景」の選択が異なるだけなのである。

　これは、コミュニケーションでも起きている。前述のフリスの例で、「人差し指を伸ばしなさい」と具体的な指示をすれば自閉症児も間違えないのは、看護師が指示を終わりのある「ストーリー」にしてあげたからである。ところで、これは私の想像だが、「手をこちらによこしなさい」という発言にこの自閉症児が恐怖というストーリーを選んだきっかけには、看護師の発言の他にも、例えば急に手を伸ばしてくるというような動作に対する反応も大きかったのではないかと思う。これが、恐怖を前景とした終わりのないストーリー化をしてしまう「契機」であろう。一方、「手をこちらによこしなさい」は多数派にとっては薄められた並列的情報である「背景」の一部であり、こだわる必要はないのである。物語生成における「ストーリー」と「背景」は、中心のテーマであり後述する。

7 ASD者の手記による物語生成の検討

さて、前出の斎藤（2010, pp.38-40）が例として挙げているASDと思われるB君と友人との会話は示唆深いものがある。それは、「授業の仲間での飲み会の場（後述の複数の歓談場面）」で、「普段何している」という友人からの問いに、B君が「普段は図書館に行っている」と返したのに対して、その友人に「ノーベル賞をとるようにがんばれ」と言われたというエピソードである。このときに、B君は「応援してもらっている」と感じた。齊藤は「応援してもらっている」も含めて「多様な複数の物語」があり得ると述べる。しかし、私が強調したいのは、B君が「ノーベル賞をとるようにがんばれ」と言われたときに、「応援してもらっている」と物語生成するような「見える要素＝情報」の収集の特徴についての検討である。B君は、「応援してもらっている」と「意図を読み取って」いるし、「想像力」もある。その際、物語生成のメカニズムからみると前述の「何を捨象しているのか」がポイントとなるだろう。この事例では記述が無いが、仲間の言葉や表情などのB君が取り上げていない、捨象してしまった情報があると想像する。斎藤（2010, p.40）が述べている「新しい物語を共同構成する」という支援の際にも、「捨象」した「見える要素＝情報」を検討することが有用だろう。私は「ノーベル賞をとるようにがんばれ」は、この場面では多数派にとっては「ストーリー」というよりも、飲み会の「背景」つまり、薄まった並列的情報の一つではないかと感じる。多数派は、「ノーベル賞」という発言以外の並列的情報も多く集めることで、あえて「応援」という「言葉で置き換え」る「終り」のある「ストーリー」とまではしないことが多そうである。B君は「終り」を求めるとも言える。

次に、ASD者の手記を物語生成論から検討する。ASD者であり、表現力の高い方たちの手記は、はじめに書いたDSM-5の診断基準にはないASD者の主観的体験を理解するために有効である。ここでは、彼らが「抽象」している「感情という心理的内面」について検討する。ここでは、捨象された情報も取り上げるために、想像に頼らざるを得ないことをお断りしておく。

ASDの診断を受けている綾屋（2008）は「当事者研究」として、自身の心理内面を詳しく描いている。たとえば、車いすを使う友人が引っ越す際に、一緒に不動産屋に行った場面（後述の複数による日常会話）である。引っ越し先を求めたところ、不動産屋の「妙に優しい感じ」「焦っている表情」「曖昧な返事」等の表情や動作から友人に対する「差別的な視線」という、いわば「抽象」を行う。しかし、その「抽象」が自分自身のその友人に対する「私の障害体験を繊細にわかってくれる恩

人」という「抽象」あるいはその結果としての「ストーリー」との間で混乱をおこして不安となる（2008, pp.115-116）。他者の物語生成と異なる自身による後述の「解説」（綾屋は「まとめあげ」と表現する）が延々と続くことで混乱し「私の従来のキャラが分からなくなる」という不安である（綾屋, 2008, p.109）。それを「不安に結びつくまとめあげ方をしている」と述べているが、この不安は実は「終り」のある「まとめあげ」ができないことから来るものだろう（綾屋, 2008, p.90）。時間がたった後で、綾屋があらためて物語生成した「間違っているのは差別的まなざしだ」という「終り」のある「ストーリー」はもちろん正しいし重要である。しかし、「差別的まなざし」は、この場面に限っては「引っ越し先を求める」という「ストーリー」の「背景」という側面もある。そう仮定すると、たとえば不動産屋にも多少はある「謝罪」の気持ちや、「商売上の損得」という情報は「捨象」されたのかもしれない。また「終り」を求めず多くの情報を並列化する「背景」化をすることで、不安つまり、「解説」の追求も少しは和らぐかもしれない。

　また、綾屋（2008, p.109）は「酒の上での失敗談をおもしろがっている学生」達を次のように描いている。「『結局一晩，警察のお世話になって参ったわ』と言いながらも『あごを上方に突き出して見下ろす目線』を送り，『タバコに火をつけ』ながら，『得意げ』な彼女や，「『おもしろそうに』『大きな口をあけて』『目を細めて』笑って，『膝を叩いて』『ありえねぇ～』と『高めの声』で言うあの人」。引用が長文になってしまったが、非常に詳細に「見える要素＝情報」を把握している。この第三者を含めた複数場面の状況で、綾屋が「抽象」し、「ストーリー」としたのは、「失敗をおもしろおかしく話せること」への疑問である。この疑問は正しいことが多い。たとえば、上司に対して「おもしろおかしく話せ」はしないだろう。このような、おそらく酒が入る「談笑」の場面では、この種の失敗談は談笑の「背景」としての意味が大きいと思われる。「失敗談」を楽しむことや、「失敗が許される」のは、「背景」としての「終り」を求めない並列的情報の一つだからである。「背景」とはしないことから、自分はこのような場から外れていると感じて不安になる。綾屋は、このように「終り」を求めて後述の「解説」を延々と続けることで「不安」となることが多いと思われる。このような不安に対しては、例えば、他にも出ていたであろう「談笑」を構成する多くの「捨象」した情報を再生し、物語生成の「ストーリー」の方ではなく、「失敗談」が「背景」の対象である並列的情報であると気づくことが対策となるかもしれない。

　さて、前出のドナ・ウィリアムズは、ASD の診断を受けており、多くの手記を書いている。その手記の中で、「怒り」や「罪悪感」という「感情」を「抽象」している。この「抽象」は「母は、私を虐待した」という経験からの二次的なものかもしれない。

前述のように、1991年頃（28歳）の彼女は他者の「怒り」という感情について物語生成、「抽象」をしやすい傾向があった。怒りについて相談した際、「（相談相手の）夫妻はわたしが『怒っている』と解釈していた行為すべてが、『忙しい』『疲れている』『不安だ』『強調している』『興奮している』という意味でもあり得るのだと、教えてくれた」（Williams, 1994; 河野, 1996, p.146）。これらの行為には、必ずしも「怒り」に結びつかない表情や行動等があったはずで、その「見える要素＝情報」を「捨象」した結果、怒りを「抽象」したのかもしれない。また、「あり得る」という点が重要であり、後述するようにこの感情の「解説」は「終り」なく延々と続けることができる。というのは、これらの感情は多数派にとっては、「ストーリー」ではなく「背景」である場合が多いためと思われる。「背景」であれば、「出来事の連鎖」としての「終り」を求める必要は無い。

　彼女は、30代後半には自身の「罪悪感」の「抽象」が多くなる。つまり、「ストーリー」として生成されるテーマは変化することがわかる。5年ぶりに会った父親の家での「りっぱな装丁で出版されたわたしの本の数々が、書店でのようにきれいに立てかけられていて、どの表紙からもわたしの写真が目に飛び込んできた」という情景がある。それに対して「父の孤独を深く感じて、悲しくなった」「子どもであるわたしが、長いあいだ本物の写真を送るという気づかいさえせず、娘らしいこともしなかったから、そのかわりに父はわたしの本を飾ってきたのだ」と「強烈な罪悪感を覚えた」という。罪悪感が強烈となったのは、他にもこのテーマで思い出し続けていたからだろう。この情景は多数派にとっては場面における「背景」となりやすい。多数派は、場面の「背景」として、次の「誇りに思っている」という情報も並列的に無意識のうちに採用し、話題にして、それに続く「みんな」による複数場面の日常会話が成立する。

　後に、父が「みんなにおまえの本のことを言ったんだ」「そしたら、みんな買うってさ」とにこやかに笑いながら話したことから「父は娘のわたしを誇りに思ったのだ」ということに彼女は気づく（これ以前には「捨象」していた）。父の言葉が後述の延々と続く解説を終わらせる「契機」となっている。しかし、気づいた時

表11-1　手記に見られる「抽象」「捨象」（捨象については推測を含む）

	綾屋紗月の手記		ドナ・ウィリアムズの手記	
抽象（感情）	不安	不安	怒り（20代）	罪悪感（30代）
捨象	不動産屋の謝罪の気持ちや損得勘定	失敗談を楽しむことも、失敗が許されることもある	「怒り」に結びつかない表情や行動	父は娘を誇りに思った

点でも、夫のイアンがそれに「嫌悪感」を感じていると想像して（この場面もまた複数場面だった）、父に対して「なにも言わず、なにも反応しなかった」となる。この夫の表情等も場面の「背景」だろう。そして、この対応自体について「そんな自分がいやだった」という、再び「罪悪感」の方へと「抽象」してしまう（Williams, 2004; 河野, 2015, pp.38-39)。

　このように、ドナ・ウィリアムズは場面の「背景」としての「見える要素＝情報」を「相手の怒り」や「自分へ罪悪感」に「抽象」して「終り」のある「ストーリー」化をしようと試みる。綾屋もそうだが、「人の心が想像できない」のではなく「想像が多くの人とは異なる」のである。そのプロセスが物語生成論により理解できる。手記に見られる「抽象」と「捨象」は、「捨象」については推測を含むが、表 11-1 のようにまとめられる。「抽象」されたものが感情であれば、不確実性が高く「解説」が延々と続いてしまうことが多い。

8　物語生成論による ASD 者支援の可能性

　物語生成論による ASD 者の主観的体験の理解は ASD 者の支援への活用が期待できる。物語生成における「ストーリー」と「背景」を再考したい。ここでは「ストーリー」を、通常のストーリーを終わりのある「言葉に置き換えた連鎖」とし、通常のストーリーからは外れたものをあえて「終り」に至らない「解説可能性としてのストーリー」と分けて考察する。この可能性というのは、「言葉に置き換えた連鎖」として解説することができる可能性であり、通常は薄まった並列的な情報である「背景」が多数派にとってもストーリーとして前景となる可能性があるという意味である。物語生成論の観点からは、場面によっては「ストーリー」と「背景」が交代もする。その交代の生成プロセスに注目したい。例えば、福島尚さんの絵画を、私は「決まりきった見方との違いに気づかせ、独特の静謐感が生まれる」と解説した。稚拙だがこれが「解説」である。この「解説」というのは、その可能性だけでも、相手なしの心の中だけでも良いし、常に不十分であり、解説し続けることができるという特徴がある。このように「背景」を前景化し、「解説可能性としてのストーリー」とすることで、多数派も「解説」を延々と続けることがあるのである。福島さんの列車や線路や照明灯のように、通常は薄まった並列的な情報である「背景」を前景とする例は、近代絵画では、例えば福島さんの精緻な表現とは逆の方向性ではあるが印象派の絵画等めずらしくはないだろう。

　俳句の「解説」もこれを示している。俳句も通常では背景的な情報をストーリー化、つまり前景化すると言えるだろう。新田（2019）は俳句のストーリーについ

て、句外の「継続する開かれた語りかけがある」として、俳句が本論における背景の前景化であることを多数例示している。「夏草や兵どもが夢の跡」について「夏草を見て、人が感じる何か、単に『無常観』としてひとからげに論じることはできない何か。そこに『語りかけ』の美がある」と「解説」している。この「夏草」も通常は情報の並列としての「背景」となるものだろう（新田, 2019）。これもまた、多数派にとっても、「背景」が前景となることがあると示唆している。通常は「背景」となるような並列的で薄まった情報が俳句あるいは、後述の「切れ」によって、「解説可能性としてのストーリー」となり、解説を「終り」なく延々と続けることができるのである。

　この点をコミュニケーションについて考えてみたい。上述のように、「ストーリー」には、「解説可能性としてのストーリー」もあり、「可能性」というのは、解説によって前景化することもできるという意味であった。人間を対象とするコミュニケーションにおいては、多数派にとっては、日常会話の多く、特に複数人（三者関係）による雑談等の「複数場面」は言葉に置き換えた連鎖である文脈あるストーリーとなることは少ない。文脈のある、つまり終わりのある完結するストーリーは、コミュニケーションにおいては、議論、調整、説明、説得など、むしろ稀である。つまり、日常会話は情報の並列である「背景」であることが多い。

　一方、ASD 者は日常会話において、例えば複数人による雑談であっても、「解説可能性としてのストーリー」の「解説」を試みる。俳句の解説のように「背景」を前景に出すともいえる。しかし、多数派は雑談場面では「解説」はほとんど可能性程度に留め「終り」を追求しない。そのことが原因となり、ASD 者にとって「可能性としてのストーリー」は「終り」のきっかけがなく、結果的には「解説」が延々と続いてしまう。また、日常会話における「感情の読み取り」も多数派にとっては、通常は不確実が前提の「背景」である。ASD 者は、「解説可能性としてのストーリー」の「解説」を試みて、「背景」を前景に出そうとする。多数派は「あり得る」という解説の可能性程度に留めるため、ASD 者にとっては、「感情の読み取り」も「可能性としてのストーリー」は終わることなく、「解説」が延々と続いてしまう。その例が、ドナ・ウィリアムズの手記にも現れていた。綾屋もこれを「人びとの意図の可能性をあまりにもたくさん推測してしまう」「『あれはこういう意味だったのかな』と因果関係や文脈を地道に推察」する「ヒトリ反省会」として表現している。そして「ひとつの結論に至らないぐるぐるとした循環に陥る」としている（綾屋, 2008, pp.80, 90-91）。

　それでは、絵画や俳句と日常会話の違いはどこにあるのだろうか。対象がモノ（鉄道等）や自然や動植物（夏草）の場合には、絵画や俳句のように「解説」はいくらでも出てくるのだが、「終り」なく続いてもよい。確かに、ASD 者は対象がモノ

や動植物である場合にも、「背景」を「解説」によって前景に出すことが得意である。綾屋の自然描写にもそれが表れている。綾屋は「煩雑な人間世界のルールがよくわからない自分に寄り添い、包み込んでくれていたのは、いつも草木や花の放出する柔らかなエネルギーのようなものだった」「水が足りないときには、茎のてっぺんがうなだれて下を向き、葉の先端がしおれてくる」等の「背景」を前景に出す表現を多くしている（綾屋, 2008, p.182, p.184）。この場合は多数派にとっての絵や俳句の「解説」と同様に終わらせる必要はない。このように得意だからこそ、自身が参加している人間の日常会話においてさえ「解説可能性としてのストーリー」化を用いがちだと理解することもできる。ところが、自身が参加している日常会話を対象とした場合は、自身が早期に対応行動を起こす必要がある場合が多い。それゆえ、「解説」は早い段階で終わらせるか可能性だけに留め、前景には出さない方が効率的である。相手が人間の日常会話であると、もともと不確実性が高いからであるし、多数派はこうしている。このように対象が絵画や俳句等の物語であるか日常会話であるかによって、「背景」を前景化することの意味が異なってくる。この対象による違いについてはさらなる検討が必要である。

　「ストーリー」と「背景」に着目することで ASD 者を支援することができる。例えば抽象的だが、感情（不安、罪悪感など）の情報がストーリーとして前景に出てくる場合に、それが薄まった情報の並列である「背景」とした方がよい場合もあると提示することができる。しかし、人と場面によって「ストーリー」「背景」の選択が異なるということは当然であり、無意識の選択でもある。上記の提示をしたとしても、ASD 者がそれを正誤ではなく相違としてしか感じないのも当然である。このように、物語生成論からの理解は、多数派の正しさを強調しない。それが、「（他者の心理の捉え方を教える際の）上から目線と感じられない支援」（別府, 2019, p.52）にも自然に繋がるだろう。

9　おわりに

　まとめと今後の課題について述べたい。

　上述のように ASD 者は、とりわけ第三者を含めた複数場面の雑談や感情の読み取りにおいて、それを前景としてしまうために、「解説」が終わることなく延々と続いてしまう。しかし、多数派にとっても通常は「背景」となる情報が「解説可能性としてのストーリー」化によって前景となることがある。絵画や俳句のみならず、前景に出ることで解説が延々と続くこと自体は問題がない。多数派と ASD 者との違いは「背景」が前景となるのがどの場面なのかである。

最後に、上述の「夏草」についてだが、「夏草」は通常は「背景」となるものだろう。新田は「切れ」、具体的には句中の「や」という「切れ字」等が契機となって「解説可能性としてのストーリー」、つまり「背景」が前景に出ることを示している。そして、意図的流れの中断として俳句における「切れ」を取り上げ「意味的な連続性が断ち切られて，その前後に間隙（いわゆるgap）が生じる」ことがストーリーのきっかけになるものとしている（新田, 2019）。これは、多数派も理解可能な「解説可能性としてのストーリー」化の「契機」について述べていることになる。ASD 者が上述のような「解説」を延々と続けてしまうような「解説可能性としてのストーリー」化、つまり前景化を開始する「契機」にも関わっている。これは「ストーリー」と「背景」の交代の「契機」とも言える。第 5 章で小野と小方が取り上げている広義の「驚き」も「契機」に関係するだろう。この前景化を開始し、あるいは終わらせる「ストーリー、前景」と「背景」の「切り替え」の「契機」についての検討は今後の課題である。また、「ストーリー、前景」「背景」そのものの精緻化が必要であり、その際にナラトロジーのこれまでの成果が有効である。さらに、前景化の「選択」の適否が物語と日常会話とでは異なるという点について、前述の日常会話では「背景が多い」や「早期の対応が求められる」という相違点についての検討も必要だろう。その意味で、本章は物語生成論による ASD 者理解の糸口である。

[読][書][案][内]

福島尚 (2017).『福島尚鉄道画集 —— 線路は続くよ』二見書房.

　自閉症の画家が描く鉄道画である。「写真のようにリアルに描く」という書評が多い画集である。確かに、このような画風の素晴らしい絵画である。しかし、本章で取り上げたように、私の見方は多少異なる。是非、この画集を見て検討してほしい。なお、引用した絵画の写真については著作権者の許諾を得ております。

綾屋紗月ほか (2008).『発達障害当事者研究 —— ゆっくりていねいにつながりたい』医学書院.

　当事者の主観的な体験についてコミュニケーションという観点から書かれており、ASD 者のコミュニケーションについて考える際に有効である。

Frith, U. (2003). *Autism: Explaining the enigma,* Second Edition. Blackwell.（富田真紀・清水康夫・鈴木玲子（訳）(2009).『新訂 自閉症の謎を解き明かす』東京書籍.)

　本章でも多く引用したが、自閉症についての現代の知見を分かりやすくまとめている著書である。

【参考文献】

・American Psychiatric Association (2013). *Diagnostic and Statistical Manual of Mental Disorders,* Fifth Edition. (高橋三郎ほか (監訳) (2014). 『DSM-5 精神疾患の診断・統計マニュアル』(pp.49-57). 医学書院.)

・青木慎一郎 (2017a). 論文指導とワーキングメモリー —— ASD 及びその傾向のある学生の支援. 『第 55 回全国大学保健管理研究集会 東北地方研究集会報告書』15-17.

・青木慎一郎 (2017b). 学習困難とストーリー生成. 『日本認知科学会第 34 回大会発表論文集』OS18-8.

・青木慎一郎 (2019). 物語生成における「見える要素」から「見えない要素」への転換を促すメカニズム. 『日本認知科学会第 36 回大会発表論文集』OS03-1.

・青木慎一郎・小方孝ほか (2018). ASD に見られる認知パターンと物語生成 ——「驚き」に注目して. 『日本認知科学会第 35 回大会発表論文集』1-49.

・綾屋紗月・熊谷晋一郎 (2008). 『発達障害当事者研究 —— ゆっくりていねいにつながりたい』医学書院.

・別府哲 (2019). 自他理解と発達障害支援. 『教育と医学』**67**(7), 52.

・Frith, U. (2003). *Autism: Explaining the enigma,* Second Edition. Blackwell. (富田真紀・清水康夫・鈴木玲子 (訳) (2009). 『新訂 自閉症の謎を解き明かす』東京書籍.)

・福島尚 (2017). 『福島尚鉄道画集 —— 線路は続くよ』二見書房.

・Grandin, T. & Panek, R. (2013). *The Autistic Brain.* New York: Dunow, Carlson & Lemer Literary Agency. (中尾ゆかり (訳) (2013). 『自閉症の脳を読み解く』NHK 出版.)

・郷式徹 (2016). 心の理論を支える構造と物語. 子安増生・郷式徹 (編). 『心の理論研究 —— 第 2 世代の研究へ』(pp.187-202), 新曜社.

・Jaspers, K. (1948). Allgemeine Psychopathologie. (内村祐之・西丸四方ほか (訳) (1953). 『ヤスパース精神病理学総論 上』岩波書店.)

・金井明人 (2017). 認知的転換に向けた映像修辞. 『日本認知科学会第 34 回大会発表論文集』OS18-7.

・金井明人 (2018). 映像認知方略の可能性. 小方孝・川村洋次・金井明人『情報物語論 —— 人工知能・認知・社会過程と物語生成』(pp.127-140), 白桃書房.

・金井明人 (2019). 映像とストーリーの美醜の認知. 『日本認知科学会第 36 回大会発表論文集』OS03-6.

・小杉考司・清水裕士ほか (2016). 二者関係と三者関係の影響力の大きさを比較する. 『日本社会心理学会第 57 回大会発表論文集』(p.130).

・熊谷晋一郎 (2017). 自閉スペクトラム症の社会モデル的な支援に向けた情報保障のデザイン. 『保健医療科学』**66**(5), 532-544.

・Lord, C., Rutter, M., et al. (2012). ADOS-2 Autism Diagnostic Observation Schedule, Manual (Second Edition). Western Psychological Services. (黒田美保・稲田尚子 (監訳) (2015). 『ADOS-2 日本語版マニュアル 自閉症診断観察検査 第 2 版』金子書房.)

・三浦仁士・相川翼 (2019). 自閉症と知覚世界. 野尻英一ほか (編) 『〈自閉症学〉のすすめ —— オーティズム・スタディーズの時代』ミネルヴァ書房.

・新田義彦 (2019). 俳句における美意識について. 『日本認知科学会第 36 回大会発表論文集』OS03-6, 433, 435.

・小方孝 (2018a). 物語と人間／社会／機械. 小方孝・川村洋次・金井明人『情報物語論 —— 人工知能・認知・社会過程と物語生成』(pp.19-44), 白桃書房.

・小方孝（2018b）. 物語の分解から合成へ. 小方孝・川村洋次・金井明人『情報物語論 —— 人工知能・認知・社会過程と物語生成』（pp.45-62）, 白桃書房.

・小方孝（2018c）. 歌舞伎に向けて(1) —— 恣意性と編集性の物語から多重性と実存の物語へ. 小方孝・川村洋次・金井明人.『情報物語論 —— 人工知能・認知・社会過程と物語生成』（pp.187-208）, 白桃書房.

・小方孝（2018d）. 歌舞伎に向けて(2) —— 多重物語構造の諸相. 小方孝・川村洋次・金井明人.『情報物語論 —— 人工知能・認知・社会過程と物語生成』（pp.209-246）, 白桃書房.

・斎藤清二ほか（編）（2010）.『発達障害大学生支援への挑戦』金剛出版.（pp.35-42）

・佐藤愛（2019）. 自閉症と芸術. 野尻英一ほか（編）.『〈自閉症学〉のすすめ —— オーティズム・スタディーズの時代』（p.133）, ミネルヴァ書房.

・Williams, D.（1994）. *Somebody Somewhere: Breaking free from the world of autism.* Times Book: Times Book.（河野万里子（訳）（1996）.『こころという名の贈り物 —— 続・自閉症だったわたしへ』新潮社.）

・Williams, D.（2004）. *Everyday Heaven: Journeys beyond the stereotypes of autism.* Jessica Kingsley.（河野万里子（訳）（2015）.『毎日が天国 —— 自閉症だったわたしへ』明石書店.）

結言
本書のまとめからポストナラトロジーと物語生成の多層的な研究・開発構想へ

小方　孝

1　本書のまとめとポストナラトロジーの将来方向

　本書では、以下の11の章を通じて、物語生成を中核概念とする、人工知能の（および序言で書いたように「動乱」の）時代のナラトロジーたる、ポストナラトロジーのための多様な議論を繰り広げて来た――

　第1章（映像と現実、その異化）：金井明人は独自の映像認知修辞学に基づいて、視聴者に過剰な負担を強いる映像受容を可能とするための映像修辞生成の方法について論じた。

　第2章（比喩を生成する人工知能は可能か？）：内海彰は、比較的活発に行われてきた比喩理解の認知過程モデルの研究を比喩生成に転換する方法について、認知修辞学の観点から考察した。

　第3章（笑う人工知能）：荒木健治と佐山公一は、データベースを利用して数タイプの駄洒落を網羅的に生成する駄洒落生成システムと駄洒落認知理解モデルとを提唱し、「笑う人工知能」への一アプローチを示した。

　第4章（詩を計算機で自動生成してみる）：阿部明典は、間テキスト性とアブダクション理論に基づく和歌や詩の自動生成方法を提示し、それが人間の創造を支援する方法ともなり得ることを示唆した。

　第5章（物語自動生成ゲームにおける驚きと物語――驚きに基づくストーリー生成のためのギャップ技法）：小野淳平と小方孝（編者）は、物語自動生成ゲームという新しいコンピュータゲームの方式を提案し、その物語生成機構の中に受け手の驚きを作り出すためのギャップ技法を導入した。

　第6章（インタラクティブ広告映像生成システムの開発――点在する生活映像から個人のための映像を生成する）：川村洋次は、映像や音楽のデータベースに基づき、静止画の連続としての広告映像を生成するシステムを提案し、特に受け手のシステム利用に関する評価を試みた。

第7章（未来を創るために、ストーリーテリングを解明する——Creative Genome Project における解析方法とその応用について）：佐々木淳は、受け手の効果を戦略的に考慮して、広告ストーリーテリングのための広告分析を体系的に行うことを目的とする、Creative Genome と呼ばれるプロジェクトの概要を紹介した。

　第8章（認知的コンテンツ生成への招待——味覚の多相的なコンテンツ生成の研究事例紹介）：福島宙輝は、日本酒の味覚の印象を言語的・記号的に表現する、多相的な認知的コンテンツ生成の難しさについて検討し、その克服を目指す幾つかの研究成果を紹介した。

　第9章（美術館の中の「ことば」）：只木琴音と阿部明典は、美術館を、実は言葉（ことば）のシステムでもあるものとして捉え直し、美術館を巡る言葉を、内（美術館）から外（人々や社会）へ、および外から内へ、という二つの方向付けにおいて考察した。

　第10章（障害者支援のための情報学的物語分析の提案——テキストマイニングと物語論による混合研究法）：清野絵、榎本容子、石崎俊は、発達障害のある人々の言葉のテクスト分析を行い、特にその物語の特徴を形式的に捉え、物語生成の可能性を支援する方法を提唱した。

　第11章（物語受容における「ストーリー」と「背景」への注目——物語生成論による自閉スペクトラム症の理解）：青木慎一郎は、自閉スペクトラム症の人々の理解のために、小方（編者）の物語生成論を利用し、特に自閉症の人々が、どんな情報を知覚情報の中から「捨象」して物語を作り出すかに着目したモデルを提案した。

　序言で、本書の各章を特徴付ける3つの軸、すなわち、①物語の「生成」と「分析あるいは理解・受容」のどちらに着目しているか、②「システム」構築を実際に行っているのか、「概念的考察もしくはシステムデザイン」の提示か、③研究分野は「心理的」、「言語的・文学的」、「社会的」のうちどれに該当するか、を示したが、これとの関連で今度はもう少し具体的に考察すると——

　まず①と②に関して。序言で述べたように、編者の言うポストナラトロジーには物語生成という要素は含まれているが、生成を必ずしも直接取り扱うことが必須条件ではない。本書においても、荒木・佐山（第3章）、阿部（第4章）、小野・小方（第5章）、川村（第6章）は何らかの生成システムを直接実現し、内海（第2章）は比喩生成の方法の具体的検討を行っているが、金井（第1章）、佐々木（第7章）、福島（第8章）、只木・阿部（第9章）、清野・榎本・石崎（第10章）および青木（第11章）は、物語などの生成を直接の目的としているわけではない。しかしながら幾つかの章は生成を将来の展開の射程範囲内に置いている。たとえば、第1章は受け手に認知上の負荷を意図的に強いる映像の物語の生成戦略に直接結び付き、第7章

は広告の送り手が受け手にどんな気分を発生させたいのかという生成戦略の観点から、広告の解釈と分析を試みている。第8、9章は、味覚や「思い入れ」という曖昧な感覚を言語的・記号的に表現（生成）することを狙っている。第10章も受け手の言語データから物語を浮上させるという点で生成と関連し、さらに第11章は物語生成論に基づく自閉症の人々の物語の構成のモデル化、さらにはシステム化への第一歩を印す。以上のように、本書に収めたすべての論文は、狭い意味で、あるいは広い意味で、生成の問題と接点を持っていることが明らかである。

　次に③に関してであるが、執筆者達の主な対象分野ないし専門領域としては、人工知能、情報工学、認知科学、自然言語処理，精神医学、心理療法、認知心理学、メディア論、経営学、マーケティング論、広告論などを挙げることができる。これは、物語や文学を扱う研究の中に、様々なタイプの方法や理論（さらには手法や技術）が侵入し、多様な方法・理論・手法・技術などによって、物語や文学という対象が取り扱われ得るということを実証するものである。各執筆者の専門領域を、③のカテゴリー分類から整理すると（重複あり）、「心理的・認知的」（第1、2、8、9、10、11章）、「言語的・文学的」（第1、2、3、4、5章）、「社会的」（第6、7章）のすべての分野が含まれている。序言に述べた（また以下でも参照する）編者の物語ジャンル体系（小方, 2000b; Ogata, 2020b）や多重物語構造モデル（小方, 2000a）における、かなり広い領域が網羅されていることが、改めて明らかになる。当然、個々の章は比較的狭い範囲に焦点を当てているのであるが、その総体は、ポストナラトロジーのあり得べき広大な範囲を覆っている。それは、物語というものが、人間と同じように、多面的な総体であることをも証している。物語は人間であり、人間は物語である、と言ってしまっても良いように思う。

　さらにそれ以外の軸として、「アカデミズムとビジネス」という対比も考えられる。これは実は、本書において顕在化しているものではなく、現在いわゆるビジネス領域に身を置く（企業組織に所属する）執筆者は、第7章を書いた佐々木一人しかいない。しかし、かつて企業や民間の組織に属していたことのある人なら、編者自身を含めて何人かいる。研究内容から見ても、第7章のほか川村の第6章もビジネスの可能性を視野に入れた研究である。編著である小方の多重物語構造モデルも、物語生成現象の最外縁の領域の一角に、物語コンテンツを社会に流通させるための一方法として、ビジネス的な物語生成という様態を据えている。ビジネスという領域は、物語生成を考える上で、理論的にも実践的にも重要である。

　このように、本書所収の11の章は、多重物語構造モデルに示された3つの領域にまたがり、概念的記述や物語の分析や理解から、何らかの物語生成方式やシステムのデザインを経て、開発そして流通の問題までを覆っており、さらに基礎的、基盤的研究の記述からビジネス領域への射程を持つ記述までを包含している。つまり

物語生成の概念との関わりにおいて、ポストナラトロジーと関連する主要な領域を網羅している。

　同時に、ポストナラトロジーで扱われることが期待されるいろいろな興味深い話題が抜け落ちていることも事実である。たとえば、近年話題になっているものとして、物語におけるフェイク（fake）とは、また真実とは何なのか、といった主題である。第1章の金井の論文は、フィクションとドキュメンタリーとの関連を論じることによって、この問題に触れていると言えるが、今後ポストナラトロジーとしてより突っ込んだ議論が必要であろう。敢えて言うとすれば、我々はコンピュータ上にいわゆる fake な物語を実現するための能力を有しており、その種の話題に対して、外部からの分析的あるいは批評的な立場ではなく、いわば内部の視点から接近することが可能である。金井や内海そして編者などが執着する「修辞・レトリック」は、今後、内部の視点から現在の物語の実相に迫る上での武器になり得る。その時ポストナラトロジーは、単に現在の物語を外部から分析し批評し批判したり、あるいは現在の物語を生成する単なる一つの立場ではなく、物語を生成するという内部の視点を通じて現在の物語を批評・批判するための、新しい方法的武器となるだろう。人工知能は、人間の能力を代替したり支援したり増幅したりするためだけの装置ではない。それは人間や社会を批評・批判するための道具立てでもあるはずである。このことを明確に意識し、実践しようとする点は、ポストナラトロジーの物語生成研究が、コンテンツ生成に関わるほかの人工知能研究から差別化される、一つの本質的特徴になるだろう。

　なお、物語や文学そのもの、それオンリーの研究者は本書の執筆者の中に実は含まれていない。大学の文学系学部の出身者は数名含まれるが、執筆者達の出身学部は、工学部、医学部、教育学部、教養学部、外国語学部、社会科学部、総合政策学部、環境情報学部、ソフトウェア情報学部など多岐にわたる。ナラトロジーや文学の領域から見れば、周辺領域あるいはさらに外部領域の研究者達、つまり「素人」の論文を集めたのが本書であると言える。素人が新しいナラトロジーを確立するために、文学や物語や言葉や詩や駄洒落や小説や映画やゲームや広告や美術や味覚や精神現象などに取り組んでいるというのは、面白い特質である。素人であるが故に、既存の制度的しがらみから自由に対象に取り組むことができる。さらに、ナラトロジーが本来的に有する社会や制度に対する批評的・批判的アプローチの構えを取る自由にも開かれている。読者には、杉山其日庵（2004）（どういう人かは調べてのお楽しみである）の『浄瑠璃素人講釈』を読んでみてほしい（あるいは立ち読みでも良いので覗いてみてほしい）。一言で言うなら、強烈な本である。浄瑠璃とは何かということが、これほど腑に落ちる本は滅多にない。浄瑠璃を見たりやったりする人は今ではほとんどいないが（原著は大正15年に出版された本である）、「芸」というもの

の普遍性への感覚は、無意識的であれ今でも多くの人が持ち合わせているであろう。この本から得られるのは、特殊性の中から浮かび上がる、いわば強烈な普遍性の感覚である。編者が目指したいのはこの種のものである。「素人」とは一つの価値である。

　ポストナラトロジーの将来の方向を、ここに収録された試みの発展と深化の内に構想することが当然できる。その対象領域としては、「心理的・精神医学的領域 - 言語的・記号的・文学的領域 - 社会的・制度的・ビジネス的領域」を包括し（このすべてを含めて情報的領域と言うことができる）、それぞれを拡張・深化させるところにさらに開拓されるのが、将来のポストナラトロジーの場所である。基本的な理論や方法も、これらの帯域と重ねられたものとして捉えられる。その「システム化と関連付けられた方法」としては、何らかの形でのシステム構築が大きな目標とされるが、この場合のシステムとは必ずしも狭義のコンピュータシステムに制限されるとは限らず、より広い意味でのシステムであってもかまわない。その中にはたとえば、社会システムや制度的システム、ビジネスや教育などの組織的システムも含まれる。もちろん、文学的・芸術的システムも含まれる。

2　ポストナラトロジーと物語生成の多層的な研究構想
── 研究構想α

以下のような幾つかの項目（序言で示したものであるが）を含んだ多層的なものとして、研究の将来の方向を展望、俯瞰する ──

①私的・個人的なレベルにおける物語生成のポストナラトロジー
②一般的なレベルにおける物語生成のポストナラトロジー
③必ずしも狭い意味での物語生成を志向するわけではないポストナラトロジー

　この中で①は、編者にとってのいわば個的（個人ないし自己）幻想（吉本, 1968）（これについては後述する）に強く規定された、物語生成のポストナラトロジーの研究構想であり、ここでは、次節で述べる研究構想βに対して、研究構想αと呼ぶ。次の五部門に分けて研究構想αを体系的に進めて行く計画を立てている ──

・[第1部]　関連研究領域の包括的調査と思想的・哲学的基盤の確立
　　従来「拡張文学理論」（小方, 2001）で企てたようなナラトロジー・文学理論、人工知能・認知科学その他の学問領域の融合をはじめとする、研究の思想的・哲

学的基盤を発展させる。また、ナラトロジー・文学理論、物語生成などの研究状況の包括的調査や、物語ジャンル体系に示される、広範囲の物語ジャンルの調査・研究も含まれる。総じて、第2部以降の基礎を成す。

・［第2部］　歌舞伎を中心とした物語の調査と分析

　　今まで物語生成を視野に入れた多様なジャンルの物語分析を行ってきたが（Ogata（2020c）の Chapter 3（Ogata, 2020e）の最初に整理した）、今後物語生成のための物語の調査や分析は、歌舞伎（およびそれと関連付けられたものとしての日本の文学、芸能、物語）を中心に組織化することを計画している。これは、「文化としてのナラトロジー」という、編者による物語生成のポストナラトロジーの一つの方向と関連する。歌舞伎にはおよそ考えられる限りの多様な物語が関わっており、たとえば江戸時代に実際の歌舞伎作品制作のために実用された『世界綱目』（1916）のような形で、物語の調査・分析を体系化することも、研究プログラムの中に入って来るだろう。

・［第3部］　物語生成システム

　　具体的には、統合物語生成システム（小方（2018a）や Ogata（2020c）の Chapter 1（Ogata, 2020d）に最近の状況をまとめた）と芸能情報システム（小方（2018b）や Ogata（2020c）の Chapter 4（Ogata, 2020f）で論じている）と呼んで設計・開発を行っている、相互作用する二つのシステムがその中心を成す。多重物語構造モデルとの関わりでは、前者は単一の物語を生成するシステムに、後者はその循環を通じて複数の物語を継続的に生成するシステムに相当する。また、芸能情報システムの方は、物語コンテンツを外部すなわち社会に流通させる機構と結び付いており、次の第4部に架橋されて行く。

・［第4部］　物語の制作と流通

　　後述する「私物語」およびその他の多様な物語のコンテンツを、各種物語生成システムを使用して制作し、それを社会的に流通させる実践に関連する部門である。物語の制作自体については、ここでは概略的にのみ扱う。あるいは、制作される物語コンテンツは、いわば消費財としての物語コンテンツと文学ないし芸術としての物語コンテンツとに分かれる。消費財としての物語コンテンツという言葉で、それ自体が後世に残ることを期待しない、流動的な物語を、編者は意図している。ここで扱われるのは主に、この消費財としての物語コンテンツの方である。

・[第5部]　「私物語」の制作

編者が「内部への物語生成」(小方, 2018c) として記述したものがこの「私物語」であり、この部分は主に、上述の文学ないし芸術としての物語コンテンツとしての「私物語」の制作・創造について論じる。第1部から第4部までが、研究の方式や機構を確立する部門だとすると、この第5部は方式や機構に基づき実際の作品を制作することを目的とする。すなわち研究・開発によって実現された成果を利用した、実際の作品の制作方法についてここで述べる。なお作品そのものは、これ以降の付録的部分に収載する。あるいは第6部以降が作品そのものの部門になるのかもしれない。

編者が最近公にした二冊の連作 (Ogata, 2020a, 2020c) は、以上に述べた体系的な研究構想 α への助走たることを意図して書かれた、その全体の一種の見取り図である。

3　もう一つの研究構想 ── 研究構想 β

本書の最後の部分で、上述の研究構想 α とは異なる（もちろん後述のように強く関連はするが）、もう一つの包括的な研究構想すなわち研究構想 β について述べておきたい。前節で述べた生成は、より物語生成システムの文脈に寄った意味での生成であったが、それに対して研究構想 β では、少なくとも直接的には、もっと大きな、広い意味で生成を捉えている。

これは一面では、前節の最初に示した③「必ずしも狭い意味での物語生成を志向するわけではないポストナラトロジー」とも関係する構想である。研究構想 α の第1部から第5部にわたる①「私的・個人的なレベルにおける物語生成のポストナラトロジー」には含まれない、さらに広い領域を視野に入れる。しかし同時に、②の「私的・個人的なレベルにおける物語生成のポストナラトロジー」との関係も持つ。特に、研究構想 α における第5部すなわち「「私物語」の制作」と強く関連する。つまりそのための素材と位置付けることもできる。その意味では、研究構想 β を第5部の一部分が肥大したものと考えることもできるが、ここでは独立したものと見なして論じる。

この研究構想 β を支える思想的・哲学的背景は、これまで何回か言及した多重物語構造モデルや物語ジャンル体系、さらに「私物語」のアイディアもしくは計画である。さらに吉本隆明 (1968) による、人間現象を全体として、しかも多重的に把握するための「三つの幻想」（共同幻想、個的幻想、対幻想を含む）に基づく理論に

も影響を受けている。この「三幻想論」との関わりについては最後の部分で述べる。

　繰り返しになるが、多重物語構造モデルは、物語生成現象を、単体としての物語生成のレベルから、その循環による複数の物語生成のレベルまでを、有機的に一体化されたものとして見る理論、方法であった。文学としての物語、社会制度としての物語、脳的現象としての物語、それらは物語の異なる側面であるが、多重物語構造モデルは様々なレベルを含む物語現象を、一体化されたものとして把握するための方法を提供する。

　物語ジャンル体系についてはここで少し詳しく述べておきたい。これは、物語のジャンルを５つの大きなカテゴリーに分けて捉える体系であり、多重物語構造とむろん強く関連する。ある人の頭の中に一つの小説のアイディアが兆し、言語記号によって紙に書き付けられ、それが本という形で社会に流通する。多重物語構造モデルは、小説というものをこの過程の全体において捉えるが、物語ジャンル体系は、人間（人類）の物語現象の総体が、このような多重的過程を表現（実現）しており、諸過程における物語生成に、特定のジャンル（群）が対応しているものと見なす。脳内過程の物語である夢もあれば、言語表現としての物語である小説もあり、社会的物語である祭儀もある。もし人間全体（あるいは人類）を一つの物語生成過程を内蔵した主体（＝物語生成システム）と見なせば、物語ジャンル体系の中に現れる様々な物語ジャンルの分類は、物語生成過程のいずれかの側面に対応するものとして解釈できる。なお物語ジャンル体系に関して、Ogata（2020b）は、小方（2000b）が示したジャンルカテゴリーをそのまま紹介しながらも、個々のカテゴリーの説明を一つの詳しい実例を使って補足している。

　さて具体的には、物語ジャンル体系は、物語のジャンルを最も大きなレベルにおいて、以下の５つのカテゴリーに分ける（体系の最上位分類に相当）——

・[**物語ジャンルカテゴリーⅠ**]　これは、狭義の作品としての物語、あるいは「その中に物語が現れる（含まれる）狭義の作品」を意味する。語り物、小説・物語、詩、歌謡（詞）、演劇、大衆芸能、絵画、映像芸術、聴覚芸術、音楽、随筆・随想などのジャンルを含む。小方（Ogata, 2020b）は、マンガの例を示している。

・[**物語ジャンルカテゴリーⅡ**]　広義の作品としての物語、あるいは「その中に物語が現れる（含まれる）広義の作品」を意味し、広告・宣伝、歴史、報道、演説、学術、記録などのジャンルを含む。小方（Ogata, 2020b）は、広告という物語の事例を説明している。

・[**物語ジャンルカテゴリーⅢ**]　社会的創発現象としての物語、あるいは「その

中に物語が現れる（含まれる）社会的創発現象」のことを言い、噂、伝承文芸、民謡、民俗芸能、祭礼、儀式などのジャンルを含む。小方（Ogata, 2020b）は一例として噂話について述べている。

・[物語ジャンルカテゴリーⅣ]　現実現象の中に侵入する物語、あるいは「その中に物語が現れる（含まれる）現実現象」を意味し、政治における神話、対話、事件、イベント、スポーツなどのジャンルを含む。小方（Ogata, 2020b）は、1970年秋に起こった、いわゆる三島事件をその説明事例として扱っている。

・[物語ジャンルカテゴリーⅤ]　人間の生理的／心理的自然現象としての物語、あるいは「その中に物語が現れる（含まれる）人間の生理的／心理的自然現象」であり、夢、妄想・夢想などのジャンルを含む。小方（Ogata, 2020b）は、フロイト（1969）の夢分析（夢判断）における夢の生成過程をそのための例として要約している。

　上の記述の中の具体的なジャンルの例は、小方（2000b; Ogata, 2020b）に付けた物語ジャンル体系の表から拾い上げたものであるが、実際はそれらの下にさらに詳細なカテゴリーが連なる。たとえば、カテゴリーⅠの「語り物」の直下には、「声曲」「平曲」「物語僧の談義」「盲御前の語り物」「合戦談」「本地物（寺社縁起）」「幸若の舞の本」「説教節」「浄瑠璃」「清元」「常盤津」「講談」「祭文」「浪花節」「能・狂言（の語り。謡曲など）」「絵語り」「落語」が連なる。これらの具体例に示されるように、この物語ジャンル体系は、「文化としてのナラトロジー」（編者の場合日本のナラトロジー）を重視する立場から、特に下位ジャンルに関しては、基本的に日本の物語ジャンルを実例として用いている。

　以下に素案を示す研究構想βは、この物語ジャンル体系や多重物語構造モデルに基づき、多層的で多様な物語のジャンルを包含し、マクロレベルからミクロレベルにわたる帯域の中に、特に、「我々が今生きている日本の現実と関連する物語生成現象」を描こうとするものである。物語ジャンル体系に含まれる様々なジャンルの物語生成現象を対象に、過去と現在の物語生成のありようを踏まえながら、未来の物語生成のヴィジョンや具体的計画を論じる。これを多方面に行うことを通じて、日本の過去－現在－未来にわたる社会や個人や人間関係を、描写しようとする。

　研究構想βはまた、前述のように、編者の「私物語」のアイディア（小方, 2018c; Ogata, 2020f）とも関連する。正しくは、今後そこに接合、架橋されて行くものとして計画されている。「私物語」というのは、物語生成システムを何らかの形で利用しつつ制作される（べき）、編者自身の物語コンテンツの構想である（それは必ずし

表結-1　研究構想βにおける具体的対象の例

物語ジャンル カテゴリー	具体例
［物語ジャンル カテゴリーⅠ］	小説（表面的には相変わらず極めて活気があるかのように見える物語ジャンル）、映像（映画、テレビ、インターネット上の映像など）、音楽（ジャズ、邦楽—明治以来国家的な教育制度から除外されつつ継続している特殊な物語領域—など）、歌舞伎（「伝統芸能」としばしば呼ばれながらもビジネスとして展開されている物語ジャンル）、浄瑠璃・能・狂言（歌舞伎とは違って国家的庇護の下に継承される芸能的物語）、ゲーム（特にRPGのような物語としてのヴィデオゲームないしコンピュータゲーム）などが含まれる。
［物語ジャンル カテゴリーⅡ］	広告とマーケティング（現代の神話ないし民話とも捉えられる広告についてはこれまで様々に論じて来た（Ogata, 2020e））、ニュース報道（真実としての情報を求める物語のあり方）、フェイクニュース（真実でも虚構でもないものとしての新しい物語の存立様態か？）などが含まれる。
［物語ジャンル カテゴリーⅢ］	神話、伝説、民話、噂などの口頭伝承的な物語がこのカテゴリーにおける大きな位置を占める。祭儀の物語の一つに、オリンピックやパラリンピックも含まれる。
［物語ジャンル カテゴリーⅣ］	社会、政治、企業、制度、誹謗と中傷、スキャンダル、嘘、観光、国家、経済、病院、結婚、介護、障害、事件、災害など、ミクロな物語からマクロな物語までを多様に含む。特に、「日本国家」の物語に関しては、埴谷雄高らの空想的な国家消滅論を含めた壮大な物語が影を潜めて久しく、現実の衝撃によって理論や空想は遥かに後退してしまい、現実を取り込んだ、新しく共有される国家物語論も見当たらない。このまま行くのか、それともそろそろ何かが出て来るのか。
［物語ジャンル カテゴリーⅤ］	ASD（自閉スペクトラム症）や発達障害は、精神病や神経症に代わり、現代における精神の物語の中で、象徴的な位置を占める。

もいわゆる「私小説」と同じものではない）。このアイディアの詳細については、上に挙げた文献を参照されたい。研究構想βは、将来的に、「私物語」のための一種の資料・ノートとして利用することができるように組織化される。その意味で、この企画は編者自身の私的・個人的なレベルにおける、物語生成のポストナラトロジーの一環を成すものでもある。

　このように、「我々が今生きている日本の現実と関連する物語生成現象」、具体的には、物語ジャンル体系における様々なジャンルカテゴリーに含まれる種々の物語生成現象を俎上に載せることで、それらを総体として、また多重的に、把握しようとすることが、研究構想βの主要目的である。表結-1に、あり得る対象の例を示す。

　研究構想βでは、概略、対象領域の現在における物語のあり方を起点としながら、その過去の物語に遡ると共に、未来の物語を構想、生成する。それぞれは、「〜の物語生成」という形式で記述することができ、〜の中に様々な対象が入る。

　ここでは、あくまで仮にであるが、「小説の物語生成」のための、（一つの）語り方について考えてみる。まず現在の小説の物語生成現象が考察される。その方法に

ついては後述する。その後、この「現在」を起点に、「過去」の物語に遡行し、過去における対象の生成・発展の現象を、一つの物語として語る。「小説」がどのようにして生成・発展して来たのかという物語が記述されるだろう。前述のように、文化としてのナラトロジーを重視するというポストナラトロジーの方針に沿って、小説という概念の西欧的起源をたどると言うより、日本における「小説」の生成と展開の議論が主たる内容となっても良い。古橋（2010）は、日本の文学を8つのカテゴリー —— 詩歌、歌物語、物語文学、日記文学、説話文学、歴史文学、語り物文芸、随筆文学 —— に分けたが、この中に「小説」というものは含まれていない。小説とは、これらの諸カテゴリーを混在させた、新しいカテゴリーまたはメタレベルのカテゴリーである。あるいは小説というものは、諸種の文学的カテゴリーの総合として捉えられるのである。そうした観点からは、小説の物語生成と言っても、純粋に小説と呼ばれるものだけの歴史をたどることにはならないだろう。

　このような、現在から過去に遡行するという方向とは逆に、「現在」を起点に、「未来・将来」の物語を語るという方向付けにおける物語生成が存在する。過去の物語でも、語り方の違いを通じて種々の物語が存在し得る。他方、未来・将来の物語生成は現在の状況に基づいて行われるが、それは現在の中から何を選び何を支点とするかによって、多様化される。つまり、この研究構想は、客観的な未来予測を目指そうとするものではなく、選ばれた現在、あるいは選ばれた可能性としての現在に基づいた、可能性としての未来の（過去の場合もそうであるが）物語を生成しようとする試みである。

　したがって、きわめて私的・個人的な観点から現在が選ばれるということも、許容されなければならない。たとえば、起点もしくは最初の支点として、執筆者（ここでは編者自身としよう）によって一種主観的に選ばれた特定の小説が設定されても良い。たとえば、自分自身が読んだ小説群である（小方（2010）は編者自身の初期の読書記録の一部を切り取って示し、その後 Ogata（2020f）はこれを「私物語」に利用するための萌芽的な案を示した）。それらの内容や形式の検討の上に、過去の物語や未来の物語が生成される。それは共に、新しい「小説」の可能性の模索・探索を意味する。このような意味で、未来・将来の小説の物語生成といえども、編者自身にとっての小説の未来像・将来像の記述であり、それは客観的な予想ではない。より私的・個人的に言えば、それは編者自身が未来に・将来に書くべき小説のための物語でもあり得る。あるいはそれは、一般的な物語の多様な生成（の可能性）の予想ではなく、「特定化された物語生成」（の可能性）の探究である。

　たとえば、上述の古橋による日本文学史を参考にすれば、現在の「小説」なるものを過去にたどって行けば（過去の物語生成）、それは徐々に詩歌、歌物語、物語文学、日記文学、説話文学、歴史文学、語り物文芸、随筆文学などとの融合を示して

行く。逆に、これを未来・将来に投射すれば、新しい方法によって、詩歌、歌物語、物語文学、日記文学、説話文学、歴史文学、語り物文芸、随筆文学などと複合された、小説（？）の未来像が描ける。

この研究構想βは、前述の吉本隆明の共同幻想論もしくはそれを中心とした三幻想論とも関連する。これは、個的幻想－対幻想－共同幻想の三つ組として構成され、それぞれは個人的レベル、男女をはじめとする家族的共同体のレベル、社会・共同的なレベルにおける、各物語生成と対応する。たとえば、個人幻想的な物語生成は個人の生き方や主観的思考の物語生成の問題と、対幻想的な物語生成は広い意味での家族的な共同体において人間が如何にして生きて行くのかという問題と、そして共同幻想的物語生成は様々な共同的社会単位が如何にして組織化され展開して行くのかという物語生成の問題と結び付くが、本質はそれぞれの間での相互関連や相互移行の側面、各幻想間での関係や矛盾の側面にある。それらの関係のあり方が物語の強度と結び付く。編者による「私物語」のアイディアとの関連では、研究構想βにおける様々な「〜の物語生成」が実現された場合、それらは「私物語」の内容の側面を構成するための実質的資料として位置付けられる。これは、やがてあるいは間もなく書かれるべきものとしての「私物語」の内容的側面が、単純化すると、個的幻想的な側面、対幻想的な側面、共同幻想的な側面の三つの側面と、その間の諸関係から成立するということを意味している。しかし、その「配分」には種々の可能性がある。たとえば、登場人物の個人幻想的な側面と対幻想的な側面のみが直接的に描かれ、共同幻想的な側面は間接的にしか描かれないというタイプの物語も存在する。たとえば、あくまで一地方に住む主人公の生活史の描写を通じて、ある時代の社会と歴史を浮かび上がらせようとした島崎藤村の『夜明け前』は、このタイプの小説である（英雄譚ではないものとしての「小説」とは、標準的にはその類のものである、とも言えるが）。あるいは、主人公自身は対幻想的な物語をうまく形成することができず、共同幻想的な物語からは一方的な影響を受けるのみで、もっぱら個的幻想的な物語の内部に立て籠っているばかり、といったタイプの物語も存在し得る。ある種の私小説にかつて見られたような、落後者の、頽落者の物語の類であり、今なら「引きこもり」の物語である。

上述のように、研究構想β自体は、編者にとっては、かなり強く個的幻想を志向する物語生成の試みとして位置付けられる。同時に、「我々が今生きている日本の現実と関連する物語生成現象」を取り扱う研究構想βは、多くの執筆者の共同作業として実践されることが期待される。しかし、もし「〜の物語生成」の集成が多数の執筆者の共同作業によって実現されるとしても、むしろそれぞれの執筆者の個的幻想の物語生成として、個々の「〜の物語生成」は基本的に実践されるべきである。前述のように、「〜の物語生成」は、たとえ同じ題材を歴史的に取り扱うにしても、

過去の物語・現在の物語・未来の物語を問わず、あり得る多様なストーリーを、それぞれの語り手が物語ることを目標とするからである。私的・個人的な物語生成のポストナラトロジーから、共同幻想的な（物語生成の）ポストナラトロジーが生じる可能性があるように —— 同時に、この共同幻想的な（物語生成の）ポストナラトロジーは、生成（固定化）のその瞬間に崩壊（流動化）している —— 、共同的な物語生成が、私的・個人的な物語生成の集合の中からこそ現れてくる —— 同じく、この共同的な物語生成は、生成（固定化）のその瞬間に崩壊（流動化）している —— 、そのようなものとしてこの研究構想を構成することを、編者は目指したいのである。

【参考文献】

・フロイト, ジークムント／高橋義孝（訳）(1969).『夢判断（上下）』新潮社.
・古橋信孝 (2010).『日本文学の流れ』岩波書店.
・小方孝 (2000a). 多重物語構造モデルとその展開へ向けて —— シミュレーションとしての物語序説—. 川村洋次・浜田秀・小方孝（編）『日本認知科学会テクニカルレポート 00-No.32 文学と認知・コンピュータ 6 —— ことばと文学』87-119.
・小方孝 (2000b). 物語ジャンル体系の網羅的検討. 良峯徳和・赤間啓之・徃住彰文（編）『日本認知科学会テクニカルレポート 00-No.40 文学と認知・コンピュータ 2 —— 文学の拡張』53-71.
・小方孝 (2001). 拡張文学理論 —— 概念、方法、試行.『認知科学』8(4), 405-416.
・小方孝 (2010).「小説」—— 流動と固定、作品の方へ. 小方孝・金井明人『物語論の情報学序説 —— 物語生成の思想と技術を巡って』(pp.130-169). 学文社.
・小方孝 (2018a). 統合物語生成システム —— メカニズムからコンテンツへ. 小方孝・川村洋次・金井明人『情報物語論 —— 人工知能・認知・社会過程と物語生成』(pp.247-288). 白桃書房.
・小方孝 (2018b). 外部への物語生成または芸能情報システムに向けて. 小方孝・川村洋次・金井明人『情報物語論 —— 人工知能・認知・社会過程と物語生成』(pp. 327-353). 白桃書房.
・小方孝 (2018c). 内部への物語生成または私物語に向けて. 小方孝・川村洋次・金井明人『情報物語論 —— 人工知能・認知・社会過程と物語生成』(pp.355-370). 白桃書房.
・Ogata, T. (2020a). *Toward an integrated approach to narrative generation: Emerging research and opportunities.* PA, USA: IGI Global.
・Ogata, T. (2020b). Areas of narratives or narrative genres. T. Ogata, *Toward an integrated approach to narrative generation: Emerging research and opportunities* (pp. 59-161). PA, USA: IGI Global.
・Ogata, T. (2020c). *Internal and external narrative generation based on post-narratology: Emerging research and opportunities.* Hershey, PA, USA: IGI Global.
・Ogata, T. (2020d). An integrated narrative generation system: Synthesis and expansion. T. Ogata, *Internal and external narrative generation based on post-narratology: Emerging research and opportunities* (pp.1-108). PA, USA: IGI Global.
・Ogata, T. (2020e). An analysis of advertisements for narrative generation. T. Ogata,

Internal and external narrative generation based on post-narratology: Emerging research and opportunities (pp.255-327). PA, USA: IGI Global.

・Ogata, T. (2020f). Toward external and internal practices of narrative generation. T. Ogata, *Internal and external narrative generation based on post-narratology: Emerging research and opportunities* (pp.328-427). PA, USA: IGI Global.

・世界綱目 (1916).『珍書刊行会叢書 第 9 冊 世界綱目・芝居年中行事・劇界珍話』(pp.6-46). 珍書刊行会.

・杉山其日庵 (2004).『浄瑠璃素人講釈 (上下)』岩波書店.

・吉本隆明 (1968).『共同幻想論』河出書房新社.

人名索引

ロダン，オーギュスト　203

事項索引

小方　孝（OGATA Takashi ／岩手県立大学ソフトウェア情報学部 教授）【序言、第 5 章、結言】
　1958 年神奈川県生まれ。1983 年早稲田大学社会科学部卒業。民間企業を経て、1992 年筑波大学大学院修士課程経営システム科学専攻修了、1995 年東京大学大学院工学系研究科博士課程先端学際工学専攻修了。博士（工学）。東京大学先端科学技術研究センターを経て、1997 年山梨大学工学部助教授、2005 年より現職。単著：*Toward an Integrated Approach to Narrative Generation*（IGI Global, 2019）他。共著：『物語論の情報学序説』（学文社, 2010）、『情報物語論』（白桃書房, 2018）。共編著：*Computational and Cognitive Approaches to Narratology*（IGI Global, 2016）他。

金井明人（KANAI Akihito ／法政大学社会学部メディア社会学科 教授）【第 1 章】
　1972 年神奈川県生まれ。1995 年東京大学教養学部基礎科学科第二卒業。1997 年東京大学大学院総合文化研究科広域科学専攻修士課程修了。2001 年東京大学大学院総合文化研究科広域科学専攻博士課程単位取得退学。日本学術振興会特別研究員（PD）を経て、2004 年法政大学社会学部専任講師、2006 年法政大学社会学部助教授、2014 年より現職。博士（工学）。2020 年ロンドン大学バークベック校客員研究員。共著：『物語論の情報学序説』（学文社, 2010）、『情報物語論』（白桃書房, 2018）。共編著：『映像編集の理論と実践』（法政大学出版局, 2008）、『メディア環境の物語と公共圏』（法政大学出版局, 2013）。

内海　彰（UTSUMI Akira ／電気通信大学大学院情報理工学研究科情報学専攻／人工知能先端研究センター 教授）【第 2 章】
　1993 年東京大学工学系研究科情報工学専攻博士課程修了。博士（工学）。東京工業大学大学院総合理工学研究科助手、講師、電気通信大学電気通信学部助教授を経て、2013 年より現職。日本認知科学会副会長・編集委員長・常任運営委員。研究分野：言語やその周辺を対象とした認知科学、認知修辞学、自然言語処理、人工知能。共著『人工知能と社会 2025 年の未来予想』（オーム社, 2018）。共編著：『メタファー研究 1』（ひつじ書房, 2018）、『メタファー研究 2』（ひつじ書房, 2019）。

荒木健治（ARAKI Kenji ／北海道大学大学院情報科学研究院 教授）【第 3 章】
　1959 年北海道生まれ。1982 年北海道大学工学部電子工学科卒業。1988 年同大学大学院博士課程修了。工学博士。同年、北海学園大学工学部電子情報工学科助手。1989 年同講師。1991 年同助教授。1998 年同教授。1998 年北海道大学大学院工学研究科電子情報工学専攻助教授。2002 年同教授。2004 年同大学大学院情報科学研究科メディアネットワーク専攻教授。2019 年より現職。単著：『自然言語処理ことはじめ —— 言葉を覚え会話のできるコンピュータ』（森北出版, 2004）、『コンピュータ工学概論 —— コンピュータはなぜ計算ができるのか？』（オーム社, 2013）。共著：『心を交わす人工知能 —— 言語・感情・倫理・ユーモア・常識』（森北出版, 2016）他。

佐山公一（SAYAMA Kohichi ／小樽商科大学商学部社会情報学科 教授）【第 3 章】
　1985 年北海道大学理学部数学科卒業。1988 年北海道大学大学院文学研究科修士課程修了、1994 年同博士後期課程単位取得退学。博士（行動科学）。1995 年小樽商科大学助教授、2012 年より現職。専門は認知心理学、認知科学。コミュニケーションのなかで、言葉や表情を人がどう理解したり表出したりしているかを実験室的な方法を使って研究している。コミュニケーションに関する論文多数。著書：『レトリック論を学ぶ人のために』（分担執筆, 世界思想社, 2007）。編著：『学生のためのSNS 活用の技術（第 2 版）』（講談社, 2018）。

阿部明典（ABE Akinori ／千葉大学文学部行動科コース 教授）【第 4、9 章】
　1986 年東京大学工学部電子工学科卒業。1991 年同大学院工学系研究科電子工学専攻博士課程修了。工学博士。同年 NTT 入社。NTT コミュニケーション科学基礎研究所、NTT MSC（マレーシア）、

ATR 知識科学研究所、東京女子医科大学国際統合医科学インスティテュート（特任准教授）などを経て、現職。現在主に、推論（アブダクション、類推、データマイニング、チャンス発見など）やことば工学（詩の計算機での生成、curation、絵画の鑑賞、酒の味の表現など）の研究を行っている。

小野淳平（ONO Jumpei／青森大学ソフトウェア情報学部・東京キャンパス 助教）【第5章】
　1987年宮城県生まれ。2010年岩手県立大学ソフトウェア情報学部ソフトウェア情報学科卒業。2018年同大学大学院ソフトウェア情報学研究科ソフトウェア情報学専攻博士後期課程修了。博士（ソフトウェア情報学）。2018年より菅原学園専門学校デジタルアーツ仙台教員。2020年より現職。共編著: *Bridging the Gap Between AI, Cognitive Science, and Narratology With Narrative Generation*（IGI Global, 2020）。論文：「ギャップ技法」を利用して「驚き」を作り出すストーリー生成の方法（『認知科学』, 24(3), 410-434, 2017）他。

川村洋次（KAWAMURA Yoji／近畿大学経営学部 教授）【第6章】
　1960年和歌山県生まれ。1983年東京工業大学理学部卒業。民間企業を経て、1993年筑波大学大学院修士課程経営システム科学専攻修了、1999年東京大学大学院総合文化研究科博士後期課程広域科学専攻単位取得退学。1999年大阪経済法科大学経済学部専任講師、2002年近畿大学商経学部助教授、2007年より現職。専門領域：マーケティング情報論、広告論。単著：『情報管理論入門』（中央経済社, 2006）。共著：『集客の教科書』（中央経済社, 2012）、『情報物語論』（白桃書房, 2018）。

佐々木淳（Sasaki Atsushi／旋律デザイン研究所 LLC ファウンダー・CEO）【第7章】
　1991年東京外国語大学卒業（語学文学専攻ラテンアメリカ文学。卒論はボードリヤール、マクルーハンを援用したアルゼンチン現代作家 M. プイグを巡るメディア論）。1992年（株）葵プロモーション（現 AOI Pro.）入社、CM 制作部にてのべ100本強の CM 制作に携わる。99年インタラクティブ制作部門立ち上げに伴い異動、その後プロデューサーヘッドとして国内外の各種広告賞を多数受賞。2010年以降事業開発に携わり、UX 戦略部長、事業開発部長を経て、研究プロジェクト〈Creative Genome Project〉を主導しクリエイティブのデータ化を推進。数千本の CM 解析を通じてストーリーテリングを「表現－体験－受容からなる、観念を揺動する記号のシステム」と定義、さらにこの観念間の推移である「旋律」を体験設計の本質と捉え、その類型化・モデル化及びデータ解析モデルを独自に考案。2020年旋律デザイン研究所を設立。コンテンツ体験および旋律のデータ化を通じてパートナー企業の価値創出支援を行う。人工知能学会正会員。

福島宙輝（FUKUSHIMA Hiroki／九州女子大学 講師）【第8章】
　1990年高知県生まれ。2009年慶應義塾大学環境情報学部卒業。2018年慶應義塾大学政策・メディア研究科博士課程修了。博士（学術）。慶應義塾大学大学院助教（研究奨励）を経て、2017年より現職。2018年より慶應義塾大学 SFC 研究所上席所員。2013年人工知能学会研究会優秀賞。2014年『日本酒味わい事典』でグッドデザイン賞。単著：『「あ、これおいしい」の言い換え力』（三才ブックス, 2018）。共著：『ふわとろ SIZZLE WORD「おいしい」言葉の使い方』（B・M・FT 出版部, 2016）他。

只木琴音（TADAKI Kotone／千葉大学大学院融合理工学府博士後期課程）【第9章】
　2017年千葉大学文学部行動科学科卒業。2019年千葉大学大学院人文公共学府博士前期課程修了。「博物館の現場で役に立つ研究」をテーマにミュージアム全般をフィールドとした研究を行っている。現在は特に美術館で行われる言語活動に注目している。

清野　絵（SEINO Kai／国立障害者リハビリテーションセンター研究所 室長）【第10章】
　神奈川県生まれ。2001年早稲田大学第二文学部卒業。2008年慶應義塾大学大学院政策・メディア研究科後期博士課程単位取得退学。博士（学術）。東京大学医学部付属病院研修生、日本学術振興会特別研究員、東洋大学社会学部助教（実習）、独立行政法人高齢・障害・求職者雇用支援機構上席研究員等を経て、2018年より現職。単著：『統合失調症のリハビリテーションへ向けた実証的研究』（慶應義塾大学湘南藤沢学会, 2009）他。論文: Narrative Analysis of Employment Support for Students

with Developmental Disabilities: Using an Objective Analysis of Free-Expression Answers（IGI Global, 2018）他。

榎本容子（ENOMOTO Yoko ／独立行政法人国立特別支援教育総合研究所 主任研究員）【第 10 章】
　広島県生まれ。2001 年広島大学学校教育学部卒業。2007 年広島大学大学院教育学研究科修了。博士（教育学）。国立障害者リハビリテーションセンター研究所流動研究員、ハローワーク就職支援ナビゲーター（発達障害者等支援分）、独立行政法人高齢・障害・求職者雇用支援機構障害者職業総合センター研究部門上席研究員等を経て、2018 年より現職。

石崎　俊（ISHIZAKI Shun ／慶應義塾大学 名誉教授）【第 10 章】
　1947 年東京都生まれ。1970 年東京大学工学部計数工学科卒業。工学博士、同助手を経て 1972 年から通商産業省電子技術総合研究所（現、（独）産業技術総合研究所）勤務。1992 年から慶應義塾大学環境情報学部教授。2013 年退職し名誉教授、（一財）SFC フォーラム理事、現在に至る。米国イェール大学客員フェロー、言語処理学会会長、日本認知科学会会長などを歴任。『認知科学ハンドブック』（共立出版, 1992）、『言語処理学事典』（共立出版, 2009）などの編集の他に自然言語処理関係の著作がある。

青木慎一郎（AOKI Shinichiro ／岩手県立大学健康サポートセンター 特任教授）【第 11 章】
　1977 年弘前大学医学部卒業。1994 年岩手大学大学院修士課程社会科学専攻修了。博士（医学）、修士（学術）。弘前大学医学部神経精神医学講座他を経て、1998 年 4 月岩手県立大学社会福祉学部助教授、2003 年同教授、2016 年より現職。単著：『地域保健福祉の展開』（川島書店, 1997）。共著：『現代のエスプリ別冊「生活習慣の心理と病気」』（至文堂, 2000）、『生活の質を高める教育と学習（看護・介護・保育の心理学シリーズ第 4 巻）』（新曜社, 2011）他。

新曜社 ポストナラトロジーの諸相
人工知能の時代のナラトロジーに向けて1

初版第 1 刷発行　2021 年 3 月 25 日

編　者　小方　孝
発行者　塩浦　暲
発行所　株式会社　新曜社
　　　　101-0051　東京都千代田区神田神保町 3-9
　　　　電話（03）3264-4973（代）・FAX（03）3239-2958
　　　　e-mail：info@shin-yo-sha.co.jp
　　　　ＵＲＬ：https://www.shin-yo-sha.co.jp/

印　刷　星野精版印刷
製　本　積信堂